雲南文庫

学术名家文丛

云南文库

学术名家文丛

赵绍敏学术文选

赵绍敏 著

雲南大學出版社
雲南人民出版社

作者简介

赵绍敏，1939年6月生，云南大姚县人，中共党员。1965年毕业于北京师范大学政教系。1994年评为科学社会主义教授，并受聘为云南大学、云南师范大学、云南农业大学客座教授。曾任中共云南省委宣传部主管理论工作的副部长（1989—1999年），中共云南省委党校、云南行政学院常务副校（院）长、党委书记（1991—1998年），省社科联主席、党组书记（1998—2000年），省政协常委（1998—2003年），省委干部教育委员会副主任等职。现任云南省科学社会主义学会会长、中国科学社会主义学会顾问。从事科学社会主义理论及实践研究40余年，长期致力于马克思列宁主义、毛泽东思想、中国特色社会主义理论和马克思主义干部教育研究、宣传及农村改革工作，并广泛涉猎哲学、经济学、生态学、社会学、历史学、民族学、人口学、文学等学科研究。主编论著20余部，发表论文近百篇，并主持完成国家社科基金课题。曾荣获8个国家和省部级社会科学论著奖。其中，《中国社会主义建设》、《中国少数民族地区马克思主义教育丛书》（20本）荣获云南省人民政府社会科学优秀成果一等奖，《不控制人口增长确实不得了》荣获云南省第一次（研究现实问题）社会科学优秀成果二等奖，《56个民族56朵花》荣获第四届国家图书奖二等奖，《论社会主义的西部开发问题》、《生态文明与民族边疆地区的跨越式发展》荣获第二届、第三届“云南文化精品工程”奖。2006年被授予“云南省哲学社会科学优秀管理者”称号。

总　序

中共云南省委书记　李纪恒

“盖文章，经国之大业，不朽之盛事。”一部承载责任与使命的好作品，必将是一部千古不朽的立言典范，也必将是一部历久弥新的传世教科书。千百年来特别是明代以来，许多贤人君子和名人大家在广袤的云岭大地耕耘、思考和写作，留下了闪光的足迹和丰厚的作品，足以飨及后进，启迪晚辈。在搜集、遴选和整理云南明代以来学术大家、学术名家著作的基础上，由云南宣传部门牵头推出了《云南文库》，这一丛书的面世诚为云南学术研究和出版界之盛事。

编纂《云南文库》是传承云南地域文明、提高云南文化自觉的有益尝试。“七彩云南”这片神奇的土地孕育了对中国乃至世界文明都有重要影响的古人类，造就了云南文化的丰厚积淀，从而构成了博大精深的云南文化艺术宝库。作为中华文化圈、印度文化圈和东南亚文化圈的交汇地，云南自古以来都不缺乏学贯中西的大师和博古通今的大家，从来都不缺乏魅力四射的光辉著作和壮美奇绝的文化遗存。其中，许多学术作品都凝聚了深邃的思想和超凡的智慧，体现了鲜明的地域特色和民族特色，彰显了有云南自身特点的知识谱系和学术传统。今天，我们将历史长河中的明珠拾起，用心记载云南学术史上的灿烂篇章，正是为了守护云南优秀的地域文化，为了汲取进一步繁荣发展云南哲学社会科学的养分和动力，进而筑牢云南文化自信的根基。

编纂《云南文库》是树立云南文化品牌、增强云南文化影响力的重要举措。云南文化是中华文化的有机组成部分，其悠久的历史文化、多彩的民族文化、独特的生态文化、包容的宗教文化，已经成为文化百花园中一枝流光溢彩、香飘四海的奇葩。千百年来，云南学者中英奇瑰伟之士以及众多寓居云南的外省学者念兹在兹，深植于云南沃土，扎根于传统文化，不懈探索、勤奋撰述，留下了一批经得住历史和实践检验的珍贵成果。特别是抗战时期，随着西南联合大学和相关研究机构的到来，昆明一时风云际会，云集了大批我国现代学术史上开宗立派的学术大师和著名专家，云南成为当时中国学术中心之一，诞生了大批学术经典。新中国成立后，云南学术研究取得很大进展，研究队伍空前壮大，学科建设卓有成效，学术成果日益丰硕，推出了一批享誉国内外的学术精品。近年来，《云南史料丛刊》《云南丛书》等一批历史文献和地方文献丛书相继刊印，云南文化的影响力和竞争力不断增强。今天，我们隆重推出《云南文库》，就是要为更多的人了解云南、熟悉云南、研究云南搭建一个平台和载体，为云南的经济社会发展、文化建设、文史学术研究等提供有益的历史借鉴，为在更广领域传播云南文化、打造云南品牌、增强云南软实力创造更好条件。

编纂《云南文库》是保障人民群众的基本文化权益的有效途径。文化建设的根本就是要用健康高雅的艺术、用智慧明辨的思想、用善良温厚的德行启迪人、引导人。编纂《云南文库》一个重要目的是丰富人民群众的精神文化生活、增进人民群众的幸福感。此次收入《云南文库》的著作，涉及哲学、历史、文学、语言、艺术、民族、宗教、政治、军事、外交等诸多方面，包含着丰富的自然、社会和人生哲理知识，体现了高度的人文关怀。阅读这些著作，有助于培育读者自尊自信、理性平和、积极向上的心态，有助于引导人们去发现、享用、珍惜世界和人生之美，能使大众的精神世界得以滋养和美化、人格得以陶冶和熏陶、心灵得以安顿和抚慰、情感得以丰富和升华，从而更好地满足人民群众多层次、多方面、多样性的审美需求。

编纂《云南文库》是推动云南跨越发展的必然要求。云南早在 1996 年就提出了建设“民族文化大省”的目标，是全国最早提出建设民族文化大省的省份之一。2000 年，我省正式确立了“建设绿色经济强省、民族文化大省和中国连接东南亚南亚的国际大通道”的三大目标，把文化事业和文化产业的发展纳入了全省经济社会发展战略的范畴。2009 年召开的中共云南省委八届八次全委会，作出了把云南建设成为“绿色经济强省、民族文化强省、中国面向西南开放的桥头堡”的重大决策，把云南文化建设推向了一个新的阶段。2011 年 11 月，云南省第九次党代会进一步明确了科学发展、和谐发展、跨越发展的发展主题，要求更加自觉、更加主动地推动文化大发展大繁荣。当前，云南人民正豪情满怀地沿着建设民族文化强省的道路阔步前行，具有云南特色的文化模式已经也必将进一步焕发动人而耀眼的光芒。我们将以打造《云南文库》等一批社科品牌和文化精品为契机，继承优良传统，发挥优势，突出特色，以面向现代化、面向世界、面向未来的宏大眼光，锐意进取，积极开展学术研究，努力创造出无愧于时代、无愧于人民、无愧于历史的优秀学术成果和文化产品，更好地弘扬以高远、开放、包容的高原情怀和坚定、担当、务实的大山品质为主要内容的云南精神。

《云南文库》最终得以发行，首先是众位先贤心血和智慧的结晶。在此，我们要对创造了云南学术精品并因此而为中华文化做出杰出贡献的学者们表示崇高的敬意！在《云南文库》的编纂过程中，相关编纂单位、出版单位和参加整理的学者，以高度的责任感和使命感，兢兢业业地做好编校和出版工作，正是有了他们的辛勤劳动和精心工作，才有如今的翰墨流芳。在此，我要诚恳地道一声，大家辛苦了！《云南文库》从构想走向现实，离不开众多读者和社会各界人士的支持，我也一并向你们表示诚挚的谢意！同时，衷心希望同志们一如既往地为云南文化建设献智献策，欢迎更多的同仁志士参与到云南文化建设的伟大事业中来！

谨为序。

自 序

这是我的第一本学术文选。它是在我75岁生日前校核完毕的，算是给自己的一份礼物。我一生主持编写了数十部书，也为他人“作嫁”了许多书和文章，但始终没有出过自己的文选。这一则是因为在这件事上太过疏懒。二则是因工作太累，我和我们这代人别说是白天整日工作，就是夜晚和黎明也多是在“夜耕”与“晨耕”中度过的。三则是因为手头常不宽裕且舍不得多花钱。这次省里统筹安排，惠顾至己，真是由衷高兴，借此正好“逼”着自个儿下决心作一次认真的“文”选及整理。现在的人可说真是聪明，创造了“倒逼机制”这样的话，我看是极有哲理的。我这个集子就是“倒逼”出来的。

从一定意义上说，我们的人生及其全部的所思所讲所写所为，都是“逼”出来的。没有“逼”就没有出路、没有突破、没有创造。马克思写《资本论》是近代资本剥削制度“逼”出来的，列宁“一国胜利学说”是帝国战争与沙皇压迫“逼”出来的，毛泽东上井冈山创造“农村包围城市”革命道路也是中国时势“逼”出来的。从理论上讲，“逼”就是实事、情势，并且常常是被主体忽视或不愿意承认的实事与情势。而它正是我们正确认识客观事物的出发点，构成了我们认识必然即规律的第一条件，也是使主观符合于客观的首要推动力。任何理论、任何科学的形成和创造，乃至任何一件事的完成，都不能离开这一最重要的客观前提。

就本文选而言，当中的全部文章同样也不外是对于这一客观前提的认识及其以此为基础的理性探索。从1978年到现在的36年间，我与同时代的人一样都曾历经中国深层累积和不断叠加的实事与情势的巨大碰撞，和由此引发的波澜壮阔与翻天覆地的社会变革。对这场大变革的群体性认识和历史标志之一二，人们往往会追溯到这一变革的前端，即人民的1975、1976！1976年春，我在京亲历了一场惊天动地的中国“新的五四运动”，目睹了亿万人民变革自己国家的政治勇气、深邃谋略、空前热忱与牺牲精神。我整日走在用白花织成海洋托起万众人心的中国最神圣的广场中央，含泪写下了“他日若得东风起，报以四月一世情”的诗句（《四五行》）。两年后党的十一届三中全会召开，我正是踏着这一历史性会议掀起的浩荡东风从山西回到云南，以前所未有的热情投入农村改革工作。1979年春夏，我随省委农村工作团赴宣威县文兴公社调查蹲点数月，写下了《要开足马力落实农村经济政策》、《不控制人口增长确实不得了》，被省委批发工作会议参阅，国家计生部门简报转发全国，两文在《云南日报》头版发表并配发评论。此后，我对全省农业生产责任制作调查研究，经省委主要领导批示，在《云南日报》发表了《论农业产量责任制》，从理论上全力支持和推动以包产到户为主要形式的农业经营管理体制。我在省政府农业委员会工作期间发表的这些文章，也是对全国和云南改革大势、情势的理性回应与据实求索。

1983年后我重新回到理论战线工作，在继续重视农村改革研究的同时，我开始把主要注意力放到了对社会主义的研究上。我认为，中国的问题主要出在对社会主义的认识上，包括向社会主义过渡“过急”“过粗”，“大跃进”，“人民公社化运动”，“反右”，“反右倾”，“四清”和“文化大革命”及其“继续革命理论”，“两个凡是”等，其根子都源于对社会主义的片面与错误认识。中国几十年的实事、情势说明，社会主义只有历经实践检验才能形成新的正确理论，社会主义事业和改革只有在新的理论指导下才能获得成功。

对于社会主义的认识和研究，我是从青年时代开始的。1960 年到 1965 年，我在北师大政教系马列主义基础即科学社会主义专业学习了 5 年。这 10 个学期连同 10 个从未回家的寒暑假，我读完了当时译有的马克思、恩格斯、列宁的几乎全部著作，以及斯大林的主要著作和已经公开出版的毛泽东的著作，也阅读了从托马斯·莫尔开始的空想社会主义者的部分著作。对 400 多年社会主义的思想和运动、1917 年开始的几十年的社会主义制度，有了概括的理性认识，形成了我叫它作概念性的社会主义。社会主义到底是什么样的？当时直至我工作后的十数年间，认识上都是不清楚或不正确的，亦即脱离中国客观实事与情势的。正是中国社会主义新时期从农村开始、在城市全面展开的大规模的深度改革，改变了我对社会主义的认识，使我从对社会主义的非科学认识羁绊中解放出来，形成了新的社会主义观。我在《中国社会主义建设》、《有中国特色的社会主义建设》、《邓小平理论概论》、《科学社会主义》4 本书中，系统总结和阐发了这一新社会主义观，包括它所处时代、理论、路线、道路、制度、战略、政策和经验。《中国社会主义建设》作为全省干部读本和高校统编教材发行至 30 万册，《邓小平理论概论》长期作为高校统编教材，教育和影响了全省数十万干部和高校学生。这次从中选入本书或同期在报刊上发表的有 6 篇，即《社会主义初级阶段理论的形成及意义》、《我国社会主义初级阶段和党的基本路线》、《〈中国社会主义建设〉第三版序言》、《〈科学社会主义〉绪论》、《邓小平 1/5 世纪著述的历史贡献》、《当代中国的马克思主义——〈邓小平理论概论〉导论》。这些文章相对集中地回答了社会主义涉及的基本问题，即社会主义社会的基本矛盾、基本理论、基本路线、基本政策、基本实践，同时较全面地概括了邓小平理论创新的 8 个“第一次”和科学社会主义的 12 项理论架构。在这前后发表的支撑这一新社会主义观的还有《论建设有中国特色社会主义的时代条件、理论地位和邓小平的历史性贡献》，以及提出“建立社会主义新概念”的《当代社会主义与人类新世纪》等诸篇文章。

这里，我想提及的是，当我完成并发表《科学认识和实践社会主义的伟大历程——纪念党的十一届三中全会召开20周年》后，有幸参加了党中央举行的全国纪念党的十一届三中全会召开20周年大会。在大会结束后，中央电视台记者在人民大会堂过厅采访我，问及中国社会主义今后发展靠什么时，我把对社会主义新认识的哲学源头概括为两句话：中国社会主义今后的发展靠两条：一是靠实事求是，二是靠群众路线。任何时候对这两条都要坚定不移。有了这两条，中国社会主义就能一直走向胜利。当晚《新闻联播》在播出纪念大会报告后，接着播出了记者对我的采访。我回答的这两个观点，即辩证唯物主义和历史唯物主义的核心，也是贯穿我对社会主义认识及收入文选各篇文章的灵魂和基点。我在后来的文章中对这两个观点也有专论。

上述著作和文章总体上是偏重于对社会主义，主要是中国特色社会主义的整体性、创新性研究的。进入新世纪后，我除继续进行这方面的研究，发表了《中国特色社会主义理论创立的两个思想条件》、《理论创新拯救和发展了社会主义》、《中国60年科学社会主义理论发展的历史经验》、《科学社会主义与中国实践相结合的两大理论创造——中国共产党90年理论创新研究》等文外，我把很大一部分精力放在了对马克思主义领域结构、社会主义生态文明、发展实践标准等问题的本原性与创新性研究上。2000年我在《论社会主义的西部开发问题》一文中，首次提出了社会主义应突破马克思主义关于经济、政治、文化“三领域”的传统结构，主张“把生态纳入社会发展的总框架，确立生态、经济、政治、文化的结构并行性”。2001年在《求是》杂志《内部文稿》发表的《社会主义的西部开发》中，提出“突出四个领域，就是要突出生态、经济、政治、文化，把生态纳入社会发展的总框架”。2002年在《云南日报》以整版篇幅发表的《生态文明与民族边疆地区的跨越式发展》中，较早地阐发了生态文明的科学内涵及其理论与历史定位，提出“生态文明是人们正确认识和处理人类社会与自然生态环境系统相互关系的理念、态度及生存和发展方式。它是对应于农业文明、工业文明并以其为基础的时代性扬弃的产物，是人类社会在新世纪自觉追求和正在建立的人与自然和谐共处的新的文明形态”，并从理论上梳理和阐发了马克思主义生态文明理论的早期形态及其在中国的发展，提出以生态文明理论为指导实现保护生态环境前提下的经济社会跨越式发展。2002年在对东部藏区调研基础上，提出了走“香格里拉生态、经济、社会和谐发展新道路”。之后，多次提出“中国特色社会主义的实践领域及其发展、建设、文明结构，应是包括生态在内的五位一体的结构，即经济、政治、文化、社会、生态相并行、相协调，经济建设、政治建设、文化建设、社会建设、生态建设相并行、相协调，物质文明、政治文明、精神文明、社会文明、生态文明相并行、相协调”（《中国特色社会主义道路和理论体系的实践基础与创新性贡献》，2007年，《云南日报》）。“必须确立和实施生态、经济、政治、文化、社会五位一体发展战略”（《以科学发展为主题加快云南生态文明建设》，2010年，《云南日报》），并在《坚持和发展马克思主义的生态文明理论》（2010年，《科学社会主义》）一文中，进一步对马克思主义生态文明理论的历史与发展形态及实践领域作了全面阐发。

同时，针对我国在发展问题上存在的思想混乱和错误认识，发表了《科学发展是检验思想解放的根本标准》（2009年，《科学社会主义》），集中阐发了科学发展的基本内涵和历史定位及其同解放思想、实事求是、改革开放的关系，提出用科学发展作为检验思想解放的根本标准问题，认为“科学发展是在科学发展观指导下的发展实践过程和实践结果，是新世纪新阶段中国正在展开的基本实践形态。作为一种客观实在和实践过程及实践结果，它具有检测思想的强大功能，是检验思想解放的根本尺度。它既是思想解放的根本目标，也是实事求是的实践标志，更是改革开放的度量标准”。从而，在新的历史条件下深化和展开了“实践是检验真理的唯一标准”的认识与运用。

必须说明，基于实事、情势的总体性、本原性的理论创新，是我们党理论创造的优良传统和基本特色。收入文选的上述各篇文章，不过是学习和践行我们党理论创新思想的理性思考与收获。如果说文选中的一些文章，说了一些别人没有说过的、“接近真理”的新话，那我就算是心满意足了。

本书收入的文章共41篇，集中了对科学社会主义理论与实践研究，着重是中国特色社会主义理论与实践研究的代表性成果。为阅读方便，文章按时序分成三个部分编排。

第一部分，1979年至1990年5篇。主要内容是社会主义农村早期改革、农村人口问题和农业生产责任制理论的调查、研究、论证，社会主义初级阶段理论的形成，以及社会主义理想层次研究。

第二部分，1991年至1999年9篇。主要内容集中于社会主义初级阶段理论和党的基本路线，建设有中国特色社会主义理论，当代中国的马克思主义，邓小平理论和著述及历史贡献，真理标准讨论与社会主义，当代社会主义新概念研究。

第三部分，2000年至2012年27篇。主要内容涉及社会主义西部开发，社会主义新道路探索，生态文明理论与跨越式发展道路，小康社会的阶段性与层次性，中国特色社会主义创立的思想条件，社会主义和谐社会研究，社会主义新农村“三村”（小康村、生态村、文明村）调查研究，用整风方法对领导干部进行“三基本”教育轮训基本经验，科学发展观和科学发展研究，科学社会主义在中国的理论创造：中国特色新民主主义革命理论和中国特色社会主义理论，马克思主义群众观和群众路线，中国特色社会主义理论、道路和制度。这一阶段的文章是全书中分量最重的，也是后期理论和实证研究的主要成果。

由于文选出版受字数限制，关于科学社会主义及实践研究的其他20余篇文章未能收入。同时，为避免重复，收入文选的文章有的作了节选，有的作了删节。

本书文章时间跨度为33年，大多发表于《云南日报》、《科学社会主义》、《求是》、《光明日报》、《人民论坛》、《思想战线》、《学术探索》、《云南社会科学》、《云南民族大学学报》、《创造》、《社会主义论坛》和作者主编公开出版的著作中。各篇文章在撰写、发表和本书在云南大学出版社、云南人民出版社编辑出版时，都获得过宝贵的支持和帮助，同时许多方面都得到了中共云南省委、省政府领导和我长期工作的中共云南省委宣传部、云南省人民政府农业委员会同事和领导的指导与支持，得到了中共云南省委党校、云南省社科联、中国科社学会、中国国际共运史学会、省科社学会和云南省有关部委办厅局、州市县乡领导和朋友们的关心与帮助，在此一并表示衷心感谢！

2014年4月28日

目　录
Contents

第一部分　1979 年至 1990 年

第二部分　1991 年至 1999 年

第三部分　2000年至2012年

第一部分
1979 年至 1990 年

要开足马力落实农村经济政策

——文兴公社贯彻农村经济政策的调查

最近，我们到宣威县文兴公社，对贯彻落实农村经济政策作了一次调查，看到农村出现了令人鼓舞的大好形势：社员生产积极性高涨，劳动组织和经营管理水平显著提高，农活进度和质量比去年更快更好，集市贸易活跃，生猪、禽蛋收购量成倍增加。社员生活有所改善，心情舒畅。他们高兴地说："贯彻中央两个农业文件，'财神爷'又回来了，农村经济政策是'金饭碗'，继续抓下去形势会好上加好。"但是，也有人对贯彻政策顾虑很多，怕"过了头"。文兴公社的社员普遍反映："我们刚同政策见了面，贯彻政策刚开了头，要使经济政策在农村全面主事当家，还差得很远！"他们要求开足马力，大张旗鼓地落实农村各项经济政策，尽快使它真正成为农村的"主事人"、"当家人"。

贯彻农村经济政策不能"雨过地皮湿"

文兴公社经过3、4、5月四次传达贯彻中央几个有关农村政策的文件，省革委七条补充规定和省委关于多种多收的通知，使一系列政策规定同基层干部见了面；社员群众直接或间接听到了传达；一些主要的政策规定开始落实或部分地落实，已在不同范围、不同程度上显示出直接的生产成效和经济效果。但是，无论从广度或深度上看，农村经济政策的贯彻落实工作，还有很大差距。从广度上看，全面知道政策的人还不多，在一县一社范围内，干部知道较多，社员知道较少。有的社员反映："政策好是好，就是知道少，好比堵了的油漏子滴油，不知什么时候才能滴完。”从深度上看，政策落实的程度还比较差，问题还较多。总的说来，还处在“雨过地皮湿”的状态。具体分析有下面三种情况：一种是眼前或秋后直接涉及社员家庭物质利益的，如自留地政策，全社除7个队外，已按规定陆续作了调整，基本口粮政策，大部分队也由三七开改为对半开，但都还有大量的思想工作要做。社员说这种情况是：“响了雷，来了雨，但还没下透。”另一种是直接关系秋后增产和社员劳动报酬的政策，如生产责任制，全社只有1/7的队初步建立了。社员形容这种情况是：“雷声大，雨点小，下下又停停。”还有一种是若干年后集体和个人才能受益的政策，如私人饲养大牲畜、发展经济林木等，尚未开始全面落实，社员管这种情况叫：“响干雷，飞雨星，地皮还没下湿。”

上述情况说明，目前落实农村经济政策的任务还很大，不是“差不多了”，而是还差得很远；不是“过头”了，而是很不够。农民说得好：“贯彻落实政策决不能头上‘视槽’过水，有了好政策，不去高标准、高要求地落实，还会带来老办法、低产量、慢速度。”形势要求我们必须迅速采取各种有力措施，迅速改变贯彻政策中存在的不深、不透，表面化、一般化的状况，在落实上下决心、下功夫，扎扎实实地抓出大的成效。

落实经济政策首先要抓按劳分配问题

从多方面调查的情况看，目前农村在按劳分配政策方面存在的问题，是妨碍农业生产发展的根本性问题。用文兴公社17个大队去年1月至5月与今年同期的情况比较，未实行生产责任制的活计由523种减为458种，实行各种生产责任制的活计由181种增为224种。其中，尤以实行定额管理到人的活计和工分数增加较为显著。其所发挥的作用，在实际生产上起到了“投一石起千层浪”的效果，牵动了整个农业生产。最近，文新、着期等8个大队连续3次遭受洪灾，受灾面积达6900亩，由于采取各种生产责任制，实行任务定额到组到人，灾后三次补栽补种，基本上解除了灾情。群众反映：“过去要数月才办得到的事，现在只要半个多月就办到了。”另外，男女同工同酬也开始执行。有些社员说，有了定额，工分硬了，人也硬了，连刚过门的新媳妇都变能干了。

这些事例都是成绩的一面。另一方面，由于目前生产责任制才刚建立，还存在很多问题，须下大力解决。第一，建立生产责任制的面还不大。据统计，全社目前还有一半以上活计和将近一半的工分没有定额，即社员约有一半时间仍旧是干“大帮活”，记“大帮工”，这种情况继续造成部分社员出工不出力，出工收工不按时，但照样记工。第二，在实行定额到组时，没有相应地建立组内按人评分的制度，组内个人之间的平均主义现象仍然存在。第三，由于大量存在实行和不实行责任制两种农活，社员干不同农活时，积极性就不同，报酬给得不合理，这在社员之间造成消极的牵制作用。第四，在实行定额记分时，还缺少严格的检查验收制度，影响农活质量。第五，在定额确定上，往往没有经过充分的民主讨论，由队长说了算。有的队长在家属参加干活时，每天每人可包到 40 分，没有家属干活时只包到十几分。

6 月份以来，公社党委负责人正在抓“四定”、“一奖惩”和“两基本”的试点，在分组作业的同时建立质量检查和护秋制度，分别对水稻实行田间管理包工到人，苞谷、洋芋实行定额管理到组，烤烟实行联系产量、产前包工到人等，开现场会在全社推广。各生产队正在结合中耕全面加强经济管理。昔日那种“下地人等人，地头人看人，老婆拿着鞋底纳，汉子拿着烟锅咂”的状况很少看到了。代之而来的是“丘丘田有人，处处在干活”的景象。

事实说明，按劳分配政策，对于农业生产的发展确实具有举足轻重的作用。我们农村工作的重要任务，就是要使按劳分配政策在社员心中扎根，在生产队工作中主事，在各个生产环节上当家，带动农村各项政策落实，促进农业生产全面发展。

落实经济政策要注意因地制宜抓好全面

在重点抓好按劳分配政策的同时，必须从实际出发，因地制宜，全面落实农村各项经济政策。这个公社地处山区，多年来农、林、牧的构成遭到严重破坏，因此落实经济林木的政策，划定部分荒山归社员种植树木，就具有特殊的重要的意义。据调查，1958 年以来，由于毁林开荒，全社 25000 亩森林已被砍光，水土流失严重，造成“雨也灾，旱也灾”的状况。目前公社已对集体、个人在荒山植树作了布置，有的队已种植了杉树。

除林业政策外，如何运用农产品价格政策，因地制宜改变作物种植构成，对促进山区农业生产发展也十分重要。另外，关于“小自由”政策，今年 6 月以前，全社每 10 户中，平均只有 3 户在房前屋后植树，每户只种 5～10 株。养羊没有草场，发展很慢。兔也养得少，全社才有几十只。贯彻“小自由”政策，仍须大力进行。

从负担政策上看，农民至今仍有一些不合理负担。木农具的供应，由于过去长期把生产队和社员从事竹木农具生产作为资本主义倾向来批，加上原料、运输、加工等问题未统筹解决，多年来一直脱销，而集市价格高，生产费用大。去年，全社生产费用占总收入的 22%。

把贯彻农村经济政策同批极“左”结合起来

由于受林彪、“四人帮”极“左”路线的禁锢，农村基层干部对贯彻经济政策不同程度地存在以下几种思想：一种是对农村经济政策持怀疑看法，认为是“右了”、“倒退了”，有的大队干部说，现在的政策比“三自一包”、“四大自由”还宽了。有的甚至怀疑这样下去会“人心思乱”。这样的干部虽是少数，但在社、队干部中有一定的思想市场。社员说他们对贯彻政策“不想干，不去干”。另一种是对贯彻政策心有余悸，有“怕”、“等”、“看”思想。有的支部书记说：“我们现在‘飞’是‘飞’起来了，但不知怎么落，是被人家打落呢，还是自家找个地方落?”有的说：“眼下还是别使力太多的好，搞得坚决的人，最后总要垫底。”还有的说：“政策好是好，就怕长不了。”“现在让我们去落实，以后又让我们去检讨。”他们多年来被整怕了，担心以后政策变了又吃苦头，总想留点后路，实质上还是不大相信政策的稳定性，因而贯彻政策不坚决。群众说他们在农村经济政策面前是“想干，不敢干”。又一种思想认为贯彻经济政策太费力、太麻烦，不愿下苦功夫。有的队干部认为贯彻经济政策“事多、会多、累人、得罪人”。有的认为还是老办法“路子熟、省力气”，他们习惯于少数几个人说了算，群众说他们是“想干，又懒干”。

对于这些问题，前一段公社党委结合工作、生产曾作过一些解决，但由于没有抓住林彪、“四人帮”极“左”路线这个主要根源进行批判，因此一些干部的思想问题并没有真正解决，态度没有完全端正过来。贯彻政策的胆子还不大，决心还不大，步子还不大。有的干部看到少数生产队建作业组时出了点问题就惊慌失措，有的怀疑大集体、“小自由”一齐上到底对不对，有的对“多种多收”等一些新的规定和要求不敢去落实。这种情况阻碍着生产的迅速发展。

为了进一步贯彻十一届三中全会精神，加快落实农村经济政策，必须在全体干部、群众中深入开展批极“左”、肃流毒的工作。要广泛地在农村中开展“实践是检验真理的唯一标准”的讨论，进行普遍的马克思主义唯物论基本常识的教育，提高贯彻执行政策的自觉性、主动性和创造性。要认真进行领导班子的整顿，要对曲解十一届三中全会精神，对贯彻政策抱怀疑态度的人进行批评教育，帮助基层干部去掉“怕”、“懒”，树立敢想敢干，大胆负责，不计个人得失的好思想。要普遍进行一次农村政策的宣传和再教育。对农村经济政策的宣传贯彻要重点补课，采用各种办法，把政策进一步交给群众。

（原载于《云南日报》1979年7月24日第1版。该文由本书作者撰写，以省委宣威农村工作团名义发表）

不控制人口增长确实不得了

——宣威县文兴公社的调查

宣威县文兴公社是个山区公社。长期以来，由于忽视计划生育，人口急剧增加，粮食消费成倍增长，实际生产水平下降，影响了农村经济繁荣和国民经济的发展。有的基层干部说："再这样下去，别说是对国家做贡献，连肚子也顾不住啦!"

人口增长速度超过粮食增长速度

从1957年到1978年，文兴公社的人口由16727人增加到34033人，增长了1.03倍，而同期粮食总产量由8969000斤增加到17008000斤，增长89.6%。在这21年间，人口年平均增长率是4.9%，而粮食年平均增长率仅为4.3%。近十几年，人口与粮食增长速度的差距尤为突出。1965年至1977年，全社粮食只增长了49%，而人口就增长了60%。由于人口猛增，农业生产的实际水平下降了，每人对国家的贡献也减少了。1957年（平产年），全社每人平均产量530斤，21年后的1978年（历史上产量最高年）却只有502斤。1966年每人交售给国家的公余粮为120斤，1976年下降到56斤，1977年、1978年都比1976年增产，但这两年每人平均交售的公余粮也才有79斤，而同期国家的返销粮却不断增加。

目前，人口增长的势头仍然很猛。去年，文兴公社人口自然增长率为36‰，是1970年以来的最低值，如按这个速度发展，到2000年，人口将增长77%；如果按1970年以来9年间人口自然增长率的平均率43‰发展，到2000

年人口则将翻一番。如出现这种情况，农业实际生产水平将因人口成倍增长的抵消而继续下降，农村经济和国民经济将因此而受到非常严重的影响。

人口剧增带来的严重后果

人口剧增，给农业生产各个方面造成的直接后果非常严重，主要表现在三个方面：

1. **引起连年毁林开荒，农、林、牧受到严重破坏**

农业合作化初期，文兴公社平均每人占有耕地 2 亩，随着人口的急剧增加，1961 年就下降到 1.6 亩。由于耕地逐年锐减，单产又不能大幅度提高，从 1961 年以后，各生产队普遍大面积毁林开地。发展到去年，全社已毁林 25000 亩，占山林面积的 80% 以上。而到去年，加上全部新开地面积，每人占有耕地面积也只有 1.2 亩。由于连年毁林开荒，山林草场大部分毁尽，水土流失严重，自然灾害频繁。20 世纪 50 年代，这里仅少数年份出现轻灾；60 年代，多数年份发生旱、洪、冰雹灾害；70 年代，这些灾害更是频繁发生，而且灾情较重，造成减产。同时，因为山林草场遭到严重破坏，畜牧业也出现了停滞下降趋势。大牲畜和羊群没有放牧场，只好圈着养，吃绿肥。

2. **加剧了农业经济内部比例失调，严重妨碍农业发展方针的贯彻**

由于人口上升很快，在相当大程度上促使文兴公社出现偏重粮食、忽视经济作物和毁林、少牧、无渔的状况。从去年的情况看，全社经济作物种植面积仅相当于粮食播种面积的 5%。全社林业收入仅相当于农业收入的 0.37%；牧业收入（主要是生猪收入）仅相当于农业收入的 1.3%。这种畸形状况对农业生产发展极为不利。要改变农、林、牧构成的不合理现状，在文兴公社很重要的一条是必须实行退耕还林、以林促牧，但在目前单产不高、社员口粮较低（340 斤上下）的情况下，要大面积退耕还林，势必要影响粮食产量和社员生活。另外，要改变粮食种植和经济作物种植构成不合理的现状，除采取各种办法外，也还必须拿出一部分粮田来。这在一段时间也会相对影响到粮食生产。

3. 使国家、集体、家庭的负担加重，社员生活水平得不到提高

文兴公社从1957年至1978年，共出生17300余人。按当地的实际生活水平，抚育一个孩子到16岁，包括上中小学，要花费1600元左右。总计这21年新增人口的抚育费，达27680000元，其中国家和集体负担近30%，合8300000元，家庭负担70%多，合19380000元，每对夫妇负担2340元。这笔负担是非常沉重的。

近十几年来，文兴公社的教育、医疗、商业设施和各种社会救济都成倍增加。1962年至1978年，仅超生部分人口的用布就达1640000多尺。但是在国家负担增大的情况下，社员群众的生活水平、文化水平、健康水平并没有得到相应的提高，甚至还有所下降。

从社员情况看，由于孩子过多、过密，一方面家庭劳动力的劳动所得，大部分都用到了抚育孩子身上，主要劳动力得不到必需的物质补偿；另一方面也因家里经济困难或要承担看管弟妹义务，不少孩子失去上学机会。据调查，文兴公社多子女户占总数的90%以上，平均每户有5个孩子，最多的达十二三个。全社大队、生产队主要干部平均每人有4.9个孩子，最多的有10个。在这种情况下，社员、干部参加生产和安排指挥生产都受到严重影响。

控制人口增长应尽快解决的几个问题

目前，采取坚决措施，实行计划生育，控制人口增长，已经迫在眉睫。为此，应尽快解决几个问题：

1. 各级干部特别是主要领导干部，认识上要来一个飞跃

要把人口问题紧紧同农业生产发展的全局联系起来，把人口控制和生产发展作为一个问题的两个方面，一手抓降低人口出生率，一手抓提高农业生产率。做到制订生产计划的同时制订人口计划，检查生产措施的同时检查人口控制措施，解决生产问题的同时解决人口控制问题。现实严峻地摆在我们面前，再不能等闲视之了。

2. 要坚决实行有利于控制人口、计划生育的各项政策

特别是要毫不动摇地贯彻基本口粮以人分等定量的政策。文兴公社人口之所以增长这么快，最主要的一个原因就是多年来搞三七开，不分等级按人头分口粮。这种办法造成“大口人多粮不够，小口人多粮有余”，不少社员甚至用拼命多生小娃娃的办法来养活大子女和填补成人口粮的不足。有的社员形容说：“一个好汉干一年，不顶老娘生一个。”

除了贯彻执行这个基本政策外，还必须按照省革委关于计划生育的若干问题的试行规定，实行各种奖惩规定和办法，特别是要加强一系列经济措施，才能有效地控制人口增长。

3. 要大力加强政治思想工作，发挥干部和党团员的模范带头作用

要加强婚姻问题上的法制教育，制止早婚、小订亲、结婚不登记、离婚不办手续等不良风气。要教育说服社员改变“多子多福”、“重男轻女”的封建意识。文兴公社从小订亲的人数占未婚人数的80%以上，不到规定年龄结婚的占大多数，1964 年以来到公社办结婚手续的只有70 对，其余均不登记。解决这些问题，要做大量艰苦的思想工作。基层干部要以身作则，遵守法纪，带头树立社会主义的良好风尚。

4. 要着重加强计划生育的技术指导

目前急需培训公社、大队、生产队做节育、绝育手术的赤脚医生，特别是女赤脚医生。目前，文兴公社还不能做结扎手术，只有个别大队的赤脚医生能放环。为迅速改变这种情况，我们建议省、地、县三级卫生部门尽快派出大量医务人员下乡，深入山区社队，结合培训社队医务人员，同他们一道，实行按片、分户包干，责任到人，定期轮换，长期坚持。做到在两三年内，使这些地区的人口自然增长率下降到10‰以下，为农业发展做出贡献。

（原载于《云南日报》1979 年 8 月 17 日第 1 版。该文由本书作者撰写，以省委宣威农村工作团名义发表）

论农业产量责任制

党的十一届三中全会后，农村中建立和推广了各种形式的生产责任制。其中，产量责任制显示了尤为突出的增产效果。特别是一些实行专业承包联产计酬责任制的地方，今年大秋粮食成倍增长，收入也大幅度增加。这里，人们不禁要问：产量责任制何以具有如此明显的增产效果呢？它产生的社会实践条件及形成的内容是什么？它的理论依据何在？与其他生产责任制比较具有什么主要特点？它的发展趋势及其局限究竟怎样？对这些问题，目前看法还不大一致。正确回答这些问题，对于产量责任制的提高和完善，对于进一步推动农业生产的发展，具有十分重要的意义。

农业集体协作劳动的产物

我国的农业生产劳动是在改造个体农业经济基础上建立起来的一定程度和规模的社会化的集体协作劳动。这种协作劳动比之个体劳动可以创造高得多的社会生产力。"这里的问题不仅是通过协作提高了个人生产力，而且是创造了一种生产力，这种生产力本身必然是集体力。"[①] 但协作劳动的实现和随之而来的生产力的提高，则有赖于科学的管理。列宁说："管理的基本原则是一定的人对所管的一定的工作完全负责。"[②] 农业上的各种生产责任制，包括产量责任制，正是这种管理原则的具体运用和体现，因

① 马克思：《资本论》第1卷，人民出版社1975年版，第362页。

② 《列宁全集》第36卷，人民出版社1985年版，第554页。

而也是实现协作劳动和提高生产力的关键。

合作化以来，我国农民在实践中把生产管理的具体形式和计酬形式紧紧结合起来，创造了各种行之有效的生产责任制，其中包括具有产量与报酬一致性特点的农业产量责任制。早在1953年，一些农业生产合作社就推行了常年固定的生产组或生产队的按季节包耕制，有的地方还试行常年包耕包产制。后者可以说就是产量责任制的雏形。1955年，党的七届六中全会在总结群众实践的基础上，号召建立劳动生产定额制，推广包工制，实行超产奖励制，以“彻底实现生产中的责任制”。1956年进入高级社时，又明确提出了“包产和超产奖励”制度，规定了奖罚办法①。随着高级社的发展，一些地方还实行了“三包一奖”（包工、包产、包生产费用和超产奖）责任制，以及以产定工等具体做法。在较长时间内，产量责任制作为一种先进的管理和计酬形式，不仅在合作化时期，而且在以后的一段时期中，对促进提高和恢复发展农业生产都起了重大作用。

但由于“文化大革命”的十年浩劫，产量责任制和其他责任制都遭到严重摧残，劳动管理在多数地方不复存在，平均分配代替了按劳分配。粉碎“四人帮”后，随着各项生产责任制的建立，产量责任制才在新的基础上恢复发展起来。去年以来，各地相继出现了包产到组，超产奖励，减产赔偿，分组作业，以产定工，超产奖励；分组作业，包交公余粮和集体提留，实行“大包干”以及在上述基础上形成的“三包两奖”（包工、包产、包成本或生产费用和超产奖、成本或生产费用节约奖）责任制。特别是逐步形成的专业承包联产计酬责任制，更为广大社员所欢迎，它以分工协作为基础，擅长农业的劳动力，按能力大小分包耕地；擅长林、牧、副、渔、工、商各业的劳动力，按能力大小分包各业；各业的包产，根据方便生产、有利经营的原则，分别到组、到劳动力、到户；生产过程的各项作业，宜统则统、宜分则分；包产部分统一分配，超产和减产分别奖罚；并以合同形式确定下来当年或几年不变。此外，在一些“地广人稀，经济落后，生活贫困”的特殊地区，还实行了包产到户，即包产部分统一分配，超产归己，短产赔偿的责任制，也有的是实行包干到户的责任制。

① 参考《高级农业生产合作社示范章程》。

这些具有不同特点的各类产量责任制，都大大调动了农民的生产积极性，促进了农业劳动生产率的提高。

产量责任制的发展过程及其作用说明，产量责任制是在我国农村逐步确立和巩固社会主义生产关系的过程中形成和发展起来的，它是农村生产力发展的必然要求，是农业集体协作劳动的产物。它与农业有着休戚相关的内在联系，一直是实现农业增产的重要保证，也是整个农业经济发展必不可少的基础条件。

农业生产自然特点的需要

从农业生产的自然角度来看，产量责任制具有其特殊的重要性与适应性。我们知道，农业生产是一个自然再生产与经济再生产交织的过程。“经济的再生产过程，不管它的特殊的社会性质如何，在这个部门（农业）内，总是同一个自然的再生产过程交织在一起。”[①] 在不同的社会条件下，农业生产过程不仅直接受土地、雨量、光照、气温等多种因素的影响，生产活动与自然诸因素之间有着很强的相关性；而且农业生产的对象本身是有生命的植物和动物，尤其受到自身生长发育规律的制约。因而形成了农业生产劳动有着不同于手工业，更不同于现代工业生产劳动的显著特点。这就是劳动期间和生产期间的不一致。生产期间要比劳动期间长。在农业生产中，劳动只是间断地进行着，一定的时候开始，一定的时候中断。在中断期间，劳动对象受时间长短不一的自然过程的支配，要经历物理的、化学的、生理的变化。这样，无论是一道工序的劳动，或是其中一个小阶段的劳动，都无法马上凝结为物化劳动。只有经过一个较长的生长周期，农业生产期间所耗费的各种劳动量才能最终凝结为物化劳动，转化为社会产品。

农业生产的这种自然特点，就决定了在农业生产责任制中，必须有一种能够从始至终充分适应其生产的相关性和植物、动物生长发育规律，能

① 马克思：《资本论》第2卷，人民出版社1975年版，第398－399页。

够对各个生产环节与生产期和最终劳动产品全面负责的责任制，这就是产量责任制。这种责任制与定额计酬、小段包工责任制不同，它要求劳动者必须对生产的全过程和产量承担全面的责任，这是一种一贯到底的纵向分工的责任制。它把一个周期的生产任务交给了同一的生产者，并从生产的收获量来考察支付的劳动量，从而把生产者劳动的数量与质量，积极性与科学性，生产成果与劳动报酬，自然地有机地统一起来，大大避免和减少了无效劳动，提高了农业生产率。

许多经验证明，由于实行产量责任制，农业的经济再生产过程与自然的再生产过程比任何时候更加密切地结合起来。农业生产的直接管理更加合乎自然规律的客观要求，人和自然的因素在农业生产活动中更加协调一致。相反地，在没有实行产量责任制的地方，这种结合与协调就难以实现。

经济规律在农业生产上的运用

除农业生产的自然特点外，经济规律的要求是实行产量责任制的一个决定因素。首先，产量责任制是由物质利益规律和按劳分配规律决定的。中央关于加快农业发展的决定规定了“包工到作业组，联系产量计算报酬，实行超产奖励”，明确地把作业组社员的物质利益同产量的多寡连接在一起。这就一方面促使劳动者从物质利益上更加关心农业生产；另一方面保证了随着农业产量的提高给予劳动者新的逐步增长的物质需要。社员这种不断扩大的个人物质利益和在这一基础上形成的集体利益，是产量责任制得以实施并推动农业经济发展的内在力量。

贯彻按劳分配原则是物质利益规律的一个主要内容。产量责任制把劳动者在农业生产中的劳动量同产品量、个人消费品的分配（目前主要是实物分配）直接结合起来，体现了多劳多得，超产多得，多贡献多得。它承认并重视复杂劳动的作用，对那些管理有方，或提出合理化建议和措施以及生产技能过硬、对增产有贡献的干部社员，在报酬上给予合理的补偿。它以物化劳动作为考核劳动好坏和分配消费品的主要尺度，社员个人消费品的取得是与劳动量和产品量成正比的，避免了劳动量、产品量和个人消费品分配之间的分离现象。

我们知道，按照马克思主义的分析，劳动可以区分为三种形态，即潜在形态、流动形态和物化形态。农业上的评工记分包括底分死记、底分活评，只是一般地反映了社员的潜在劳动或部分地反映了流动形态的劳动。因此，这是一种较低级的、不合理的劳动计酬形式，实行的结果会导致劳动量、产品量和分配量的矛盾和分离。以计件为特点的定额计分、小段包工，能较好地反映社员流动形态的劳动，是一种较好的计酬形式。但它还不能最有效地保证农活质量，因而也还不能最终克服劳动量与产品量分离的矛盾。而联产的办法不仅考虑到从流动形态的劳动（包工量），而且主要地要求从物化形态的劳动（产量），去反映和衡量社员的劳动量。因此，它能更好地克服劳动量、产品量和社员分配之间互相分离的矛盾，有利于农业各项经济指标的协调与提高。

正是由于产量责任制始终把追求尽可能多的物化劳动作为直接的经济目标和增加个人消费品的前提条件，因此它也必然要求按照价值规律的要求和有计划发展规律的要求办事。为了获得尽可能多的经济利益，生产和管理人员首先必须对各项生产计划及经济指标提出自己的意见，要求搞好经济核算，注意运用价格、货币、工分等价值工具，对活劳动、生产费用和劳动成果进行严格的监督，力争降低成本，节约开支，广开门路，并逐步实行农、工、商综合发展。在这种情况下，凡是不利于增加经济收入的计划，任何高指标的产量计划，以及各种不切实际的种植、养殖计划，社员都不会接受。他们所能接受的必须是经过社员民主决定、符合实际、有产可超、能取得最大经济效益的计划。从而，使计划管理真正落到实处，有效地避免了官僚主义的瞎指挥。

总之，产量责任制从多方面体现了社会主义经济规律的客观要求，它是经济规律在农业生产上的具体运用，是用经济手段管理农业的一项重大实践。因此，凡是产量责任制搞得好的地方，各项主要的农业经济指标，包括总产量、总收入、交售产品、集体提留、劳动积累、社员收入和口粮水平都有较快的增长，各项费用和社员超支、空分迅速下降，劳动生产率显著提高。

产量责任制的发展及其局限

目前产量责任制正在按照自身发展的规律逐步健全和完善起来。总的看来，它的发展趋势及特点有这样几个方面：一是它在各种生产责任制中的比重迅速增大。全省实行包产到组、到劳力、到户的生产队，在数量上已开始大于实行小段包工、定额计酬的生产队。当前，产量责任制已经成为农村中一种主要的责任制形式。二是由粮食种植业迅速发展到各种种植业和养殖业。林业、畜牧业、副业、渔业和一些多种经营项目已在不同程度上联系了产量，或同时联系产值。产量责任制越来越具有多部门生产的适应性。三是综合性作业组正在改变为专业性作业组。经过一段实践，说明“小而全”的综合作业组不符合专业分工的需要，不利于科学种田和科学养殖，不利于统一计划、核算和分配，容易导致分队。今年以来，不少综合作业组已改为专业组。实行专业组、专业户、专业人责任制的趋势正在加强。这是产量责任制在发展方向上的一个重大变化，也是农业专业化的良好开端。四是加强了作业组内的经济核算。作业组不是一级独立核算单位，但不等于可以不要作业组内部的核算（算账）。作业组由包工、包产发展到包成本或生产费用，说明作业组内部以及作业组之间、组与队之间的经济核算关系正在加强，并具有更加严格的规定性和责任性。

总之，产量责任制目前正经历着一个新的发展阶段，它的推行对进一步贯彻按劳分配和加强经营管理是一个新的突破，其优越性已明显地显示出来。但是，同任何先进的东西一样，产量责任制也不可避免地存在自身的局限。它的先进性、合理性是有一定界限的，超过一定界限就可能变成错误的东西。

首先，它的适应范围是有限的，不是所有的农活都可以同产量联系，如一些大型农田基本建设，战胜大的自然灾害的突击性劳动，必不可少的临时派工等，就不便与产量直接挂钩，宜于采用定额、计件的办法。要在农业上全部实行产量责任制不但不可能，而且是有害的。

其次，就包产到组本身而言，也还不能解决组内的平均主义。在作业组内必须实行定额计酬、小段包工责任制，否则每个人的劳动就难于正确地计量。只有包产到组责任制，而无定额管理责任制，生产队的“大锅饭”就会变为作业组的“二锅饭”。因此，包产到组必须以全面的定额管理责任制为基础。少数地方分组联产后，由于忽视定额管理，结果组内的平均主义得不到解决，生产仍旧上不去，作业组也越划越小，有的甚至搞不下去，这个教训必须吸取。

最后，从包产到户责任制来说，也还需要具体分析和对待。首先必须肯定包产到户是生产队内部的一种产量责任制，它以坚持生产资料集体所有和按劳分配为前提，因而与分田单干有着原则的区别。生产队领导下的包产到户是依存于社会主义经济的，不会脱离社会主义轨道，没有什么复辟资本主义的危险，因而并不可怕。同时也要看到，这种责任制下的专业分工和协作劳动程度比较低，不可能完全适应发展中的社会化大生产的要求。从长远看，一方面要把包产到户作为一项正确和重要的政策相对稳定下来，另一方面也要注意当这种责任制下的增产趋于饱和时，适时地引导其向专业户、专业组的方向发展，因势利导，运用各种形式进一步组织起来。

历史经验证明，集体经济具有个体经济所不能比拟的优越性，它是我国农业向现代化前进的不可动摇的基础。我们要进一步巩固和发展农村集体经济，健全和完善集体经济组织中的各种生产责任制，在对待生产责任制问题上，一定要防止“一刀切”。只要坚持生产资料公有制和按劳分配，有利于发挥集体经济的优越性，实现增产增收，实行哪种形式的责任制都可以。我们相信，产量责任制将适应客观的自然选择和经济选择，在各种农业生产责任制的百花园中竞放出更加灿烂的异彩，在农业现代化的道路上发挥出更大的作用。

（原载于《云南日报》1980年12月11日第3版。该文由本书作者撰写，参与研究的有于伟、袁晓林）

崇高理想是我们的精神支柱

按照马克思主义的观点，理想是在一定经济关系基础上人们社会意识的凝聚与抽象，是同奋斗目标相联系的有实现可能性的一种自觉意识。先进的社会政治理想既是社会发展的产物，又是社会前进的推动力。它影响和制约着每个文明社会、国家和民族的进步与繁荣。马克思主义的社会政治理想是人类社会实践和经验的科学总结，比之任何一种社会政治理想都更符合人类社会发展的要求，符合绝大多数人的利益，因而更高尚、更具有号召力和凝聚力。

很多事实说明，来自共产主义理想所产生的意志力量和达到的精神境界以及在改造社会中起的作用，都是以往社会无法与之相比的。中年一代人都记得，20 世纪 50 年代，人们何以那样自觉地接受共产主义战士保尔·柯察金、吴运铎等人的熏陶，何以那样倾心地学习马特罗索夫、董存瑞、刘胡兰、黄继光、邱少云的英勇献身精神，就是因为他们身怀大义，用鲜血、头颅和胸膛染红并保卫了共产主义的旗帜。60 年代中焦裕禄的鞠躬尽瘁，80 年代中张华的献身、中国女排的拼搏、华山英雄抢险集体的品格，都深深嵌入了几代人，尤其是许多青少年的心中。知识分子中像曲啸那样累遭磨难而毫不动摇自己的崇高信念的先进典型，极大地教育鼓舞着广大干部群众。现在又有对越自卫作战英雄群体的出现，成为全国人民学习的楷模。在我们的社会中，正是崇高的理想培育了无数先进的人们，人们又在实践理想之中推动着社会向前。可以说，马克思主义的社会政治理想已经成为我国先进人们心中不可摇撼的旗帜。

诚然，在我国，不是所有的人，也不能要求所有的人都信仰马克思主义，都具有最高层次即共产主义的理想要求。但人要有理想，这应该是共同性的要求；理想可以分层次，这可以是特殊性的要求。没有理想、没有目标、没有志气、没有奋斗精神的人，是不可能成就任何事业的。恩格斯说过："有所作为是生活中的最高境界。"列宁讲："人需要理想。"理想之于思想，理想是思想的导游者，失去理想，思想就会混乱、停滞、倒退；理想之于生活，理想是生活的明灯，没有理想，生活只是一片空虚和黑暗；理想之于现实，没有理想，也永远不会有美好的现实；理想之于幸福，只有具有理想，而向自己提出远大目标的人，才会成为幸福的人。许多在事业上成功的人都有一个共同的体会：就是决不去满足于已做的事情，而始终追求要做的事情的目的。这也就是说，任何时候都不放松在理想上对自己提出要求。

由于各自的思想觉悟程度不同、掌握科学文化知识的状况不同、参加社会实践的深浅不同，不同的人在理想上必然表现出多种多样的情况。有的人始终把实现共产主义作为个人艰苦工作、舍身奋斗的最高目标，以天下为己任，以四化为己任，自觉担负起社会赋予个人的使命；有的人则把爱国、爱厂、爱家乡并决心为之付出努力和做出贡献作为主要的理想目标；有的人则想在职业上成为某一方面的行家里手，希望用自己的本事、技术为人们提供良好的服务；还有的人要求凭自己的劳动、才智并依法干成几件事情，以过上富裕美满的生活。所有这些不同层次的理想，即共产主义的理想、爱国的理想、职业理想、生活理想，都说明人们在理想上的多样性与差别性。这既是我国社会长期存在的一种客观现实，也为我国社会发展所需要。我们既承认这种状况，又尽力把低一个层次的理想逐步引导和上升到高一个层次的理想要求上来。这是因为，理想层次是随着社会和人们的实践而发生变化的。在一定条件下，经过教育和诱导，小志可以变为大志，一些主要只具有生活、职业理想和爱国理想的人，也可以接受共产主义教育，有些则可以成长为共产主义者。这里，关键是要对具有各种理想层次的人给予充分的信任，并注意因势利导，逐步地一点一滴地用先进的理论武装他们。

远大理想的树立是一个社会实践的过程，是人们不断正确认识各种复杂的社会现象的过程。当前，围绕理想问题需要回答的各种关系问题是很多的。比如，理想与改革的关系问题，有的同志说，要坚持共产主义理想，就不能坚持改革。实际上，这是一种误解。要知道，共产主义者首先就是改革者，改革经济体制是社会主义现代化建设的基本保证之一。在改革中做贡献，本身就应该是我们的理想要求。改革、搞活、开放，发展社会主义有计划的商品经济，是社会生产力发展的要求，也是向共产主义社会前进的要求。因此，理想与改革二者是一致的、统一的。

有的同志还认为，坚持共产主义理想同执行现行政策是互相排斥的。这种看法也是不对的。无论是马克思，还是恩格斯，都预见到共产主义社会是分阶段的，既然可以分阶段，在社会主义的不同阶段上就必然有不同阶段的政策。执行这些政策，如执行在法律范围内充分发展各种商品生产与商品交换的政策，是要一步一步地推进我国的四化建设，这也就是一步一步地向共产主义社会的高级阶段前进。当然，现行政策有它明确的规定性，不是每项政策对所有人都是适用的；另外，更不能用现行政策、用按劳分配的原则来代替共产主义的世界观和人生观，这又是必须区别清楚的。这样，我们就能在执行现行政策的同时坚持共产主义的远大目标。

有的同志还提出，理想要求同现实情况存在着尖锐的矛盾。这也要作具体分析。现在确有某些人、某些企业、公司乃至某些党政部门的负责人，搞非法的商品生产与商品交换活动，搞新的不正之风，搞以权谋私，个别的共产党员甚至腐化变质、犯罪堕落。这些，显然是同社会主义社会的理想要求不相容的。面对这种情况，正确的态度应该是起来斗争，把改变这种状况作为个人理想要求的一部分；理想也应当成为改变这种状况的现实力量。至于说有的人确立的理想本身脱离了社会发展的客观现实需要，用列宁的话说，是一种“超自然的理想”。这就要考虑改变这种不切实际的空想，使理想真正具有现实性和改造社会的作用。

我们党从创立那天起，就把实现共产主义作为自己的最高理想，几十年一直忠贞不渝地为之奋斗。没有这样一个崇高信仰，党就无从产生、无从发展，就不可能有中国革命的胜利。今天，如果没有这样一个信仰，四化建设的目标也是断然不能实现的。这是在新时期必须坚持的一条真理。

（原载于《云南日报》1985年6月28日第3版）

社会主义初级阶段理论的形成及意义

一、我国认识所处社会发展阶段的曲折过程和历史经验

新中国成立以来，在认识我国社会发展的历史阶段这个问题上，我们经历了正反两个方面的曲折变化，有其宝贵的经验和沉痛的教训。

1956 年党的八大和 1957 年党的八届三中全会前，我国对所处社会历史阶段的认识，是同对 1956 年前过渡时期的认识相衔接的。当时对刚进入社会主义的我国社会性质、主要矛盾和主要任务的认识，无疑是正确的。其正确性体现在两个主要之点上：

其一，认为 1956 年社会主义改造基本完成之前，我国是处在“由新民主主义社会过渡到社会主义社会的历史时期”①，即“实现从新民主主义到社会主义的转变”②。毛泽东说：“从中华人民共和国成立，到社会主义改造基本完成，这是一个过渡时期。”③ 我国的过渡时期不是一般地由资本主义过渡到社会主义，而是由新民主主义社会过渡到社会主义社会。从资本主义过渡到社会主义，这是人类历史发展的一般规律。在资本主义较为发达的国家，无产阶级直接进行社会主义革命，实现从资本主义向社会主义的直接转变。在我国，由于半殖民地半封建的社会性质，决定了我国的革命，第一步只能进行反帝反封建反官僚资本主义的新民主主义革命，先

① 《社会主义教育课程的阅读文件选编》（第一编），人民出版社 1958 年版，第 22 页。
② 《关于建国以来党的若干历史问题的决议》。
③ 《毛泽东选集》第 5 卷，人民出版社 1977 年版，第 89 页。

建立新民主主义社会，第二步才能进行社会主义革命。在新民主主义革命取得胜利，夺取全国政权后，实现新民主主义向社会主义的转变。把我国的过渡时期概括为由新民主主义向社会主义转变的时期，这不但符合我国国情和历史发展的实际，而且是对马克思主义关于近代历史发展遵循“从资本主义过渡到社会主义”这一论断的丰富和发展。这一概括使我国的社会主义改造有了正确的立足点，保证了社会主义改造的顺利进行。

其二，认为社会主义改造基本完成之后，我国进入了社会主义社会，处于社会主义的初期，开始了社会主义建设时期。党的八大宣布：社会主义改造基本完成后，我国阶级剥削制度已经基本结束，社会主义制度基本建立①，无产阶级同资产阶级的矛盾基本解决。我国国内的主要矛盾，已经是人民对于建立先进的工业国的要求同落后的农业国的现实之间的矛盾，已经是人民对于经济文化迅速发展的需要同当前经济文化不能满足人民需要的状况之间的矛盾。并且提出党的主要任务是集中全党、全国人民的力量发展社会生产力，使我国尽快地从落后的农业国变为先进的工业国。毛泽东在八大开幕时还指出：“我们现在也面临着和苏联建国初期大体相同的任务。”② 在新中国成立 7 年后，我们党是把我国作为处于社会主义初期的国家来看待的。直到 1957 年 2 月，毛泽东还提出：“我国的社会主义制度才刚刚建立，还没有完全建成，还不完全巩固”，“我们的根本任务已经由解放生产力变为在新的生产关系下面保护和发展生产力。”③ 当时的这些基本论点无疑是正确的。它们从不同的角度指出了我国社会还只是刚刚进入社会主义的社会，还处在这个社会的初期，社会、经济、政治制度都不完善，发展生产力是主要任务。当时，虽然还没有作出我国处于社会主义初级阶段的科学论断，但其基本观点是符合社会主义初级阶段要求的。

遗憾的是，这些正确的思想并没有坚持下来。1957 年 9 月党的八届三中全会，特别是 1958 年八大二次会议后，直到“文化大革命”结束的近 20 年间，我国在对现今社会发展阶段的认识上发生了严重的错误，有过两

① 《中国共产党历次重要会议集》（下），上海人民出版社 1982 年版，第 75 页。
② 《中国共产党第八次全国代表大会文献》，人民出版社 1957 年版，第 9 页。
③ 《毛泽东选集》第 5 卷，人民出版社 1977 年版，第 374、377 页。

次大的教训。

第一次错误和教训，集中发生在“大跃进”运动和“人民公社化”运动这一时期。其错误的特点主要表现为一种超阶段思想，即急于提前建成社会主义和向共产主义过渡。1958年初，全国在批判“反冒进”的气氛下，开始了超越现实生产力条件的“大跃进”运动，提出了脱离国情和违背客观经济规律的各种口号。在经济发展阶段上，企图在15年内实现“超英赶美”。随之而来的“人民公社化”运动则从生产关系上把超阶段的思想大大加以发展。8月间在北戴河召开的中央政治局扩大会议通过的《关于在农村建立人民公社问题的决议》认为：建立人民公社，是“提前建成社会主义并逐步过渡到共产主义所必须采取的基本方针”，“共产主义在我国的实现，已经不是什么遥远将来的事情了，我们应该积极地运用人民公社的形式，摸索出一条过渡到共产主义的具体途径。”① 为了“提前建成社会主义”和“向共产主义过渡”，当时还提出人民公社完成由集体所有制向全民所有制过渡的时间，快的三四年，慢的五六年。与此同时，“一平二调”、“共产风”盛行起来。在公社范围内实行贫富队拉平，平均分配，对生产队的某些财产无代价地上调。这样做的结果，使我国刚刚开始的社会主义的全面建设遭到了严重破坏。

第二次错误和教训，发生在1962年9月党的八届十中全会后，主要是“文化大革命”十年期间。这10多年间，在认识我国所处发展阶段的问题上，占支配地位的理论观点是认为我国是处于由资本主义向共产主义高级阶段过渡的“整个历史时期”。这里，“过渡时期”的概念被延伸到了共产主义的实现。它既从一般意义上否定了关于由资本主义到社会主义的过渡时期的提法，也从特殊的意义上否定了中国社会实际发生的“由新民主主义社会到社会主义社会的过渡时期”的提法。这一论断错误的特点，主要表现为抹杀社会主义改造基本完成以前的过渡时期同整个社会主义历史时期的根本区别，混淆了社会主义到共产主义高级阶段之间不同发展阶段的原则区别。这一论断把我国过渡时期中无产阶级同资产阶级、社会主义同资本主义这个主要矛盾扩展到整个社会主义阶段，认为这两个不同的历

① 《中国共产党历次重要会议集》（下），上海人民出版社1982年版，第117、196页。

史时期受着同一规律的支配，存在着同一性质的矛盾。换句话说，就是用曲解了的所谓由资本主义过渡到共产主义高级阶段的“大过渡”理论，来代替我国由新民主主义过渡到社会主义的“小过渡”理论。这是我国认识现今社会发展阶段的一次很大的曲折。这一错误论断的形成，同党的八届三中全会对我国主要矛盾认识的变化有直接的关系。在那次会上，已经把两个阶级、两条道路的矛盾看成当前我国社会的主要矛盾。既然在主观判断上认为前后阶段具有相同性质的矛盾，势必要导致在阶段认识上的严重混淆。但直接提出由资本主义到共产主义高级阶段的过渡时期问题，则是在 1962 年的八届十中全会上。这次全会公报指出：“在无产阶级革命和无产阶级专政的整个历史时期，在由资本主义过渡到共产主义的整个历史时期（这个时期需要几十年，甚至更多的时间）存在着无产阶级和资产阶级之间的阶级斗争，存在着社会主义和资本主义这两条道路的斗争。”① 这一论断中关于阶段问题的概括，后来成了“文化大革命”中“无产阶级专政下继续革命理论”和“党在整个社会主义历史阶段的基本路线”的重要立论根据。“文化大革命”把这一论断贯彻到了国家政治、经济、文化和社会生活的各个方面，不仅把大量属于过渡时期的矛盾和范畴，如社会主义同资本主义、无产阶级同资产阶级的你死我活的斗争，小生产“每日每时”不断产生资产阶级等，搬到了社会主义阶段中来；甚至把臆造和推演出来的既不属于过渡时期又不属于社会主义阶段的矛盾和范畴，如存在“党内走资本主义道路的当权派”、“党内的资产阶级”等，强加到我国的政治生活中来。这种严重混淆两个不同性质的历史时期的“阶段理论”，给我国建设造成长时间的危害，并导致“文化大革命”那样的严重内乱和巨大灾难。

上述两次错误和教训，前者主要表现为：在我国开始进入社会主义的时候，把生产力的发展看得很容易，急于赶超发达资本主义国家，把生产关系的改变也看得很简单，离开生产力发展的要求，急于变革和拔高生产关系，违背了生产关系一定要适合生产力状况和要求的客观规律，不切实际地提出提前建成社会主义并向共产主义过渡的任务。后者主要表现为：

① 《中国共产党历次重要会议集》（下），上海人民出版社 1982 年版，第 117、196 页。

在一个长时期内，把整个社会主义阶段同过渡时期严重混淆起来，把社会主义社会中的不同发展阶段也严重混淆起来，用只适用于过渡时期的理论、方针和办法来对待和处理整个社会主义社会的问题，断言整个社会主义历史阶段同过渡时期一样存在着两个阶级、两条道路“谁胜谁负”的问题，从而抹杀了过渡时期同社会主义时期以及社会主义时期中不同发展阶段的质的区别。党的十一届三中全会以来，我国经过拨乱反正，认真总结了建国以来的历史经验，包括重新认识我国所处历史阶段的经验教训，在新的认识基础上，作出了我国处于社会主义初级阶段的新的科学概括。30多年来，我国对所处历史阶段的认识，经历了一个否定之否定的认识过程，按照历史的辩证法，在历史发展的自身中找到了正确的答案。

二、我国社会主义初级阶段论断的提出和理论的形成

马克思和恩格斯在创立科学社会主义学说时曾经指出，无产阶级革命有可能在发达的资本主义国家首先取得胜利，而在发展阶段上有可能经历三个阶段：第一，由资本主义过渡到共产主义的第一阶段或低级阶段的过渡时期；第二，共产主义的第一阶段；第三，共产主义的高级阶段。马克思在《哥达纲领批判》中明确阐述了这三个阶段的思想。过去，人们常常只注意后面两个阶段的思想，对前一个阶段的思想，或者作了曲解，或者加以忽视。马克思说：“在资本主义社会和共产主义社会之间，有一个从前者变为后者的革命转变时期。同这个时期相适应的也有一个政治上的过渡时期。”① 马克思为了不使别人误解他的意思，特别强调：“我们这里所说的是这样的共产主义社会，它不是在它自身基础上已经发展了的，恰好相反，是刚刚从资本主义社会中产生出来的，因此它在各方面，在经济、道德和精神方面都还带着它脱胎出来的那个旧社会的痕迹。”② “刚刚从资

① 《马克思恩格斯选集》第3卷，人民出版社1972年版，第21页。

② 同上书，第10页。

本主义社会中产生出来的"、"还带着它脱胎出来的那个旧社会的痕迹"的共产主义社会，只能是共产主义社会的第一阶段，即社会主义社会。因此马克思这里所讲的由资本主义向共产主义社会的过渡时期，也就是由资本主义向共产主义第一阶段的过渡时期。马克思、恩格斯虽然提出了三个阶段的思想，但这三个阶段中还要经过哪些发展阶段，他们并没有去推测。恩格斯在晚年看到了资本主义向帝国主义发展，看到了殖民地半殖民地民族解放运动的兴起，意识到文明国家同落后国家在社会主义革命后的发展进程将不一样，后者将更为复杂。但他并没有也不需要去对这些国家的具体发展阶段作出预测，他指出：各个半文明国家"要经过哪些社会和政治发展阶段才能同样达到社会主义的组织，我认为我们今天只能作一些相当空泛的假设"①。

列宁在新的历史条件下发展了马克思主义，指出资本主义不发达的落后国家的无产阶级革命运动，有可能突破世界资本主义统治的薄弱环节取得革命胜利。并且列宁把共产主义第一阶段明确为社会主义，把高级阶段称作共产主义，这就是后来关于社会主义和共产主义划分的由来。列宁的一个思想，是认为落后国家的无产阶级在夺取政权后，不但所需要的过渡时期比马克思设想的长，而且过渡时期结束后，也不可能立即实现马克思设想的那样一种共产主义的第一阶段。他指出，"我们原打算（或许更确切些说，我们是没有充分根据地假定）直接用无产阶级国家的法令，在一个小农国家里按共产主义原则来调整国家的生产和产品分配。现实生活说明我们犯了错误。准备向共产主义过渡（要经过多年的准备工作），需要经过国家资本主义和社会主义等许多过渡阶段"②。"资本主义愈不发达的社会，所需要的过渡时期就愈长"③，"由于历史过程的曲折不得不开始社会主义革命的那个国家愈落后，它由旧的资本主义关系过渡到社会主义关系就愈困难"④。列宁还提出了"初级形式的社会主义"⑤、"发达的社会主

① 《马克思恩格斯全集》第35卷，人民出版社1971年版，第353页。
② 《列宁全集》第33卷，人民出版社1985年版，第39页。
③ 同上书，第43页。
④ 《列宁选集》第3卷，人民出版社1972年版，第454页。
⑤ 《列宁全集》第30卷，人民出版社1985年版，第253页。

义社会"[①]、"完全的社会主义社会"[②] 等概念。但是由于他领导社会主义国家的时间很短，不可能，也来不及对社会主义社会的发展阶段进行划分，更不需要对未来社会发展的具体过程进行预测。马克思、恩格斯和列宁上述这些思想，对于认识和划分社会主义的发展阶段，具有十分重要的意义。

我们党从十一届三中全会以来，运用马克思主义普遍原理，运用由过渡时期到社会主义、再到共产主义的阶段发展理论，在总结历史经验和新的实践基础上，对社会主义自身的发展阶段进行了深入的研究和再认识。十一届三中全会重新确立的党的解放思想、实事求是的思想路线，使全党对社会主义的认识突破一系列僵化观念而提到一个新的水平，为认识我国所处历史发展阶段提供了开启思想之门的钥匙。这次全会后不久，邓小平、陈云就提出要从国情出发，找出一条中国式的现代化道路，指出我国底子薄，人口多，耕地少，80%是农民，人民还很穷，这应当是我们"制定建设蓝图的出发点"。1979 年 9 月党的十一届四中全会，又讨论通过了叶剑英代表党中央、人大常委会和国务院在庆祝中华人民共和国成立三十周年大会上的讲话，这个讲话指出：我国"社会主义制度还处在幼年时期"，"在我国实现现代化，必然要有一个由初级到高级的过程"[③]。这一时期，社会主义初级阶段的提出已经在酝酿中。

第一次在我们党的文件中提出我国处于社会主义的初级阶段，是在 1981 年 6 月召开的十一届六中全会上。全会通过的《关于建国以来党的若干历史问题的决议》指出："尽管我们的社会主义制度还是处于初级的阶段，但是毫无疑问，我国已经建立了社会主义制度，进入了社会主义社会，任何否认这个基本事实的观点都是错误的。"[④] 这里指出的初级阶段，着重是就社会主义制度的不成熟性而言的，主要是针对当时否定社会主义的思潮，强调我国已经进入了社会主义社会。

第二次提出我国处于社会主义的初级阶段，是在 1982 年 9 月间召开的

① 《列宁全集》第 30 卷，人民出版社 1985 年版，第 299 页。
② 《列宁全集》第 33 卷，人民出版社 1985 年版，第 423 页。
③ 《三中全会以来重要文献选编》，人民出版社 1982 年版，第 205、217 页。
④ 同上书，第 784 页。

党的第十二次全国代表大会上。十二大报告指出："我国的社会主义社会现在还处在初级发展阶段，物质文明不发达"，但是，"在建立起了社会主义制度以后，我们就能够在建设物质文明的同时，建立起高度的社会主义精神文明"①。这里指出的初级阶段，已经从我国社会主义社会的不成熟性来进行概括了，并以"物质文明不发达"作为这个社会主义初级阶段的根本特征。它主要是针对那种认为物质文明不发达就不能建设社会主义精神文明的观点，强调社会主义初级阶段能够建设精神文明。

第三次提出我国处于社会主义的初级阶段，是在党的十二届六中全会上。1986 年 9 月，全会通过的《关于社会主义精神文明建设指导方针的决议》指出："我国正处在社会主义的初级阶段，不但必须实行按劳分配，发展社会主义的商品经济和竞争，而且在相当长的历史时期内，还要在公有制为主体的前提下发展多种经济成分，在共同富裕的目标下鼓励一部分人先富裕起来。"② 这里指出的社会主义初级阶段，已经进一步联系社会主义商品经济、所有制关系、分配制度等社会主义的重要特征来进行概括；并且联系社会主义的意识形态，强调在道德建设上要从实际出发，把先进性的要求同广泛性的要求结合起来。

这三次论断和 1984 年 10 月中央《关于经济体制改革的决定》提出的社会主义经济"是在公有制基础上的有计划的商品经济"的论断，都从不同角度反映了我国对社会主义初级阶段问题认识的逐步深化，并为初级阶段理论的形成奠定了重要的基础。

实践是孕育科学理论的摇篮，是形成和发展科学理论的广袤土地。正是在十一届三中全会以来新的社会实践中，在不断总结长期建设历史经验和多次确认我国处于社会主义初级阶段、必须发展社会主义商品经济的认识基础上，1987 年，围绕着党的十三大报告的酝酿、起草、讨论、修改，全党集中地对社会主义初级阶段理论进行了深入的研究和科学的概括工作。十三大报告以社会主义初级阶段理论为立论根据，第一次系统地阐明了我国社会主义初级阶段的历史地位、科学含义、客观依据、主要矛盾、

① 《中国共产党第十二次全国代表大会文件汇编》，人民出版社 1982 年版，第 29 页。

② 《坚持四项基本原则，反对资产阶级自由化——十一届三中全会以来重要文献选编》，人民出版社 1982 年版，第 354 页。

历经时间，阐明了社会主义初级阶段中建设有中国特色社会主义的基本路线，以及我国的长远方针和各项建设与改革的基本思想，初步形成了有中国特色的社会主义初级阶段理论的科学体系。这一理论的形成是我国对社会主义和基本国情进行再认识的重大成果。它是运用党的一切从实际出发，理论联系实际，实事求是，在实践中检验真理和发展真理的思想路线，重新认识我国国情和社会主义建设历史经验的产物；是坚持思想解放，排除“左”的和僵化思想，摆脱前人带有空想因素的个别论断和空想模式，清除附加给社会主义的非科学的思想、理论、观念的结果；也是坚持党的群众路线和民主集中制的科学方法，聚众智于中枢的党内外集体智慧的结晶。社会主义初级阶段理论的形成，是马克思主义与中国实际相结合的第二次历史性飞跃的基本标志，说明我们党领导社会主义建设事业开始走向成熟。党的十三大将以这一理论的重大贡献而被载入史册。

三、正确认识我国处于社会主义初级阶段是建设有中国特色社会主义的首要问题

首先，建设有中国特色的社会主义，必须在马克思主义基本原理指导下，正确认识我国国情，制定和执行符合实际的正确路线、方针和政策。而要做到这一点，就必须对所处的历史阶段作出正确的判断。认识我国正处于社会主义的初级阶段，这是制定正确的路线、方针、政策的前提条件，是建设有中国特色社会主义的根本出发点。我国过去在社会主义建设中之所以犯错误，其根本原因就是离开了这个根本的出发点；我国在新的历史时期中之所以取得社会主义建设的成功，也正是因为坚持了这个根本出发点。在建设有中国特色社会主义的问题上，我们遇到了许多新课题，许多重大的历史课题等着我们去解决，而要解决这些问题，必须立足于我国所处的历史阶段，按照社会主义初级阶段的要求确立党的路线、方针和政策。离开了社会主义初级阶段的论断，就离开了我国现阶段的基本国情，失去了建设有中国特色社会主义的根本立足点。

其次，建设有中国特色的社会主义，必须防止和克服“左”、右两种

错误倾向，而确认我国正处于社会主义的初级阶段，能够从根本上把握我国现阶段的客观实际，既能避免以为不经过生产力的巨大发展就可以越过社会主义初级阶段的空想论的“左”倾错误，又能避免以为不经过资本主义充分发展阶段就不能走社会主义道路的机械论的右倾错误。1987 年 3 月，赵紫阳就起草十三大报告问题给邓小平的信中说：“看来，以社会主义初级阶段为立论，有可能把必须避免‘左’、右两种倾向这个大问题说清楚，也有可能把我们改革的性质和根据说清楚。”[①] 过去长期以来，我们对社会主义建设时期中“左”、右两种错误产生的认识根源，未能作出科学的说明，特别是受“左”的错误的影响相当严重。一方面我们把许多束缚生产力发展的、并不具有社会主义本质属性的东西，或者只适合于某种特殊历史条件的东西，当作“社会主义原则”加以固守；另一方面又把许多有利于生产力发展，有利于工业化和生产商品化、社会化、现代化的东西，当作“资本主义复辟”加以反对。其错误的认识根源就在于不是从社会主义初级阶段的实际出发。认识我国处于社会主义初级阶段，将有助于从根本上克服“左”的和僵化的观念，使我们对社会主义的认识进一步由空想变为科学。

最后，建设有中国特色的社会主义，必须形成与社会主义现代化建设相适应的舆论力量、价值观念、文化条件和社会环境，而确认我国处于社会主义初级阶段，是对理想化、模式化的非科学社会主义观念的有力冲击，为建构切合实际的科学社会主义的意识形态提供历史唯物论的坚实基础。长期以来，我国意识形态中的某些部分与社会主义现代化建设不相适应的状况一直存在。造成这种状况的基本原因，就是对自己所处历史阶段缺乏正确认识，因而把超阶段的或其他国家的某种模式和理想，当成衡量善恶是非的尺度和思想行为准则。这种不适应的状况，只有在深刻认识所处阶段的矛盾、演变及其规律性的过程中，才能加以改变。

马克思主义诞生一百多年来，社会主义已经由一国实践变为多国实践。但是，对于社会主义自身发展阶段的认识和研究，在相当长的时期内，或者没有受到足够的重视，或者受到了历史唯心主义观点的影响和支

① 1987 年 11 月 23 日《人民日报》第 5 版。

配。其结果，都未能建立起关于社会主义发展阶段的科学系统理论。我国社会主义初级阶段理论的提出，是对社会主义实践经验的新的科学总结，是对科学社会主义理论的重要发展。它不仅对我国社会主义建设具有巨大的理论指导作用，而且能够为落后国家革命胜利后进行社会主义建设提供宝贵的理论财富。

（原载于《云南社会科学》1988 年第 4 期）

第二部分

1991 年至 1999 年

我国社会主义初级阶段和党的基本路线

正确认识我国社会现今所处的历史阶段，是科学把握当代中国社会主义建设规律的标志和前提。我国正处于社会主义初级阶段，这是建设有中国特色社会主义的根据。在这一论断基础上形成的我国社会主义初级阶段理论，把我国的建设学说提到了一个新的水平，真正建立在了科学的基础之上。学习、掌握这一理论和依据这一理论制定党在社会主义初级阶段建设有中国特色社会主义的基本路线，是我们每个建设者的任务。

我国社会主义初级阶段理论的主要内容

（一）我国社会主义初级阶段的科学含义

我国处于社会主义初级阶段这个论断，包括社会性质和发展程度两层含义：第一，我国社会已经是社会主义社会。我们必须坚持而不能离开社会主义。我国已经建立了以生产资料公有制为主体的社会主义经济制度，建立了人民民主专政的社会主义政治制度，确立了马克思主义在意识形态领域中的领导地位，人剥削人和人压迫人的制度已经被消灭，国家经济实力有大的增强，教育科学文化有相当发展。社会主义制度在我国显示了强大的生命力，社会主义道路是不能逆转的。第二，我国的社会主义社会还处在初级阶段。我们必须从这个实际出发，而不能超越这个阶段。我国虽然建立了社会主义制度，建立了一定的社会主义的物质基础，但总的说来，我国的社会生产力低，远远落后于发达国家，经济文化落后，商品经济很不发达，社会主义制度还不完善。我国在一个很长时期内只能处于社会主义的初级阶段，而不能越过这个阶段。这就是说，我国社会主义初级阶段，既不同于社会主义经济基础尚未建立的过渡时期，又不同于已经实现社会主义现代化的阶段。总之，从社会性质上看，我国已经是社会主义社会；从发展程度看，我国又处在这个社会的初级阶段。这二者的有机统一，就是对我国现在所处历史阶段的本质概括。

把我国的社会主义初级阶段放在国际社会主义运动中来比较，还有其特定的含义。我国的社会主义初级阶段，不是泛指任何国家进入社会主义都会经历的起始阶段，而是特指我国在生产力落后、商品经济不发达条件下建设社会主义必然要经历的特定阶段。发达资本主义国家社会主义革命成功后，不再需要经历一个解决生产力落后和商品经济不发达的初级阶段。我国则不同，由于我们的社会主义脱胎于半殖民地半封建社会，进入社会主义社会之前，没有可能实现发达国家在资本主义条件下完成的工业化和生产商品化、社会化、现代化的任务，因而必须用一个很长的初级阶段去解决这一历史课题。其他落后国家取得社会主义革命胜利以后，也必然要用一个相当长的时期去解决发展生产力和商品经济的问题。至于这些国家对自己所处历史阶段的概括，应当由各国人民根据自己的国情去确定。

根据我国社会主义建设发展的历史进程和初级阶段所要实现的目标，我国这一特定的历史阶段所要历经的时间，至少需要一百年。它的全过程应当是从1956年社会主义制度的基本确立，到社会主义现代化的基本实现。资本主义国家从18世纪40年代工业革命开始到现代化的实现，花了200多年时间。我国要在原有经济文化落后的基础上，用一个多世纪时间，基本上实现现代化，其任务是十分艰巨的。完成初级阶段这一历史任务后，我国社会主义社会将进入更高的发展阶段。

社会主义初级阶段也如同整个社会主义社会一样，是一个处在不断发展变化中的社会。因此，必须在动态的发展中把握其总的规定性。正如十三大报告指出的：“总体来说，我国社会主义初级阶段，是逐步摆脱贫穷、摆脱落后的阶段；是由农业人口占多数的手工劳动为基础的农业国，逐步变为非农产业人口占多数的现代化的工业国的阶段；是由自然经济、半自然经济占很大比重，变为商品经济高度发达的阶段；是通过改革和探索，建立和发展充满活力的社会主义经济、政治、文化体制的阶段；是全民奋起，艰苦创业，实现中华民族伟大复兴的阶段。”① 我们应为实现这一历史性的巨变而努力。

（二）我国社会主义初级阶段的客观依据

1. **我国处于社会主义的初级阶段，是由特殊的社会历史条件决定的**

进入社会主义以前，我国存在着前后相继联系的两个方面的客观历史条件。其一，新中国成立以前，我国社会没有经过资本主义的充分发展，是一个经济文化落后的半殖民地半封建的社会。其突出的表现是生产力水平很低，商品经济极不发达，自然经济、半自然经济居主导地位。在社会经济结构中，农业、手工业的个体经济占80%～90%，社会化的大生产只占10%左右。19世纪40年代以后，资本主义、帝国主义不断扩大对中国的侵略，它们在使中国沦为半殖民地的过程中，也同时把中国逐步纳入世界资本主义体系。由于世界革命形势的影响和中国国内的特殊条件，使得中国革命能够突破国际资本主义统治的薄弱环节而获得胜利，使得中国人民能够越过资本主义的充分发展而建立起社会主义制度。但是，社会主义制度在本质上要求比资本主义有更高的生产力，工业化和生产的商品化、社会化、现代化是社会主义发展所不可逾越的阶段。而由于新中国成立前我国在这些方面的发展程度很低，经过新中国成立后的过渡时期也不可能改变这种状况，这就决定了我们所建立的社会主义社会，只能是发展程度较低的初级阶段的社会主义社会。其二，我国由新民主主义向社会主义过渡只经历了7年时间。这7年中，取得了我国社会主义改造的伟大胜利，这是必须充分肯定的。而按照列宁的设想，经济落后的国家进入社会主义之前的过渡时间应当是比较长的；而且在过渡时期既要完成社会主义改造的任务，又要进行建设，使生产力有较大发展。但由于我国过渡时期不

① 《中国共产党第十三次全国代表大会文件汇编》，人民出版社1987年版，第10－11页。

长，加之“农业合作化以及对手工业和个体商业的改造要求过急，工作过粗，改变过快，形式也过于简单划一，以致在长期间遗留了一些问题”[①]。我们建立起来的社会主义不仅要在相当长时间内去完成过渡时期要求的发展生产力的任务，而且还要继续去解决社会主义改造中遗留下来的生产关系的一系列调整问题。这就使我国的社会主义社会不能不更具有初级阶段的性质和特点。上述相继联系的两个方面，就是我国现阶段社会只能处于社会主义初级阶段的历史前提。

2. **我国处于社会主义的初级阶段，更主要的是由我国的现实国情所决定的**

从进入社会主义社会直到现在的30多年时间，我国的基础条件、生产力水平的状况和生产关系、上层建筑的完善程度，都说明我国不仅目前还处于社会主义的初级阶段，而且今后相当长时期内也将处于初级阶段。

我国人口多、底子薄，这是我国现实国情中制约经济发展的两个最重要的基础条件。所谓底子薄，一方面是指旧中国给我们留下的基业不多。到1949年，我国使用机器的工业也只有17%左右，而且技术基础非常薄弱，部门行业残缺不全。几种主要工业产品的最高年产量，钢只有92万吨，煤炭只有6188万吨，电只有60亿度，棉纱只有44万吨。旧社会给我们留下的是一个“烂摊子”。另一方面是指我国进入社会主义社会以来所创造的物质财富不够多。我国虽然基本上建立起比较完整的工业体系和国民经济体系，但和发达国家相比，仍有很大差距。据世界银行统计，我国1984年的人均国民生产总值为310美元，位居世界倒数第20位，被列入低收入国家。底子薄和人口多是相互联系的。人口多是我国经济发展的一个十分重要的抵消因素。底子薄加上人口多，使我国在资源占有及各种标志经济文化发展程度的人均数方面，远远低于世界平均水平。我国每年国民收入增长的绝对数并不少，但人均增长数却非常小；我国主要资源条件不算太差，但人均占有资源很少；人口多还使我国在普遍提高人的素质方面遇到巨大的困难。上述这样一种基础条件，当然不能不较长时间地影响

① 《三中全会以来重要文献选编》（下），人民出版社1982年版，第750页。

和制约我国社会的发展。

我国的生产力低，社会化程度低，商品经济不发达，这是我国现实国情中生产力发展程度的基本状况。我国 11 亿多人口，8 亿在农村，基本上还是用手工工具搞饭吃；一部分现代化工业同大量落后于现代水平几十年甚至上百年的工业，同时存在；一部分经济比较发达的地区同广大不发达地区和贫困地区，同时存在；少量具有世界先进水平的科学技术，同普遍的科技水平不高，文盲、半文盲还占人口近 1/4 的状况，同时存在。这充分反映了我国生产力低和层次性落差大的情况，反映了我国离实现工业化和生产商品化、社会化、现代化有很大距离。

工业化是近代生产力发展水平的主要标志。过去我们曾认为，工业产值在工农业总产值中占到 70% 以上就算实现了工业化。实际上这并不是工业化的标准。工业化标准必须把劳动力结构的改组和农业劳动生产率的大幅度提高作为主要的要求。一切先进国家实现工业化的标志，都是使工业和其他非农产业人口增大到占总人口的绝大多数，农业劳动生产力大大提高。我国这样一种农业人口占多数的以手工劳动为基础的农业国状况，从总体上反映了我国的生产力水平。

社会生产力是由多种要素合成的。现有工业本身的技术装备条件也是衡量生产力水平的重要标志。我国工业的技术装备除少部分具有现代化水平外，大都是比较落后的。据世界银行估计，目前我国工业装备有 20% 具有 20 世纪 60 ~70 年代的水平；20% ~25% 的装备落后，但尚可运转；剩下的 55% ~60% 的陈旧装备应淘汰更新。

地区生产力的状况也反映了我国生产力发展的极不平衡性。我国沿海地区经济比较发达，而内地广大地区则处于不发达和贫困状态。我国东部地带占全国总面积的 13.4%，除少数省区外，绝大部分省区具有突出的经济技术优势和较雄厚的工业基础；而占全国总面积 34.7% 的中部地带，经济技术水平就低于东部沿海地带，工业基础也要相对差一些；占全国总面积 51.9% 的西部地带是经济技术较落后的地区，一般说来，工农业的基础薄弱，商品经济不发达，交通条件差，科技、教育、文化落后，相当一部分群众生活比较困难。就是东、中、西部地区内部，也存在着经济发展程度上的明显差异。我国这种少数经济比较发达地区和广大不发达地区、贫困地区同时存在的状况，是我国生产力发展演进中的一个突出特点。

按照马克思主义的观点，劳动力是社会生产力的决定要素；科学技术是最活跃的生产力。但恰恰在这两个相关联的问题上，我国同发达国家存在着历史性的差距。人是全部社会生产行为的基础和主体，而人的素质则是这一基础和主体的质量尺度，人的素质的高低决定并标志着一个国家的生产力水平的高低。而我国现在还有两亿多的文盲、半文盲，从业人员中的科技水平也比较低，这就决定了我国目前在总体上生产力很难达到高的水平。从世界发展的情况看，当代生产力的发展主要取决于科学技术的发展程度和劳动者运用科学技术的程度。我国普遍存在的科技水平不高、劳动者素质差的状况，既是我国当代生产力发展的主要障碍，又是我国现阶段社会生产落后的主要表现。

由于这种落后的社会生产，也就决定了我国社会主义生产关系和上层建筑及其基本制度的不完善性，社会主义的经济、政治、文化体制还不成熟，封建主义、资本主义腐朽思想和小生产习惯势力在社会上还有广泛影响，这是我国现实国情中经济基础和上层建筑的基本状况。我国的经济体制、政治体制、文化体制都还有缺陷和弊端。这些都表明我们的社会主义还处在不成熟的阶段。

正是上述三个方面，即我国的基础条件、生产力水平和生产关系与上层建筑的完善程度，构成了我国现实的基本国情，决定了我国的社会发展必然要经历一个改变不发达社会生产为发达社会生产的长过程，并在这一过程中逐步完善社会主义的生产关系和上层建筑。而这个长过程，只能是社会主义的初级阶段，不能是别的阶段。

3. **我国处于社会主义的初级阶段的诊断，也是根据我国30多年社会主义建设的经验教训提出来的**

我国新民主主义革命和社会主义革命的经验证明：没有经过资本主义充分发展的中国，可以越过这一阶段而进入社会主义。而我国社会主义建设的经验证明：没有经过生产力和商品经济充分发展阶段的中国，绝不能跨过这一阶段而进入到成熟的社会主义。为什么不能跨越需要充分发展生产力和商品经济的社会主义初级阶段？首先，是因为“人们不能自由选择自己的生产力——这是他们的全部历史的基础，因为任何生产力都是一种既得的力量，以往的活动的产物”①。每一代人所得到的生产力，都是前人已经取得而被传递下来的，从而构成后人继续前进的物质基础。其次，是因为生产力是人们生产实践和科学实验能力的结果，而这种能力诸因素的形成和发展，只能是自然的历史的渐进过程。最后，是因为近现代生产力发展的条件和标志是生产的商品化、社会化。生产的商品化、社会化，是人类社会经济运行方式发展的必经阶段。不能认为可以越过资本主义充分发展阶段，就可以越过人类社会发展必不可少的商品化和社会化阶段。我国20多年的主要教训，正在于认为可以越过生产力和商品经济的充分发展，而进入发达阶段的社会主义乃至共产主义社会。凡是我们这样认为、这样做的时候，我国的社会经济发展就遭受惨重的损失。正是这些在全社会造成严重恶果的沉痛教训，在客观上证明了社会主义社会中各个发展阶段的不可超越性，证明了社会主义社会同共产主义社会之间的原则区别，从而为确认我国处于社会主义初级阶段，提供了客观的认识基础。

（三）我国社会主义初级阶段的社会主要矛盾

我国社会主义初级阶段所面临的社会主要矛盾，是人民日益增长的物质文化需要同落后的社会生产之间的矛盾。十一届六中全会通过的《关于建国以来党的若干历史问题的决议》指出：“在社会主义改造基本完成以后，我国所要解决的主要矛盾，是人民日益增长的物质文化需要同落后的社会生产之间的矛盾。党和国家工作的重点必须转移到以经济建设为中心的社会主义现代化建设上来，大大发展社会生产力，并在这个基础上逐步改善人民的物质文化生活。”② 这是一个建立在总结正反两方面历史经验基础上的科学论断，是符合马克思主义基本原理的。

对我国现阶段社会主要矛盾的认识，是一个带全局性的根本问题。从党的八大到十一届三中全会以来，我国认识这一矛盾经历了反复曲折的过程。党的八大一次会议提出：“我们国内的主要矛盾，已经是人民对于建

① 《马克思恩格斯选集》第4卷，人民出版社1972年版，第321页。

② 《三中全会以来重要文献选编》（下），人民出版社1982年版，第785－786页。

立先进的工业国的要求同落后的农业国的现实之间的矛盾，已经是人民对于经济文化迅速发展的需要同当前经济文化不能满足人民需要的状况之间的矛盾。这一矛盾的实质，在我国社会主义制度已经建立的情况下，也就是先进的社会主义制度同落后的社会生产力之间的矛盾。”① 但是，从1957 年夏季后，我国对现阶段社会主要矛盾的认识发生了严重错误。毛泽东在党的八届三中全会讲话中提出：“无产阶级和资产阶级的矛盾，社会主义道路和资本主义道路的矛盾，毫无疑问，这是当前我国社会的主要矛盾。”② 党的八大二次会议确认了这一论断。1962 年八届十中全会后，又把这种“当前我国社会的主要矛盾”，引申到整个社会主义历史阶段，把两个阶级、两条道路的斗争看作是整个社会主义社会的主要矛盾。直到党的十一届三中全会后，才对我国社会的主要矛盾重新作了认识，进行了新的科学概括，确认我国现阶段社会的主要矛盾是人民日益增长的物质文化需要同落后的社会生产之间的矛盾。

为什么说我国现阶段社会的主要矛盾是人民日益增长的物质文化需要同落后的社会生产之间的矛盾，而不能是别的矛盾？这是因为：

第一，这一矛盾是社会基本矛盾在社会主义初级阶段的主要表现，并贯穿社会主义初级阶段的全过程。辩证唯物主义和历史唯物主义告诉我们，各种社会及其不同历史发展阶段的主要矛盾，都是社会基本矛盾即生产力与生产关系、经济基础与上层建筑之间的矛盾在特殊历史条件下的主要表现。它的发展变化，制约着社会的其他矛盾，推动着社会前进。在阶级对立的社会中，社会基本矛盾主要表现为压迫和剥削阶级同被压迫和被剥削阶级之间的对立和斗争。在我国新民主主义革命时期，无产阶级和人民大众同帝国主义、封建主义和官僚资本主义的矛盾是我国社会的主要矛盾。在社会主义改造时期，我国无产阶级的历史任务是要废除资本主义剥削制度和生产资料私有制，建立公有制的社会主义经济制度，因此，无产阶级同资产阶级之间的阶级斗争是这一时期我国社会的主要矛盾。随着我国社会主义改造的基本完成和社会主义制度的基本建立，资产阶级和其他

① 《红旗》1987 年第 22 期，第 6 页。

② 《中国共产党历次重要会议集》（下），上海人民出版社 1982 年版，第 103 页。

剥削阶级作为阶级已经基本上被消灭，地主、富农、资本家作为阶级已经不再存在。同时，就全社会来说，我们已经用社会主义制度代替了各种剥削制度，我国已经消灭了剥削制度。这说明：在剥削制度基础上发生的剥削者和被剥削者、压迫者和被压迫者之间的阶级斗争，已经不是我国社会生活的主要内容；阶级斗争已经不是我国社会的主要矛盾。几千年来，社会基本矛盾在阶级社会中总是主要表现为阶级斗争，并始终构成这一性质社会的主要矛盾。只有到了社会主义社会，由于构成这一矛盾的阶级基础和制度性质发生了根本性的变化，使其社会基本矛盾的主要表现获得了新的社会历史前提，发生了新的历史性的转化：由原来的阶级斗争转化为现阶段人民对物质文化不断增长的需要同落后的社会生产之间的矛盾。只有到社会主义初级阶段结束，即落后的社会生产转变为发达的社会生产，这一社会基本矛盾的主要表现形式才能获得新的转化条件，构成新的社会主要矛盾。

第二，这一主要矛盾正确地揭示了我国国情中社会生产力和基本的社会经济政治关系的现实状况，是我国现阶段整个社会生活各种关系和矛盾的集中反映。我国进入社会主义后，一方面，建立了新的社会、经济、政治关系，人民成了国家和社会的主人，既是物质生产的主体，又是占有物质成果的主体。这同资本主义社会的情况是根本不同的。在资本主义社会，生产的主体和占有的主体是分离的。而我国则实现了人民的生产和人民的占有的统一。另一方面，我国的社会生产还很落后，经济文化不发达，这种人民的生产和人民的占有都是低水平的。我国现阶段的社会生产既不能满足人民物质文化增长的需要，又制约着新的社会、经济、政治关系的发展和完善。我国社会主要矛盾的概括，正是反映了上述这一基本的社会现象。这一现象不仅从纵的方面要存在很长一个历史时期，而且从横的方面覆盖了我国整个社会生活。

第三，这一主要矛盾的解决制约着其他各种社会矛盾的解决，规定和影响着其他社会矛盾的存在和发展。毛泽东说："在复杂的事物的发展过程中，有许多的矛盾存在，其中必有一种是主要的矛盾，由于它的存在和发展，规定或影响着其他矛盾的存在和发展。”① 社会主义初级阶段是一个充满着诸多矛盾的复杂过程。在这个过程中，存在着国家利益、集体利益和个人利益之间的矛盾；先进地区与后进地区之间、各民族人民之间、工人与农民和知识分子之间、富裕者与不富裕者之间、生产者与消费者之间在具体利益上的矛盾；存在着社会主义经济主体和非社会主义经济之间的矛盾；存在着社会主义经济内部劳动者之间、劳动者集团之间的矛盾；存在着非社会主义经济内部劳动者之间、劳动者集团之间以及他们同非劳动者之间的矛盾。在目前和今后一个时期内，反映经济建设和改革全局的总需求和总供给之间的矛盾，还将比较突出地表现出来。而这些矛盾，归根到底都同人民物质文化需要的不足和社会生产力发展的不足相联系，受这两个不足的制约和影响。只有在解决这两个不足的过程中才能从根本上解决好其他各种社会矛盾。我们不能离开我国现阶段社会的主要矛盾来解决其他社会矛盾，其他矛盾应当在解决这个主要矛盾的同时加以解决。

由此可见，我国现阶段社会的主要矛盾，只能是人民日益增长的物质文化需要同落后的社会生产之间的矛盾。那么这一矛盾的主要方面是什么呢？是落后的社会生产。所谓落后的社会生产，就是指生产力不发达，没有实现现代化。我国社会主要矛盾概括的落后的社会生产，既不是指一般意义上的生产落后于需要这种状况，生产落后于需要，这在迄今为止的任何社会都存在着；也不是在回答生产和消费这两个过程的关系问题。马克思说：“消费创造出新的生产的需要，因而创造出生产的观念上的内在动机，后者是生产的前提。”“没有需要，就没有生产。”② 我国社会主要矛盾的概括不是从这个意义上提出和回答问题的。我国现阶段社会的主要矛盾是反映我国人民当家作主、成为物质占有的主体之后，仍将长时间处在生产力不发达、比较贫困的状态这一客观现实。一方面是人民日益增长的物质文化需要，另一方面是落后的社会生产，而这一矛盾中起主要决定作用的是落后的社会生产。因为，生产力的发展程度，决定了人们获得物质文化的程度；只有实现物质生产的巨大发展，才能满足人民物质文化的需

① 《毛泽东选集》第1卷，人民出版社1991年版，第235页。

② 《马克思恩格斯选集》第2卷，人民出版社1972年版，第94页。

求。我们当然要对人们进行正确对待物质文化条件的教育，但改变物质文化条件归根到底要靠发达的社会生产。只有把落后的社会生产转变为发达的社会生产，社会主要矛盾的主要方面发生了变化，我国社会的发展才能由社会主义初级阶段进入较高一级的阶段。

（四）我国社会主义初级阶段的阶级斗争

党的十一届六中全会明确指出："在剥削阶级作为阶级消灭以后，阶级斗争已经不是主要矛盾。由于国内的因素和国际的影响，阶级斗争还将在一定范围内长期存在，在某种条件下还有可能激化。既要反对把阶级斗争扩大化的观点，又要反对认为阶级斗争已经熄灭的观点。"① 这是对我国现阶段阶级斗争状况的科学论断。

在我国，社会主义改造基本完成以后，确立了社会主义制度，剥削阶级作为阶级被消灭，工人、农民、知识分子在根本利益上是一致的，不具有对抗的性质。阶级斗争已经不再是社会的主要矛盾。但是，阶级斗争作为一种社会现象，还将在一定范围内长期存在下去，有时还会表现得相当尖锐和激烈。正如邓小平早就指出的："阶级斗争虽然已经不是我们社会中的主要矛盾，但是它确实仍然存在，不可小看。"② 在我国国内，还有形形色色的反社会主义分子，即顽固坚持反动立场的剥削阶级的残余分子，同国际反动势力和我国台湾反动势力有直接联系的特务分子、间谍分子和反革命分子，严重的经济犯罪分子、刑事犯罪分子和蜕化变质分子，以及受国外、海外敌对势力支持，图谋推翻中国共产党的领导和社会主义制度的顽固坚持资产阶级自由化的分子等。我国现阶段的阶级斗争，就主要表现为广大人民同这些敌对分子、敌对势力之间的斗争。同时，在国际范围内，阶级斗争也从未中断过，其当前的主要表现形式就是西方帝国主义国家对我实行和平演变战略，采取全面攻势，即"打一场没有硝烟的战争"。他们加紧意识形态的渗透，培植、支持、收买反共反社会主义的所谓"持不同政见者"和反对派组织，推行强权政治，用所谓"人权外交"施加压

① 《坚持四项基本原则，反对资产阶级自由化——十一届三中全会以来重要文献选编》，人民出版社 1982 年版，第 148、106 页。

② 同上。

力，进行粗暴的政治干涉和经济制裁，特别是培育“亲西方的下一代”，把复辟的希望寄托在“第三代、第四代”身上。在这种形势下，和平演变与反和平演变的斗争，就成为社会主义与资本主义两种制度斗争的重要形式与主要内容。

为什么在社会主义时期，还会存在阶级斗争呢？从国内来看，在生产资料所有制改造基本完成以后，剥削制度和剥削阶级虽然被消灭了，但是历史上遗留下来的剥削阶级的影响还长期存在；在当前现实的经济、政治、文化条件下，还不可能杜绝极少数反革命分子和各种严重犯罪分子的产生，这是一股破坏社会主义的势力；海外还有蓄意对大陆的社会主义制度进行破坏活动的政治势力和集团。从国外来看，国际敌对势力从来也没有放弃颠覆社会主义制度的既定目标，他们正在并且将长期对我国进行渗透、颠覆和和平演变活动。因此，我们对社会主义时期的阶级斗争必须保持清醒的头脑。我们既要看到，现在的社会矛盾中大量是属于人民内部矛盾，不具有阶级斗争性质，不能把这些社会矛盾当作阶级斗争，造成阶级斗争扩大化；同时又要看到，在社会主义时期还确实存在带有阶级斗争性质的社会矛盾，还确实存在阶级斗争，并注重观察和研究阶级斗争的新情况、新特点，以便正确处理现阶段的阶级斗争问题。

党在社会主义初级阶段的基本路线

（一）社会主义初级阶段基本路线的形成及其历史比较

由于对我国现实国情和所处历史阶段认识的不同，在进入社会主义社会以后，我们党为确立新的历史时期的基本路线，经历了艰难曲折的过程，曾经形成了不同内容的基本路线，有时也叫总路线。

一条是建设社会主义的总路线。1956 年党的八大一次会议，曾经为制定党在新的历史时期的正确路线奠定了基础。但时隔不久，会议作出的理论上和指导思想上的结论就被否定了。1958 年党的八大二次会议，正是在改变八大一次会议关于我国社会主要矛盾和所处历史时期的正确思想的基础上，提出了鼓足干劲，力争上游，多快好省地建设社会主义的总路线。这条路线，就它仍保留了工作重心应转向建设这一思想看，无疑是正确的，但它的提出和贯彻，是同指导“大跃进”运动和“人民公社化”运动相联系的，因而具有急于求成的主观空想色彩；同时执行中受到了认为两个阶级、两条道路斗争是当前社会主要矛盾错误理论的影响和支配，因而也不能不最终使建设服从于阶级斗争。

另一条是“党在整个社会主义历史阶段的基本路线”。从1962年八届十中全会到“文化大革命”，我国提出并不断强化“以阶级斗争为纲”的理论，大大发展了八大二次会议关于社会主要矛盾和所处历史阶段的错误认识。在八届十中全会上，毛泽东提出并经全会公报肯定了以下观点：在社会主义整个历史时期，存在着无产阶级和资产阶级之间的阶级斗争，存在着社会主义和资本主义两条道路的斗争，存在着资产阶级的影响和旧社会的习惯势力，存在着一部分小生产者的自发的资本主义倾向。对阶级斗争要“年年讲，月月讲，天天讲”[①]。全会公报的核心思想，是认为在整个社会主义历史阶段，资产阶级都将存在和企图复辟，并成为党内产生修正主义的根源。这样，就把社会主义改造基本完成后，我国社会在一定范围内存在的阶级斗争进一步加以扩大化、绝对化。

之后，1964年，毛泽东提出了“官僚主义者阶级”的概念；1965年1月，在《农村社会主义教育运动中目前提出的一些问题》（“二十三条”）中，提出了“党内走资派”的概念；“文化大革命”开始后，又提出党内有一个“资产阶级司令部”，要公开地、全面地、自下而上地发动广大群众向走资派夺权，认为这样的“革命”，实质上是“一个阶级推翻一个阶级的政治大革命”[②]。这就在形成“党在整个社会主义历史阶段的基本路线”的同时，形成了一套“无产阶级专政下继续革命的理论”。这一“基本路线”和“继续革命理论”，都是在党的九大上加以认定的。九大政治报告把毛泽东在八届十中全会上提出的关于阶级斗争和所处历史阶段的基本观点加以概括，上升为党在整个社会主义历史阶段的基本路线：“社会

① 《中国共产党历次重要会议集》（下），上海人民出版社1982年版，第193－197页。

② 《关于建国以来党的若干历史问题的决议（注释本）》，人民出版社1985年版，第368页。

主义社会是一个相当长的历史阶段。在社会主义这个历史阶段中，还存在着阶级、阶级矛盾和阶级斗争，存在着社会主义同资本主义两条道路的斗争，存在着资本主义复辟的危险性。要认识这种斗争的长期性和复杂性。要提高警惕。要进行社会主义教育。要正确理解和处理阶级矛盾和阶级斗争问题，正确区别和处理敌我矛盾和人民内部矛盾。不然的话，我们这样的社会主义国家，就会走向反面，就会变质，就会出现复辟。我们从现在起，必须年年讲，月月讲，天天讲，使我们对这个问题，有比较清醒的认识，有一条马克思列宁主义的路线。”同时，将毛泽东晚年在社会主义阶级斗争问题上的“左”倾错误观点系统起来，归结为所谓“无产阶级专政下继续革命的理论”，并把它说成是我国社会主义革命和建设的“灯塔”①。事实证明，这一“基本路线”和“继续革命理论”，完全是离开中国国情、背离马克思主义原理的“左”倾错误路线和错误理论，它给中国人民带来的是全局性的、长时间的严重灾难和内乱。

党的社会主义初级阶段的基本路线，是在十一届三中全会后形成的。1978 年以来，我们党在全面总结历史经验的基础上，坚决摒弃了“以阶级斗争为纲”的错误理论，在建设有中国特色的社会主义实践中，逐渐形成和发展了符合我国国情的、正确把握社会发展阶段性质及其主要矛盾的基本路线。党的十三大报告明确提出：“在社会主义初级阶段，我们党的建设有中国特色的社会主义的基本路线是：领导和团结全国各族人民，以经济建设为中心，坚持四项基本原则，坚持改革开放，自力更生，艰苦创业，为把我国建设成为富强、民主、文明的社会主义现代化国家而奋斗。”② 这条基本路线，是十一届三中全会以来路线的新的概括和丰富、发展，它把我国所处历史阶段、建设道路、领导依靠力量、路线主要内容、艰苦奋斗精神和要实现的奋斗目标都规定清楚了，是指引我们建设有中国特色社会主义的纲领和航标。

① 《中国共产党历次重要会议集》（下），上海人民出版社 1982 年版，第 243－244 页。

② 《中国共产党第十三次全国代表大会文件汇编》，人民出版社 1987 年版，第 13 页。

（二）基本路线的主要内容是以经济建设为中心，坚持四项基本原则，坚持改革开放

以经济建设为中心，坚持四项基本原则，坚持改革开放，这是我国的主要经验和党在社会主义初级阶段基本路线的主要内容。

集中力量进行经济建设，这是我国整个社会主义现代化建设的中心任务，也是我国社会主义事业蓬勃发展的基本经验。我们过去所犯的错误，最重要的就是没有坚定不移地把工作重点转移到以经济建设为中心的社会主义现代化建设上来。新中国成立前夕，我们党提出，要把工作重点由乡村转移到城市，城市工作要“围绕着生产建设这一个中心工作并为这个中心工作服务”[①]。社会主义改造基本完成以后，党中央强调指出全党全国工作中心转向经济建设的必要性和重大意义。直到1958年1月，毛泽东在《工作方法六十条（草案）》中还提出：“要把党的工作的着重点放到技术革命上去。”[②] 可惜这些正确的指导思想，由于后来推行“以阶级斗争为纲”而没有得到贯彻。党的十一届三中全会重新确立实事求是的思想路线，进行了指导思想上的拨乱反正，决定把工作重点转移到社会主义现代化建设上来。正如十一届六中全会《决议》指出的：“今后，除了发生大规模外敌入侵（那时仍然必须进行为战争所需要和容许的经济建设），决不能再离开这个重点。”[③] 十一届三中全会以来中国人民的实践，也正是坚持以经济建设为中心的社会主义现代化建设的实践。

在进入社会主义社会后，为什么一定要转变工作重点，坚定不移地实行以经济建设为中心？首先，是因为我国社会的主要矛盾已经发生了变化。我国进入社会主义社会后，社会的主要矛盾由两个阶级、两条道路的矛盾，变化为人民日益增长的物质文化需要同落后的社会生产之间的矛盾，矛盾的主要方面是落后的社会生产。要解决这样的矛盾，客观上就要求党和国家的工作重点必须转移到经济建设上来，集中力量进行大规模的经济建设。其次，是因为社会的根本任务发生了变化。马克思主义认为，

① 《毛泽东选集》前四卷合订本，人民出版社1991年版，第1318页。

② 1988年1月11日《人民日报》第5版。

③ 《三中全会以来重要文献选编》（下），人民出版社1982年版，第786页。

社会的发展，最终的决定因素是经济，而不是思想和政治；思想和政治只是反作用于经济。在无产阶级处于被剥削、被压迫地位的时候，它的任务在于用根本的政治变革来实现自己的经济利益。而无产阶级取得政权，把全部或主要的生产资料掌握在自己手里以后，它的任务就在于直接通过发展生产力来实现全体社会成员的利益。社会主义的根本任务是发展生产力，这就决定了我们必须把工作重点转移到以经济建设为中心的轨道上来。最后，是因为只有这样才能尽快地解决社会主义优于资本主义的问题。我们是在落后的东方大国取得社会主义革命胜利的，进入社会主义社会后的一个长时期内势必要处于比较贫穷的状态。正如邓小平指出的："现在虽说我们也在搞社会主义，但事实上不够格。"[①] 社会主义本质上不仅要求在政治上、思想上优于资本主义，而且要求在经济发展水平上优于资本主义。这也就要求我们必须把主要注意力放到经济建设上，集中全力把经济搞上去，使生产力有大幅度提高。

总之，以经济建设为中心，是社会主义社会发展客观规律的要求。而这一要求的实现不是孤立的，需要有基本的前提和条件。我国进行的是社会主义性质的经济建设，是实行改革开放的经济建设。邓小平指出：要搞现代化建设使中国兴旺发达起来，第一，必须实行改革开放政策；第二，必须坚持四项基本原则。

四项基本原则是立国治国之本，是建设有中国特色的社会主义路线的基本点之一。坚持社会主义道路，坚持人民民主专政，坚持中国共产党的领导，坚持马克思列宁主义、毛泽东思想，这是邓小平1979年3月在党的理论工作务虚会上明确概括的四项基本原则。他说："中央认为，我们要在中国实现四个现代化，必须在思想政治上坚持四项基本原则。这是实现四个现代化的根本前提。"[②] 四项基本原则是一个有机的整体，"如果动摇了这四项基本原则中的任何一项，那就动摇了整个社会主义事业，整个现代化建设事业"[③]。

社会主义道路是中国走向繁荣富强的唯一正确的道路。第一，旧中国

① 《邓小平同志重要谈话》（1987年2月~7月），人民出版社1987年版，第23页。
② 《邓小平文选》（1975—1982年），人民出版社1983年版，第150页。
③ 同上书，第159页。

的国内和国际条件都不允许中国走资本主义道路，中国的历史条件决定了不可能通过建立资产阶级共和国和采用资本主义生产方式来完成工业化和现代化。中国的繁荣富强，中国的工业化和现代化，只有在社会主义条件下才能实现。第二，社会主义道路是最有利于生产力发展的道路。以生产资料公有制为主体，以按劳分配为主要分配方式，消除了生产社会化同资本主义私人占有之间的矛盾，消灭了剥削制度，为广大劳动群众生产积极性的充分发挥和社会生产力的迅速发展提供了社会条件和最广阔的前景。第三，社会主义道路是全体社会成员共同富裕的道路。我国的生产目的不是为了少数人，而是为了全体人民。我国正是依靠社会主义制度，在人均产值很低的情况下，保证了大规模的建设和人民的基本生活，在发展生产力的基础上，逐步实现人民的富裕。我国鼓励一部分人先富起来，其目的也是要带动另一部分人富裕并最终实现共同富裕。因此，我们必须坚持社会主义道路，而不能走“西化”的资本主义道路。

人民民主专政是社会主义现代化建设的可靠保证。以工人阶级为领导的、以工农联盟为基础的人民民主专政，是我们的根本国家制度。它具有建设和保障社会主义民主、对敌人实行专政、组织领导社会主义经济文化建设和保卫祖国的职能。人民民主专政是我们的国体，体现了我国国家的阶级性质。在四项基本原则中，人民民主专政同其他三项基本原则一样重要，在整个社会主义建设时期，我们都必须坚持而不能削弱它。

中国共产党是领导全国人民实现社会主义现代化的核心力量。只有中国共产党才能代表全国各族人民的根本利益，并能领导人民为实现自己的利益而团结奋斗。中国共产党能够用马克思主义的科学理论武装工人阶级和广大人民群众；能够带领人民建立并巩固、完善社会主义的经济制度和政治制度；能够在建设和改革中制定正确的路线、方针和政策；能够团结全国人民和调动一切积极因素。因而，它能领导中国人民把我国建设成富强、民主、文明的社会主义现代化国家。中国共产党的领导地位，是我国人民在长期革命和建设实践中选择的结果，是历史发展的必然。邓小平指出：“我们国家也是多党，但是，中国的其他党，是在承认共产党领导这个前提下面，服务于社会主义事业的。”① 在中国，企图搞西方的“多党制”或“两党制”，只是开历史倒车的一种幻想。

马克思列宁主义、毛泽东思想是我们党和国家的指导思想，是社会主义现代化建设的行动指南。作为无产阶级科学世界观和全人类精神文明伟大成果的马克思主义，是迄今为止最科学、最进步的社会学说，是社会主义意识形态最重要的组成部分。在社会主义现代化建设中，我们只有掌握马克思主义理论，才能正确总结人民群众的实践经验，把握社会主义的发展规律；才能使我们的路线、方针、政策建立在科学理论的基础上，提高人们贯彻执行正确路线、方针、政策的自觉性、坚定性和创造性；才能进行以马克思主义为指导的社会主义精神文明建设，保持我国社会的社会主义性质和方向；才能在马克思主义科学方法论的指导下，不断加强工作中的原则性、系统性、预见性和创造性。马克思主义是植根于现实生活中的不断发展着的科学思想体系，它的生命永不枯竭。马克思主义不会成为“过时的意识形态”，其根由就在于它是实践的科学。实践总是向前发展的，马克思主义也总是向前发展着，并不断接受实践的检验，同时不断丰富和发展着马克思主义自身。

这四项基本原则，无论是在进行中国革命的时候，还是在进行中国社会主义建设的时候，对于中国人民都是犹如布帛菽粟一样，是不可须臾或离的。我们党一贯坚持四项基本原则，并根据革命和建设实践的变化，不断深化对四项基本原则的总体认识及其对各项原则的认识，不断丰富和发展四项基本原则；特别是十一届三中全会以来，随着改革开放的进行，四项基本原则具有了新的时代内容。我们要在改革开放的实践中更好地理解和把握它。

改革开放是我国的强国之路，是建设有中国特色社会主义路线的另一个基本点。十一届三中全会以前，我们党就始终明确地坚持四项基本原则，只是到了十一届三中全会后，才提出了改革开放。改革开放是十一届三中全会以来路线的新内容、新贡献。

改革是社会主义生产关系和上层建筑的自我完善，是推动一切工作的

① 《邓小平文选》(1975—1982 年)，人民出版社 1983 年版，第 231 页。

动力，是中国生产力发展的必由之路。从变革社会关系，进一步解放生产力这个意义上说，改革是又一次革命。早在一百多年前，恩格斯就说过："我认为，所谓'社会主义社会'不是一种一成不变的东西，而应当和任何其他社会制度一样，把它看成是经常变化和改革的社会。"① 社会主义的实践充分证明了这一精辟论断的正确性。我国是经过沉痛教训和挫折之后，才逐步确立起改革思想的。在我国社会主义建设时期，最先提出全面改革思想的是邓小平，他是我国改革的总设计师。在十一届三中全会召开前，他就指出：实现四个现代化是一场伟大的革命，"这场革命既要大幅度地改变目前落后的生产力，就必然要多方面地改变生产关系，改变上层建筑，改变工农业企业的管理方式和国家对工农业企业的管理方式，使之适应于现代化大经济的需要"②。后来，他又多次提出："我们要发展生产力，对经济体制进行改革是必由之路。"③ "不改革政治体制，就会阻碍生产力的发展，阻碍四化成功。"④

社会主义社会之所以是改革中的社会，特别是我国必须实行全面改革，这首先是由于社会主义社会中生产关系和生产力之间、上层建筑和经济基础之间是"又相适应又相矛盾"⑤ 的，我们只有改变生产关系和上层建筑中不适应生产力发展要求的那些环节和方面，社会主义社会才能不断地进步。其次，只有改革才能建立和发展充满生机活力的社会主义经济、政治、文化体制。我国原有的经济体制，是在新中国成立初期和第一个五年计划期间逐步形成的，是一种实行高度中央集权、通过国家行政系统、运用指令性计划来管理经济的体制。同这种高度集中的僵化的经济体制相适应，也形成了高度集中的僵化的政治体制。与僵化的经济、政治体制相适应的还有缺乏活力和效益的文化体制。这样的体制互相结合，互为补充和相互强化，不能不严重压抑人民的创造活力，严重束缚社会生产力的发展，妨碍经济建设、民主政治建设和精神文明建设。要改变这种状况，必

① 《马克思恩格斯全集》第 37 卷，人民出版社 1971 年版，第 443 页。
② 《邓小平文选》（1975—1982 年），人民出版社 1983 年版，第 125 页。
③ 《建设有中国特色的社会主义》（增订本），人民出版社 1987 年版，第 117 页。
④ 同上书，第 133 页。
⑤ 《毛泽东选集》第 5 卷，人民出版社 1977 年版，第 374 页。

须实行全面改革，使旧体制尽快转化为新体制。最后，从国际环境看，只有实行改革才有能力迎接新技术革命的挑战。近 20 几年来，世界上发生了以电子计算机、核能利用、合成材料、生物工程、宇宙航行为代表的新技术革命。目前，科学技术还在孕育着新的重大突破，很可能引起生产上和经济、社会、军事的新的激变。各大国在这场竞赛中都制订了雄心勃勃的科技发展规划，并相应调整生产关系和上层建筑中不适应科技发展的部分。新技术革命的到来，促使改革成为世界性潮流。这样的形势，对于我国既是一场严峻的挑战，又是一次难得的机遇。通过改革，促使我国具有吸收科技成就、推动科技进步、创造新的生产力的强大活力，我们就能振兴中华民族；反之，不进行改革或在改革中严重受挫，失去在新的技术革命中起飞的机会，中国将会更加落后。正如邓小平所指出的，现在的世界是开放的世界，“我们要抓住当前的有利时机，坚定不移，大胆探索，同时注意及时发现问题和解决问题，力争在不太长的时间内把改革搞好”①。这样，我们就可以对人类有较大的贡献。

我国的全面改革是同对外开放联系在一起的。对外开放是实现社会主义现代化的必要条件。从封闭型经济转向开放型经济，既是我国经济发展战略方针上的一个重大决策，也是我国经济体制的一项重大改革。马克思、恩格斯一百多年前就指出：“资产阶级，由于开拓了世界市场，使一切国家的生产和消费都成为世界性的了。”“过去那种地方的和民族的自给自足和闭关自守状态，被各民族的各方面的互相往来和各方面的互相依赖所代替了。”② 当代国际经济关系和文化交往比过去任何时候都更为密切。市场早已是世界的市场，分工早已是国际的分工。当代任何一个国家，都不可能做到生产自己所需要的一切，也很难拥有本国经济发展所需要的全部资源、资金、技术。同时各国间还需要文化的交往和交流，以互相学习和彼此借鉴。我国过去长时间闭关锁国，更需要向世界开放，走向世界，利用世界市场和国际分工来加快经济发展，加速工业化和生产的商品化、社会化、现代化进程。

① 《建设有中国特色的社会主义》（增订本），人民出版社 1987 年版，第 122 页。

② 《马克思恩格斯选集》第 1 卷，人民出版社 1972 年版，第 254 - 255 页。

以经济建设为中心，坚持四项基本原则和改革开放，是一个有机的统一体。以经济建设为中心，发展生产力，是坚持四项基本原则和改革开放的目的和归宿；也只有坚持四项基本原则和改革开放，以经济建设为中心，发展生产力，才有可靠的保证和条件。一方面，无论是坚持四项基本原则，还是坚持改革开放，都必须紧紧围绕经济建设这个中心，并为这个中心服务；另一方面，我们进行的是社会主义的、改革开放的经济建设，不是离开两个基本点的其他任何性质的经济建设。“一个中心、两个基本点”，是我国社会主义建设中相互联系的有机统一体。

四项基本原则和改革开放这两个基本点之间，也不是互相对立、互相排斥的。在社会主义新的历史时期中，坚持四项基本原则是实行改革开放的前提条件。我们决不能离开四项基本原则讲改革开放，当然，也不能离开改革开放讲四项基本原则。我们讲的改革开放，是坚持四项基本原则的改革开放；我们讲的四项基本原则，是坚持改革开放的四项基本原则。一方面，坚持四项基本原则保证了改革开放的顺利进行，不坚持四项基本原则，改革开放就搞不下去；另一方面，坚持改革开放又赋予了四项基本原则以新的时代内容，不坚持改革开放，四项基本原则也坚持不好。

在认识两个基本点的相互关系上，必须坚持四项基本原则是立国之本，改革开放是强国之路。许多事实告诉我们，在改革开放问题上，实际上存在着两种截然不同的主张。一种是党中央和邓小平一贯主张的坚持社会主义道路，坚持人民民主专政，坚持共产党的领导，坚持马列主义、毛泽东思想的改革开放，即作为社会主义制度自我完善的改革开放。另一种是坚持资产阶级自由化立场、要求中国“全盘西化”的人所主张的同四项基本原则相割裂、相背离、相对立的“改革开放”。这种所谓“改革开放”的实质，就是资本主义化，就是把中国纳入西方资本主义体系。我们必须明确划清两者的根本界限。当前四项基本原则和资产阶级自由化的尖锐对立，可以说在很大程度上表现在改革开放要不要坚持社会主义方向这个问题上。我们在制定和贯彻现代化建设的各项方针、政策、措施、方案的时候，都要坚持把四项基本原则和改革开放有机地统一起来，把四项基本原则具体落实到各项工作中去。我们一定要正确地、更好地实行改革开放，使我国社会主义的经济体制和政治体制进一步完善起来，以促进国民经济和其他社会事业更好更快地发展。

（三）贯彻党的基本路线必须进行反对资产阶级自由化的教育和斗争

党在社会主义初级阶段的基本路线是同资产阶级自由化的主张相对立的。搞自由化的人不仅集中地反对四项基本原则、改变我国改革开放的性质、破坏我国的经济建设，而且全面否定党的基本路线中所确定的关于我国所处历史阶段、依靠力量、自力更生精神和建设目标。因此，要坚定地贯彻执行党的基本路线就必须系统地、深入地批判资产阶级自由化的观点。

多年来，我们在贯彻党的基本路线过程中，一个重要的教训就是没有一以贯之地反对资产阶级自由化。早在1979年，邓小平就指出："社会上有极少数人正在散布怀疑或反对这四项基本原则的思潮，而党内也有个别同志不但不承认这种思潮的危险，甚至直接间接地加以某种程度的支持。"① 1981年，他又一次指出，有的人"就是要脱离社会主义轨道，脱离党的领导，搞资产阶级自由化"②。1987年，他明确指出："所谓资产阶级自由化，就是要中国全盘西化，走资本主义道路"③。1989年平息动乱后，邓小平又一次告诫我们："这次事件的性质，就是资产阶级自由化和四个坚持的对立。"④ 多年来的实践证明，四项基本原则同资产阶级自由化的斗争，是思想政治领域里长期斗争的焦点。资产阶级自由化的主要特点和表现，就是否定社会主义制度，主张资本主义制度，其核心是否定党的领导。只有自觉地、旗帜鲜明地反对这种否定党的领导、否定社会主义的政治思潮，我国的社会主义事业才有希望。

（原载于《中国社会主义建设》，云南人民出版社1991年第3版）

① 《邓小平文选》（1975—1982年），人民出版社1983年版，第152页。
② 同上书，第345页。
③ 《邓小平重要谈话》（1987年2月~7月），人民出版社1987年版，第5页。
④ 《在接见首都戒严部队军以上干部时的讲话》，载《求是》1989年第13期，第6页。

《中国社会主义建设》第三版序言

《中国社会主义建设》一书于 1987 年夏天出版以来，伴随着中国亿万革命者与建设者庄重而矫健的步伐，经历了在中国大地上发生的合乎规律的政治、经济、社会生活的急剧冲撞与变革，迎接了 20 世纪末国际的与国内的政治风云突变和各种反马克思主义、反社会主义思潮的挑战。中国社会主义建设的理论与规律，中国社会主义建设的事业和成就，正是在这人类历史长河中短暂的一瞬间深厚地积淀起来，建设有中国特色的社会主义也因此而走向成熟。随着这一社会实践的历史性变化，《中国社会主义建设》当然也必须进行一次新的全面修订。

中国共产党十三届四中、五中、六中、七中全会的召开，中国人民在全会精神指引下的创造性实践，中国思想界、理论界对党和人民深刻实践的思索与概括，都为这一新的全面修订工作创造了最重要的条件。正是这些条件，构成了我们对本书进行新的研究、提高的客观现实基础。按照历史唯物主义的观点，本书第三版的进步，只能看作是这一时间我国社会主义现代化发展的反映。因为，我们只能在一定的社会政治环境中创造，我们的每一个创造不外乎是一定社会政治环境的产物，而社会科学的进步尤其如此。

正是上述需要和条件的出现，一年以前，本书的编者们就在新的渴求与躁动中，开始了新的一轮的思考和研究工作，参加一、二版编写的多数同志都相继热忱地投入第三版修订工作。我们商定，这次修订的指导原则一定要体现特定时间内党领导中国人民建设有中国特色社会主义的新的理论和实践的要求，拓展本书的社会价值和全面提高本书质量。首先，本书的修订要充分吸收党的十三届四中全会以来文献和全国思想、理论战线新的认识成果，充分反映我国政治、经济、社会生活全面进步的新思想、新观点、新材料。其次，力求在体系上、政治上和理论上更加稳定和成熟，即立足于科学、系统地阐明建设有中国特色社会主义的本质和规律，反映经过实践检验是正确的理论观点、政策思想和成功经验，以保持教材的科学和稳定。再次，要努力增强全书的针对性、理论性、批判性和战斗力、说服力，着力于系统清算资产阶级自由化在政治上、理论上、思想上的影响和揭露西方政治势力的和平演变战略。最后，为了实现上述要求，必须把整个修订工作建立在科研基础上，使之成为一部科学著作。

经过紧张的较长时间的修订，现在献给读者和青年大学生的这本新书，比起一、二版来，具有了我们所期望的如下一些新的特点：

——在体系和逻辑结构上更加严谨（这至少是我们所刻意追求的）。它以中国走社会主义道路的历史必然性为逻辑起点，从社会主义代替资本主义的历史大趋势和中国现代社会发展的客观规律出发，比之一、二版从中国建设道路说起，立意更高，涵盖的社会历史内容更深广，更具有针对性和现实性；全书以党在社会主义初级阶段的基本路线为主线，充分体现以经济建设为中心、坚持四项基本原则、坚持改革开放的全面要求。各章的节、目亦按建设有中国特色社会主义的内在规律作了新的设置和调整。

——加重了理论部分的基本概括和分析、阐释。科学理论是最具说服力的武器，只有它才能从本质上解决问题。在进行理论的充实和深化过程中，本书以极严肃的态度，研究和发挥了科学社会主义理论的一系列观点，并综合运用经济学、哲学、社会学、史学、民族学的理论与知识，系统说明中国社会主义建设改革实践中的重大问题。在原有的基础上，本书新设了“社会主义的本质特征和基本原则”、“我国社会主义初级阶段的阶级和阶级斗争”、“有计划按比例发展规律和价值规律”、“建立社会主义商品经济运行机制”、“必须把党的思想建设放在首位”等节、目，使全书具有了更强的理论说服力。

——积10余年之教训，本书把批判的武器贯穿于始末。事实告诉我们，建设有中国特色的社会主义，不能放下批判的旗帜，丧失批判精神和勇气；尤其不应放弃对错误政治思潮和西方政治战略的批判与警觉。在两种对立的社会制度和思想体系的历史性决战中，反对资产阶级自由化和反对和平演变始终是我们政治战略的核心部分。坚持“两个反对”，是本书的历史责任。为此，全书专设了9个目，包括必须批判自由化的理论基础和防止和平演变，进行反对资产阶级自由化的教育和斗争，批判全盘西化、经济私有化、“三权分立”、资产阶级人权观、“马克思主义过时论”“政治多元化”和“多党制”等观点。并且，我们力求使这样的批判同本书对中国革命和建设规律的阐释有机地结合起来。

——从当前建设和改革的具体实际出发，吸收和运用新的材料。本书尽可能充实在编写时限条件下全国及本省形成的新的认识材料，力求符合国情和省情。本书在修订中，以较重的篇幅专设了“我国十年规划和八五计划”、“云南在我国建设和改革开放中的重要地位”、“云南近期经济发展的指导思想和战略目标”、“主要任务和方针”等，使其社会主义建设的一般与特殊、理论与政策在新的认识基础上统一起来。我们认为，本书的任务之一，是在重视社会主义建设、改革一般规律和跨世纪研究的同时，充分重视建设、改革特殊规律和20世纪最后10年的研究及本省（区、市）的研究。一般规律的研究应寓于特殊规律研究之中；未来世纪的研究在相当程度上也应寓于20世纪的研究之中；中国的研究在一定程度上同样应寓于各省（区、市）的研究之中。这既是编者的出发点之一，也是本书的特色之一。

1987年到1991年四年时间深刻而激烈的社会斗争实践，使本书逐渐充实和成熟起来。我们对建设有中国特色社会主义的认识开始进入一个新的高度。但是，随着中国建设与改革实践的深化和未来社会的发展，我们今天所达到的认识高度必将受到新的实践的检验，本书也将会有新的充实和完善。因此，我们只能说，我们今天奉献给人们的只能是中国建设长河中的一小部分，虽然是基础的部分，中国社会主义建设的理论、规律、政策和知识将在未来岁月中更加丰富并被更为深刻地认识。我们也将为此而继续努力。

为了中国的社会主义事业和共产主义事业，我们，我和我的合作者们，愿将此书献给全国的建设者和作为建设者后备军的青年大学生们，并谨以此向本书一至三版的近30万名读者致以深切的谢意！

一九九一年五月十七日深夜

（原载于《中国社会主义建设》，云南人民出版社1991年第3版。该书曾长期作为云南高校马列课和全省干部马克思主义理论教育的基本教材，并获云南省人民政府哲学社会科学成果一等奖）

《科学社会主义》绪论

我们现在读到的是一本依据马克思主义原理和当今发展变化了的中外实际撰写的现代科学社会主义著作，也是应用新的材料和观点进行新的建构的党校和高校教材。

早在140多年前，马克思和恩格斯通过对资本主义内在矛盾的剖析，创立了历史唯物主义和剩余价值理论，并以此为基础，阐明了“无产阶级所进行的斗争的性质、条件以及由此产生的一般目的”[①]，形成了无产阶级解放的伟大学说，第一次使社会主义由空想变成了科学。70年后，在列宁的领导下，这一理论变为了现实。在列宁之后的70年间，社会主义作为一种国家实体由一国变成多国，成为了世界性的巨大力量。社会主义代替资本主义成了不可抗拒的历史潮流。20世纪晚期在一些社会主义国家发生的曲折变化，也最终改变不了在世界范围内已经开始的社会主义代替资本主义的历史进程。

研究这一个半世纪的历史进程和在这一过程中形成的马克思主义关于科学社会主义的原理及其现实的生动的经济社会实践，可以把我们对科学社会主义的认识提高到一个新的水平，并以此为依据形成具有新的特色的科学社会主义的课程体系。本书将为此而作出努力。

考虑到在科学社会主义课程新体系中，应当突出建设有中国特色社会主义这个主题，系统阐明作为当代科学社会主义的邓小平建设有中国特色社会主义的理论，所以在本书之后由同一主编主持撰写了《建设有中国特色的社会主义》一书，作为党校和高校的一门主课。这样，本书在体系上

① 《马克思恩格斯选集》第4卷，人民出版社1972年版，第197页。

就相应地形成了以下三编，即“社会主义代替资本主义的历史趋势”、“当代社会主义运动的历史经验”、“建设有中国特色社会主义的历史必然性”。至于在新的历史条件下，如何建设、巩固和发展社会主义，将是本书的姊妹篇《建设有中国特色的社会主义》一书的任务。

一、科学社会主义的研究对象

科学社会主义也称科学共产主义。社会主义或共产主义具有三方面的含义：一是指社会主义或共产主义的社会制度；二是指为实现社会主义和共产主义社会制度而进行的社会主义运动；三是指作为社会主义运动和社会主义制度理论表现的社会主义学说。科学社会主义是现代社会主义学说的专有名称，专指由马克思、恩格斯创立的现代社会主义理论。

科学社会主义又有广义和狭义之分。广义的科学社会主义是马克思主义的同义语，狭义的科学社会主义是马克思主义的三个组成部分之一。本书研究的是狭义的科学社会主义。

科学社会主义是一门相对独立的学科，它与任何其他学科一样，有其特定的研究对象。毛泽东曾经指出：“科学研究的区分，就是根据科学对象所具有的特殊矛盾性。”[①] 科学社会主义的对象同马克思主义哲学、政治经济学的研究对象各有特殊的矛盾和本质。马克思主义哲学是研究自然、社会和人类思维一般规律的科学，是科学社会主义的世界观和方法论。马克思主义政治经济学是研究社会生产关系特别是资本主义和社会主义生产关系发展规律的科学，是科学社会主义的经济理论基础。科学社会主义的研究对象是无产阶级解放运动发展的客观规律。

关于科学社会主义的研究对象，恩格斯曾先后提出过三种说法。他在1847 年《共产主义原理》一文中指出，科学社会主义是“关于无产阶级解放条件的学说”[②]。他在 1876—1878 年的《反杜林论》中说，科学社会

① 《毛泽东选集》第 1 卷，人民出版社 1991 年版，第 309 页。
② 《马克思恩格斯选集》第 1 卷，人民出版社 1972 年版，第 210 页。

主义的任务是考察解放世界“这一事业的历史条件以及这一事业的性质本身，从而使负有使命完成这一事业的今天受压迫的阶级认识到自己行动的条件和性质”①。在1885年的《关于共产主义者同盟的历史》一文中又说，“共产主义现在已不再意味着凭空设想一种尽可能完善的社会理想，而是意味着深入理解无产阶级所进行的斗争的性质、条件以及由此产生的一般目的”②。归结起来，根据科学社会主义创始人之一的恩格斯的看法，科学社会主义就是关于无产阶级解放斗争的历史条件、性质和一般目的的学说。

无产阶级解放的历史条件是无产阶级从资本主义剥削和压迫制度下永远解放出来所必须具备的历史前提因素。没有一定历史前提因素，无产阶级就无法摆脱资本主义的剥削和压迫。无产阶级解放的历史条件是综合性的、多样的，既有客观条件、主观条件，又有国内条件、国际条件，还有经济条件、军事条件、政治和思想条件等等。其中，最基础的条件，是生产力发展到与资本主义制度发生尖锐冲突而要求摆脱资本主义制度这一社会发展客观条件的到来。

无产阶级解放的历史条件是发展变化的。在夺取政权以前，与在建立社会主义制度的社会主义改造时期，在社会主义制度建立之后的各个历史阶段，都是不相同的。夺取政权以前，必须打碎旧的资产阶级国家机器；夺取政权之后，必须“剥夺剥夺者”，建立社会主义生产关系；社会主义生产关系建立之后，必须大力发展生产力，完善社会主义生产关系，建设社会主义民主政治和精神文明，为实现共产主义准备经济、政治、思想和文化条件。

无产阶级解放的历史条件还因国情而异。各国无产阶级解放的历史条件千差万别，德国不同于法国，法国不同于英国，俄国不同于西欧，中国又不同于俄国。因此，各国无产阶级运用科学社会主义理论时必须从本国的实际条件出发，既要研究、承认历史发展进程中形成的无法选择的各种既定的条件，又要研究创造无产阶级解放的新条件。

① 《马克思恩格斯选集》第3卷，人民出版社1972年版，第443页。
② 《马克思恩格斯选集》第4卷，人民出版社1972年版，第193页。

由于无产阶级解放的历史条件的多样性、复杂性和特殊性，科学社会主义必须把无产阶级解放的历史条件作为研究的重点。只有这样，才能为无产阶级解放运动提供客观的依据，指明不同发展阶段的任务和目标。

无产阶级解放运动的性质，是指无产阶级解放运动具有同历史上其他一切阶级的革命运动所不同的质的区别。以往的社会革命运动，大都是一个剥削阶级代替另一个剥削阶级、一种私有制代替另一种私有制的运动。无产阶级的解放运动是不谋求任何私利和特权，消灭剥削、压迫，使人类彻底解放的运动。无产阶级解放运动具有解放全人类的性质；无产阶级只有解放全人类，也才能最后解放自己。这是无产阶级解放运动独具的性质。

无产阶级解放的一般目的，是科学社会主义通过对无产阶级解放斗争的历史条件和性质的考察，为这一运动指出的最终应当达到的目的，即在全人类实现社会主义和共产主义的社会制度。

在无产阶级解放运动的条件、性质和一般目的三个方面中，条件是基本的，它决定性质和一般目的。所以，我们也可以把科学社会主义的研究对象简明地表达为关于无产阶级解放条件的学说。

二、科学社会主义的基本理论体系

科学社会主义的理论体系，是对科学社会主义研究对象的系统阐述和基本内容的系统概括，是社会主义实践运动经验的系统总结。这一理论体系包括如下内容：

（一）社会主义历史必然性的理论

这一原理阐明，由于生产力和生产关系、经济基础和上层建筑的矛盾运动，由于生产的社会化同资本主义生产资料私人占有之间的矛盾，必然导致资本主义转变为社会主义。这是历史发展的客观规律。

（二）无产阶级历史使命的理论

这一原理阐明，无产阶级是社会化先进生产力的代表，是受资本主义剥削和压迫的阶级，因而它能肩负起消灭资本主义，在全人类实现社会主义和共产主义的历史使命。

（三）无产阶级革命的理论

这一原理阐明，无产阶级反对资产阶级的阶级斗争，必然要发展成社会主义革命运动。只有通过社会主义革命，才能打碎资产阶级国家机器，推翻资本主义制度。

（四）无产阶级革命斗争的战略与策略理论

无产阶级在革命斗争中要取得胜利，必须制定正确的战略与策略。只有制定和执行正确的战略与策略，才能在复杂的革命斗争中保持明确的目标，团结一切可以团结的力量共同奋斗，取得斗争的胜利。

（五）无产阶级专政的理论

它阐明，通过无产阶级革命摧毁资产阶级国家机器后，必须建立无产阶级自己的国家政权，这个政权是新型专政和新型民主的统一，是无产阶级变革社会，最终完成自己历史使命的工具。

（六）从资本主义向社会主义过渡的理论

从资本主义向共产主义的第一阶段即社会主义的过渡，是马克思主义关于过渡时期的严格的内涵。无产阶级夺取政权，建立无产阶级专政后，首要的任务是运用政权，变资本主义私有制为社会主义公有制，建立社会主义的基本制度。因此，无产阶级革命要经历一个从资本主义到社会主义的革命转变时期。

（七）社会主义本质特征和优越性的理论

这一原理阐明，经过革命和过渡时期建立起来的社会主义制度是比资本主义优越的社会制度。它的本质就是解放生产力，发展生产力，消灭剥削，消除两极分化，最终实现共同富裕。坚持社会主义本质特征是坚持社会主义道路的保证。

（八）社会主义发展阶段的理论

这一原理阐明，社会主义与共产主义是同一社会形态的不同发展阶段，社会主义是共产主义的第一阶段。社会主义又有不同的发展阶段。在社会主义各个不同发展阶段上，它的成熟程度极不相同。分清不同发展阶段，是正确制定建设社会主义的路线、方针、政策的出发点。

（九）从各国实际出发，建设社会主义的理论

这一原理阐明，只有根据本国国情进行社会主义建设，才能为社会主义的发展和实现共产主义创造条件。建设社会主义必须坚持实事求是，从各国的实际出发，走自己的道路，建设有本国特色的社会主义。我国形成了建设有中国特色的社会主义的理论、路线和道路，系统回答了社会主义制度建立之后，如何建设社会主义、巩固和发展社会主义制度的一系列基本问题。建设有中国特色的社会主义，坚持以经济建设为中心，坚持四项基本原则，坚持改革开放，大力推进民主政治和精神文明建设。这是中国社会主义建设成功的最可靠的保证。

（十）社会主义改革的理论

这一原理阐明，在进行社会主义建设时，必须对不完善的社会主义生产关系和上层建筑进行改革。改革既是社会主义的发展动力，又是社会主义自我发展和完善的途径。改革是又一次革命。开放也是改革。开放是社会主义发展的外部条件。

（十一）无产阶级政党的理论

这一原理阐明，共产党是无产阶级的先锋队，是用马克思列宁主义武装起来的战斗司令部和领导核心。只有在共产党的领导下，无产阶级才能完成革命、建设和改革，直至实现共产主义的历史使命。

（十二）国际主义与爱国主义相结合的理论

这一原理阐明，无产阶级解放运动的内容所具有的国际性，决定了无

产阶级必须坚持国际主义的原则。只有搞好本国革命和建设，才能更好地履行国际主义义务。

以上基本内容形成一个系统，构成了完整的科学社会主义理论体系。这个体系的核心和首要问题是社会主义代替资本主义的历史必然性；其最现实的问题是正确回答当代国际社会主义运动中发生的历史曲折和历史教训；最基本的结论则是建设、巩固和发展社会主义必须走有本国特色的社会主义道路。这就是这一学科体系的基本构架。

科学社会主义是发展的理论，是指导无产阶级行动的科学。随着各个时期无产阶级任务的改变，“马克思主义这一活的学说的各个不同方面也就不能不分别提到首要地位”①。在我国社会主义现代化建设和改革开放的历史新时期，学习科学社会主义，应当突出建设有中国特色的社会主义理论这一中心内容。为此，在开设“科学社会主义”课程的基础上，必须开设“建设有中国特色的社会主义”课程。

（原载于《科学社会主义》，云南人民出版社 1994 年版）

① 《列宁选集》第 2 卷，人民出版社 1972 年版，第 398 页。

论建设有中国特色社会主义的时代条件、理论地位和邓小平的历史性贡献

建设有中国特色的社会主义，是当代历史条件下最重大的时代性课题，它不仅决定着中国的命运，而且影响着整个社会主义的命运和世界发展的前景。中国社会主义建设及其制度的巩固和发展，是世界社会主义运动中最具影响力的一部分，也是独具特色的一部分。研究和回答这个问题，既是毛泽东和他的战友从20世纪50年代中期开始的对社会主义进行艰苦探索的一项基本实践，也是在当代新的历史条件下继承和发展毛泽东思想的一项最重要的要求。邓小平科学地总结了以毛泽东为代表的中国共产党人在探索和解决这个问题上的历史经验教训，站在新的时代高度，坚持从中国实际出发，创造性地发展了马克思主义，创立了建设有中国特色社会主义的理论。学习这一理论，坚持以这一理论为指导的党的基本路线，用建设有中国特色社会主义理论和路线武装全党，这是对毛泽东最好的纪念。

为了更好地学习和坚持毛泽东思想，从总体上把握建设有中国特色社会主义这个历史主题和科学理论体系，这里着重就建设有中国特色社会主义的时代条件、这一理论的历史地位和邓小平卓越的历史性贡献作一阐述。

一、建设有中国特色社会主义的时代条件

毛泽东和我们党历来重视对时代的研究，认为马克思主义所说的时代，是一切进步阶级所开辟的一个大的历史时期，也称为大时代。它包括若干发展阶段，如现时代、当代等。建设有中国特色社会主义的时代条件，既涉及整个历史时代的问题，又涉及当代的问题。

如何看待我们所处的历史时代，是一个十分严肃而重大的问题。我们坚定地认为，从20世纪初期以来，人类社会进入了由资本主义向社会主义过渡的历史时代。这一伟大时代的起点就是1917年的十月社会主义革命。这一时代最根本的特征，就是在世界范围内开始了由资本主义向社会主义的逐步过渡。在70多年间，社会主义作为一种实体，以国家形式出现在政治历史舞台上，由一国变成多国，成为世界性的力量。20世纪晚期在一些社会主义国家发生的历史曲折，也没有改变这一时代的历史走向。因为，无论是过去还是将来，局部的、时而前进时而后退的运动都是难以避免的，但它终究改变不了时代的主流。社会主义代替资本主义依旧是我们时代的真正历史大趋势。

同这一根本特征相联系，我们时代还具有另外三个基本特征，这就是：我们的时代又是社会主义和资本主义长期并存和历史性竞争的时代；是帝国主义殖民体系彻底崩溃和民族解放的时代；是战争与革命或和平与发展作为世界主题的时代。

列宁曾经这样指出："哪一个阶级是这个或那个时代的中心，决定着时代的主要内容、时代发展的主要方向、时代的历史背景的主要特点等等。只有在这个基础上，即首先考虑到各个'时代'的不同的基本特征（而不是个别国家的个别历史事件），我们才能够正确地制定自己的策略；只有了解了某一时代的基本特征，才能在这一基础上去考虑这个国家或那个国家的更具体的特点。"① 这也就是说，全面认识我们时代的特征，才能

① 《列宁全集》第26卷，人民出版社1988年版，第143页。

正确详细地估计和把握我国社会主义建设和发展道路的特点及规律，把握建设有中国特色社会主义的国际环境和历史环境。

在认识建设有中国特色社会主义的大时代条件的同时，我们应当特别重视对当代条件的研究，因为我们是在当代具体历史条件下进行建设和实践活动的。在当代，世界的主题已经转化为和平与发展。从20世纪初到70年代，这一阶段的世界主题是战争与革命。这个时期发生了两次世界大战和无数次无产阶级革命与民族解放战争，这是一个风暴时期。进入70年代以后，战争与革命的风暴过去了，和平与发展成为当代世界的两大主题。在今后一个较长时期内，争取和平的国际环境，避免新的世界大战是可能的。维护和平、谋求发展，成为世界性的两大潮流。世界要和平，国家要发展，社会要进步，经济要繁荣，生活要提高，已经成为各国人民的普遍要求。

随着当代世界主题的转换，世界格局的形势也发生了新的变化。当今世界正处在大变动的历史时期。世界格局的特点，一方面，是美苏“两极”对峙的旧的世界格局已经终结，各种力量重新分化组合，世界正朝着多极化方向发展；另一方面，新的格局，即一定力量对比基础上的新的相对稳定的国际结构，还尚未形成。新的世界格局的确立将是长期的、复杂的过程。

上述条件的变化，对建设有中国特色的社会主义，既是一个百年未遇的极好的历史性机遇，同时也是一个极严峻的历史性挑战。

80年代以来，我国在改革开放中使经济迅速发展，10年的国民生产总产值平均增长9%，综合国力水平有很大提高，人民生活显著改善。但是，从历史的跨度上看，我国比西方发达国家工业化晚起步二三百年，加上建设时期中有20多年“以阶级斗争为纲”，耽误了经济发展的时间。进入80年代后，又面临世界范围蓬勃发展的科技革命和产业结构调整新浪潮的挑战。科技作为第一生产力对经济发展的作用越来越大。在科技革命和产业结构调整的推动下，世界出现经济日趋国际化和市场经济迅速重新组合的客观趋势。在这一新的情况面前，我们只能有两种选择：要么沉湎于传统的思维模式和经济框架，以缓慢的速度发展，要么迅速转变和调整发展道路，以超常规的发展速度跻身于先进国家的行列。我们的选择只能是后者。特别是要看到，我们所处西太平洋地区的高速发展对我国造成的直接压力。构成该地区经济增长中心的日本和“四小龙”、东盟国家，在目前世界经济增长中保持领先地位。日本在20世纪60~70年代，国内生产总值年均增长率达10.9%，目前在发达国家中仍居前茅。亚洲“四小龙”国内生产总值年均增长率，新加坡1965—1980年为10%，1981—1990年为6.4%；中国香港1965—1980年为8.6%，1981—1990年为7.1%；中国台湾1965—1980年为9.9%，1981—1990年为7.6%；韩国1965—1980年为9.9%，1981—1990年为9.3%。东盟国家中的泰国，1989年达到12%，1990年为10%，1991年为8.6%；马来西亚1989年为8.6%，1990年为9.8%，1991年为8.5%；印度尼西亚1989年为6.5%，1990年为7.4%，1991年为7%。如果90年代我国经济增长速度不能更快一些，达到8%~9%，我国将在西太平洋地区和世界经济发展中处于被动地位。

综观西太平洋地区和世界经济社会发展的成功经验，归根到底，最主要的就是这些国家和地区善于从自己的实际出发，走了一条市场化、国际化、科技化和法制化的道路。这也是当代资本主义发达国家和许多发展中国家经济社会发展的基本路子。我国要加快发展，也必须借鉴这些经验。事实证明，当今的市场早已是国际性市场，市场的国际化是世界经济发展的客观趋势；而经济的市场化和国际化，又必须依赖于和将大大推动经济的科技化；经济的市场化、国际化和科技化，又是以法制化为基础的。市场经济是一种法制经济，现代社会是一种法制社会，经济、社会的发展都离不开法制。我们只有加速经济市场化、国际化、科技化和法制化的进程，才能充分发挥社会主义制度的真正优势，在把握机遇和迎接挑战的历史浪潮中超过资本主义国家，实现毛泽东和老一辈无产阶级革命家所希望的中国应当对人类有更大贡献的夙愿。

二、建设有中国特色社会主义理论在马克思主义发展中的历史地位

建设有中国特色社会主义的理论，正是以上述新的时代条件和我国国

情为其基本客观依据的。它是马克思列宁主义基本原理与当代中国实际和时代特征相结合的产物，是当代的马克思主义，是毛泽东思想的新发展。它作为建设社会主义的科学，把马列主义、毛泽东思想推进到了一个新的阶段。

应当说，马克思主义发展到今天，经历了三个发展阶段。

第一个阶段，是马克思和恩格斯通过对资本主义内在矛盾的剖析，创立了历史唯物主义和剩余价值学说，形成了马克思主义的科学思想体系和世界观，第一次使社会主义由空想变成了科学。

第二个阶段，是列宁突破了马克思设想的社会主义必然在大多数发达资本主义国家同时胜利的论断，创立了社会主义可以在一国首先胜利的理论，在世界历史上第一次使社会主义由理论变为现实。

第三个阶段，就是以毛泽东为核心的第一代中央领导集体和以邓小平为核心的第二代中央领导集体，把马列主义同中国革命和建设的实际结合起来，创立了新民主主义革命理论，形成了毛泽东思想，并且使毛泽东思想不断发展，确立了建设有中国特色社会主义的理论。从而，不仅第一次在一个半殖民地半封建的大国，通过建立农村革命根据地，走农村包围城市，武装夺取政权的道路，建立起人民民主政权，取得新民主主义革命的胜利，实现从新民主主义到社会主义的转变，建立了社会主义的基本制度；而且，第一次比较系统地初步回答了社会主义制度建立之后，在一个经济文化比较落后的国家，如何建设社会主义，如何巩固和发展社会主义制度的一系列基本问题。这既是马列主义在中国条件下获得新的重大发展的两个主要标志，也是马列主义与中国实际相结合的两次历史性飞跃、两次伟大革命。第一次历史性飞跃、第一次伟大革命，是在以毛泽东为核心的党中央的领导下，中国共产党人和中国人民找到了有中国特色的新民主主义和社会主义的革命道路。这个飞跃的理论成果，就是毛泽东思想。第二次历史性飞跃、第二次伟大革命，是在以邓小平为核心的党中央的领导下，找到了一条建设有中国特色社会主义的道路。这个飞跃的理论成果，就是邓小平建设有中国特色社会主义的理论。

建设有中国特色社会主义的理论，作为发展了的马列主义、毛泽东思想，具有新的丰富的时代内容。它对中国社会主义的建设道路、发展阶段、根本任务、发展动力、外部条件、政治保证、战略步骤、领导和依靠力量、祖国统一等问题作出了比较系统的概括，构成了一个科学的理论体系。解放思想、实事求是，是这一理论的哲学基础、精髓和逻辑起点，也是贯穿整个理论的一条红线；社会主义初级阶段理论和社会主义市场经济理论，是这一理论的两块基石；解放生产力，发展生产力，消灭剥削，消除两极分化，最终达到共同富裕，是这一理论揭示的社会主义的本质内容；改革开放是这一理论最鲜明的特色，是中国社会主义发展的内在动力和外部条件，是我国社会生活的主旋律；四项基本原则是建设有中国特色社会主义的政治保证，是立国之本；党的基本路线既是在这一理论指导下形成的，也是这一理论的重要组成部分，是这一理论的核心内容，它是我们事业能够经受风险考验、顺利达到目标的最可靠保证。

建设有中国特色社会主义的理论，既反映了马列主义、毛泽东思想的普遍原理，又体现了当代中国社会主义建设规律的特殊要求，是马克思主义与当代中国社会主义建设特殊规律的有机统一。因此，它既具有中国特色，又有一定的普遍意义，必然对中国和整个社会主义事业的发展产生指导作用。建设有中国特色社会主义的生动实践，也必将不断推动马列主义、毛泽东思想的新发展。

三、邓小平在创立建设有中国特色社会主义理论中的卓越贡献

建设有中国特色社会主义理论，是全党全国人民智慧的结晶，是中国共产党和中国人民最可珍贵的精神财富。邓小平作为我国社会主义改革开放和现代化建设的总设计师，是这一理论的奠基人，对建设有中国特色社会主义理论的创立作出了历史性的贡献。在创立这一理论的过程中，他尊重实践，尊重群众，既继承前人，又突破陈规，表现出开辟社会主义建设新道路的巨大政治勇气和开拓马克思主义新境界的巨大理论勇气。把这一理论同邓小平的名字紧紧联系起来，是符合这一理论形成过程的事实，符合新时期中国社会、经济发展实际的。认识这一理论的形成和坚持这一理

论，都必须采取辩证唯物主义和历史唯物主义的立场和态度，即首先尊重中国共产党和中国人民的伟大实践创造，同时承认领袖人物和杰出个人在推动历史前进中的重要作用。

邓小平作为新时期党的领导核心，其历史作用体现在我国不同时期政治、经济、社会生活的各个方面，其理论、思想观点的形成、发展和他的卓越贡献，可以分为以下五个阶段来叙述：

（一）第一阶段：1975 年 1 月至 12 月邓小平主持中央日常工作期间

这一期间，邓小平的理论、思想观点的主要内容，可以概括为全面整顿。全面整顿的基本思想，就是大胆揭露矛盾，通过整顿的斗争形式解决矛盾。全面整顿的实质就是着手纠正“文化大革命”的错误，同江青反革命集团作针锋相对的斗争。通过整顿领导班子，反对资产阶级派性，整顿工交企业的规章制度、生产秩序，整顿工作和劳动纪律，整顿铁路系统，恢复科研机构和学校教学秩序，并在整顿中落实政策，纠正一批冤假错案，使整个形势很快好转。

（二）第二阶段：从 1976 年 10 月粉碎“四人帮”到 1978 年 12 月十一届三中全会召开之前，共两年多时间

这一期间，邓小平的理论、思想观点的主要内容是批判“两个凡是”（“凡是毛主席作出的决策，我们都坚决拥护；凡是毛主席的指示，我们都始终不渝地遵循”），重新确定马克思主义的实事求是的思想路线。他从理论上深刻论证了“两个凡是”不符合马克思主义，强调必须完整准确地理解毛泽东思想体系；深刻论述了真理标准讨论这一马克思主义教育运动和思想解放运动的深远意义；提出了与“两个凡是”根本对立的“解放思想，实事求是，团结一致向前看”的方针。他以此为题在中央工作会议闭幕会上的讲话，充分阐明了解放思想的重要性，指出：“解放思想是当前的一个重大政治问题”，“一个党，一个国家，一个民族，如果一切从本本出发，思想僵化，迷信盛行，那它就不能前进，它的生机就停止了，就要亡党亡国”。这一讲话为十一届三中全会重新确立马克思主义思想路线，实现把工作重点转移到社会主义现代化建设上来，开创改革开放的新局面，奠定了坚实的理论基础和思想基础。他的这个讲话，实际上成了十一届三中全会的主题报告。这一期间，围绕端正党的思想路线，邓小平从当时社会主义现代化建设的需要出发，还针对经济、科技、文化、教育等领域中的一系列重要问题提出了许多重要思想。其中，特别要提出的是，他在1978年3月18日全国科学大会上的讲话中指出：“科学技术是生产力，这是马克思主义历来的观点。”这对于当时和后来中国的发展起了极其重要的作用。

（三）第三阶段：从1978年12月十一届三中全会到1982年9月党的十二大召开前，共3年零9个月时间

这一期间，邓小平的理论、思想观点的主要内容是反复阐明新时期党的政治路线是进行社会主义现代化建设，以经济建设为中心，集中力量发展生产力，坚持四项基本原则，实行改革开放。他强调必须改革党和国家领导制度，改革农村经营管理方式和分配方式，按照“四化”要求选拔中青年干部。他在1979年3月30日中央在北京召开的理论务虚会上作的《坚持四项基本原则》的讲话，他亲自主持起草的《关于建国以来党的若干历史问题的决议》和他在1980年3月至1981年6月关于起草《决议》的9次谈话，对统一全党思想，清除“文化大革命”的影响和坚定贯彻党的十一届三中全会以来的路线、方针、政策，推动我国的社会主义现代化建设，起了决定性的作用。其间，他明确指出：“过去搞革命，要适合中国情况，走毛泽东开辟的农村包围城市的道路。现在搞建设，也要适合中国情况，走出一条中国式的现代化的道路。”① 1979年12月6日，他还在回答日本首相大平正芳关于中国现代化蓝图如何构思的问题时，提出了搞“中国式的现代化”，国民收入人均达到1000美金，实现“小康”的主张。在他主持起草的历史《决议》中，第一次明确作出了“我们的社会主义制度还是处于初级阶段”② 的郑重结论。

① 《邓小平文选》（1975—1982年），人民出版社1983年版，第149、351－352页。

② 《三中全会以来重要文献选编》（下），人民出版社1982年版，第784页。

（四）第四阶段：从1982年9月党的十二大到1987年10月党的十三大召开前，共5年时间

这一期间，邓小平的光辉成就是提出了“建设有中国特色社会主义”的理论。他在十二大开幕词中第一次明确提出“建设有中国特色社会主义”的科学概念。他说：“把马克思主义的普遍真理同我国的具体实际结合起来，走自己的道路，建设有中国特色的社会主义，这就是我们总结长期历史经验得出的基本结论。”① 党的十二大后，邓小平围绕建设有中国特色社会主义这一历史主题，集中地阐明了改革是一场革命，目的是解放生产力，科技是第一生产力的思想以及一系列新的观点。在党的十二大召开前，他就指出，“精简机构是一场革命”，“当然，这不是对人的革命，而是对体制的革命。”② 1984年10月，他针对农村改革指出，这“是一场带革命意义的改革”③。1984年10月10日，正是中共十二届三中全会通过经济体制改革《决定》前夕，他在同联邦德国总理科尔的谈话中明确指出：“我们把改革当作一种革命”④。1985年3月28日，他在同日本自民党副总裁二阶堂进谈话中又进一步提出“改革是中国的第二次革命”⑤ 这个命题。1986年4月9日，他同希腊总理帕潘德里欧谈话时再一次强调了这个命题，他说：“我们把改革当作第二次革命。”⑥ 邓小平还多次强调，改革的目的是为了解放生产力。1984年11月，就在经济体制改革《决定》通过不久，邓小平指出：“农村改革实际是一场革命，其目的是解放生产力。”⑦ 1985年，在通过科技体制改革《决定》时，他又说：“经济体制，科技体制，这两方面的改革都是为了解放生产力。”⑧ 从而，把改革、革命、解放生产力联系起来。特别值得提到的是，1988年9月12日，邓小

① 《中国共产党第十二次全国代表大会开幕词》。
② 《邓小平文选》（1975—1982年），人民出版社1983年版，第149、351－352页。
③ 《建设有中国特色的社会主义》（增订本），人民出版社1987年版，第67页。
④ 《邓小平文选》第3卷，人民出版社1993年版，第82页。
⑤ 同上书，第113页。
⑥ 1986年4月10日《人民日报》。
⑦ 1984年11月21日新华社讯。
⑧ 《邓小平文选》第3卷，人民出版社1993年版，第108页。

平在听取工作汇报时，第一次指出："马克思讲过科学技术是生产力，这是非常正确的，现在看来这样说可能不够，恐怕是第一生产力。"[①] 此后，他多次论证了"科学技术是第一生产力"的观点，创造性地发展了马克思主义的科技生产力理论。其间，他还进一步构想了中国 21 世纪的发展战略，完整地表述了从 20 世纪 80 年代到下世纪中叶 70 年间，我国现代化三步发展战略的设想。这标志着邓小平关于我国现代化建设战略思想的成熟。

（五）第五阶段：从 1987 年 10 月党的十三大到 1992 年 10 月党的十四大，共 5 年时间

这一期间，邓小平全面、系统地阐明了建设有中国特色社会主义的理论，科学地揭示了社会主义的本质，提出了坚持党的基本路线一百年不动摇的思想，回答了长期困扰我们的关于社会主义市场经济的问题。在马克思主义发展史上，第一次科学地论述了计划经济和市场经济的关系。他指出："计划多一点还是市场多一点，不是社会主义与资本主义的本质区别。计划经济不等于社会主义，资本主义也有计划；市场经济不等于资本主义，社会主义也有市场。计划和市场都是经济手段。社会主义的本质，是解放生产力，发展生产力，消灭剥削，消除两极分化，最终达到共同富裕。"[②] 他这一期间的理论、思想观点，集中体现在 1992 年初视察南方的谈话中。这一谈话，是马克思主义纲领性文献，是活生生的马克思主义，对我国整个社会主义现代化建设事业，都具有重大而深远的意义。党的十四大概括的建设有中国特色社会主义理论的 9 个方面的内容，就是邓小平这一重要谈话和他一系列论著中理论、思想观点的集中体现。

邓小平的理论、思想观点，可以说是一部新的历史条件下的"治国论"。建国、立国，是在毛泽东领导下完成的宏伟业绩。当建国、立国基本问题解决之后，中国共产党人要解决的主要是治国、富国、强国的问题。从中国的实际出发，解放思想、实事求是，走自己的路，建设有中国

① 《邓小平文选》第 3 卷，人民出版社 1993 年版，第 275 页。

② 同上书，第 373 页。

特色的社会主义，这是邓小平治国之纲。扭住经济建设不放，坚持以经济建设为中心，是邓小平治国思想的核心。坚持四项基本原则，坚持改革开放，是邓小平治国之本、治国之道。推行现代化、制度化、法律化，是邓小平治国之法。坚持“两手抓”，两手都要硬，坚持多样性的统一，是邓小平治国思想的辩证方法。邓小平建设有中国特色社会主义的理论，其实质就是马克思主义的治国、富国、强国的科学理论。坚持这一理论和路线，我们党、国家、人民和民族就有希望，中国共产党和毛泽东等老一辈无产阶级革命家所开辟的中国社会主义现代化建设事业就一定能胜利。

[原载于《毛泽东百周年纪念——全国毛泽东生平和思想研讨会论文集》（下），中央文献出版社 1994 年版]

当代中国腾飞的新起点

20 年前进行的那场关于真理标准问题的大讨论，是近代中国第三次思想解放运动的起点，也是新时期中国腾飞的起点。

从“文化大革命”灾难中走出来的中国，究竟向何处去？是按照“两个凡是”继续在错误和灾难中走下去，还是按照实践标准去改变社会主义中国的命运，这是两条思想路线、两种前途的论战。开展真理标准讨论，批判“两个凡是”，就是要从根本上“拨乱反正”，形成新的理论、新的路线，开辟改革开放和社会主义现代化建设的新时期。正是这场震动中外的大讨论，成了当代中国一切变化、一切发展、一切成就的历史起点。

没有这场大讨论，就不可能顺利地实现中国新时期历史的伟大转折。真理标准讨论的伟大意义，就在于为党的十一届三中全会的召开做了重要的思想理论准备。十一届三中全会前中央工作会议闭幕时邓小平关于“解放思想，实事求是，团结一致向前看”的讲话，既是真理标准讨论的总结，又是新时期中国共产党的政治宣言。这两件大事是紧紧连接在一起的。当我们评价十一届三中全会的伟大历史功绩时，就不能不同时记取真理标准讨论的功绩。没有这场大讨论，也不可能在十一届三中全会以后顺利地在实践中形成建设有中国特色社会主义的新理论。正是以实践作为检验真理的唯一标准，来科学认识和回答社会主义所面临的重大问题，才有可能开拓对马克思主义认识的新境界，把对社会主义的认识提高到新水平，作出对世界形势和时代特征的新判断，形成邓小平理论的新的科学体系。邓小平的最伟大贡献，就在于回答了“什么是社会主义、怎样建设社会主义”这个首要的基本理论问题。不真正承认实践是检验真理的唯一标准，不真正具有这一彻底的唯物主义态度，就不可能彻底打破在社会主义问题上各种扭曲的、非科学的、错误的认识和模式的禁锢，不可能创立新的社会主义理论。所以，当我们今天谈论邓小平理论重要历史地位和指导作用的时候，同样不能不想起当年真理标准讨论对推进这一理论形成具有的重要历史作用。

今天，我们纪念真理标准讨论20周年，首先也是最重要的，就是要高举马克思主义真理的旗帜，永远做实践的战士，实践的学生。“实践的观点是辩证唯物论的认识论之第一的和基本的观点”。实践是最权威的，最公正的，最有说服力的。一切是非功过都要用实践来说明，都应以实践为最高准绳。实践标准及其展开的“三个有利于”标准，是我们必须遵循的最高原则。

其次，要充分认识解放思想、实事求是和观念变革的伟大历史作用。真理标准讨论实际上是一场马克思主义的思想解放和思想教育运动，它使人们从僵化、迷信中走出来，实际也就是从死亡中走出来。早在1978年12月，邓小平就说过：“一个党，一个国家，一个民族，如果一切从本本出发，思想僵化，迷信盛行，那它就不能前进，它的生机就停止了，就要亡党亡国。”我们应当永远记住这个嘱托，做到一切从实际出发，实事求是，理论联系实际，在实践中检验真理和发展真理。把解放思想同实事求是统一起来，把解放思想同对社会主义的认识统一起来，把我们的思想解放提高到一个新的水平。

最后，要看到社会科学在解放思想、观念变革和推进社会进步中的巨大历史作用。认识社会实践的作用，确定实践具有判别真理的唯一有效性，是社会科学研究的一项重大成果。它作为马克思主义的重要原则和哲学常识，在解决中国政治问题、进行“拨乱反正”、统一全党认识、推进中国历史进程中起到了巨大作用。这一原则的宣传和普及，对于70年代末期至80年代中国大地上掀起的改革浪潮和由此带来的社会生产力的大发展，其价值和能量是无比巨大的。它表明，社会科学的进步必然带来一个国家、民族乃至整个人类的进步。因此，我们必须重视社会科学的发展和繁荣。从一定意义上说，我们党和国家有今天，应当感谢马克思主义指导下的哲学社会科学和社会科学工作者。在今天，社会科学工作和自然科学工作都应当得到同样的重视。

（原载于《光明日报》1998年6月28日，《云南日报》1998年7月7日第6版转载）

科学认识和实践社会主义的伟大历程

——纪念党的十一届三中全会召开20周年

今年是党的十一届三中全会召开20周年，也是中国共产党重新认识和科学实践社会主义的20年。我们纪念十一届三中全会和它所开辟的新时期的伟大历程，就是要把历史的总结和理论的探讨落脚到社会主义的创新上来，继承和发扬十一届三中全会精神，增强和提高解放思想、实事求是的自觉性和坚定性，坚持十一届三中全会以来的正确路线和社会主义的正确道路不动摇，高举邓小平理论伟大旗帜，全面推进建设有中国特色社会主义的伟大事业。

1978年12月召开的十一届三中全会，是建国以来我党历史上具有深远历史意义的伟大转折。它结束了1976年以来党的工作在徘徊中前进的局面，开始全面地、认真地纠正"文化大革命"及其前后的"左"倾错误。全会坚决批判了"两个凡是"的错误方针，充分肯定了必须完整地、准确地掌握毛泽东思想的科学体系；高度评价了关于真理标准问题的讨论，确定了解放思想、开动脑筋、实事求是、团结一致向前看的指导方针；果断地停止使用"以阶级斗争为纲"这个不适用社会主义社会的口号，作出了把工作重点转移到社会主义现代化建设上来的战略决策；提出了要注意解决好国民经济重大比例严重失调的要求，制定了关于加快农业发展的决定；着重提出了健全社会主义民主和加强社会主义法制的任务；审查和解决了党的历史上一批重大冤假错案和一些重要领导人的功过是非问题。全会还增选了中央领导机构的成员。这些具有重大意义的抉择，标志着党重新确立了马克思主义的思想路线、政治路线和组织路线，开创了中国共产党领导的社会主义新道路和社会主义发展的新时期。

我们对十一届三中全会的纪念，既是对中国共产党历史新时期20年的纪念，更是对走上建设有中国特色社会主义新道路20年的纪念。半个多世纪以来，从我们党的八大到十五大，关注和争论的焦点，就是关于中国社会主义的发展道路问题，即如何正确认识社会主义和怎样建设社会主义。它贯穿历史，覆盖一切，左右现实，也左右未来。1956年党的八大，是对社会主义的一次科学认识和科学实践。党的八大作出了4条决议：社会主义制度在我国已经基本建立起来；国内主要矛盾已不再是工人阶级和资产阶级的矛盾，而是人民对于经济文化迅速发展的需要同当前经济文化发展不能满足人民需要的状况之间的矛盾；全国人民的主要任务是集中力量发展社会生产力，实现国家工业化，逐步满足人民日益增长的物质文化需要；虽然还有阶级斗争，还要加强人民民主专政，但其根本任务已经是在新的生产关系下面保护和发展生产力。但是，党的八大后不久，从1957年党的八届三中全会、1958年党的八大二次会议开始，就逐渐改变和放弃了八大的这些正确论断。发展到八届十中全会，提出阶级斗争要“年年讲、月月讲、天天讲”，完全改变了党的八大的正确路线。其结果，导致了后来“文化大革命”那样的全局性错误，对中国经济社会发展造成了长时间的严重灾难。这也是我们党对社会主义认识发生严重错误的一次最大教训。此外，还有像1958年“大跃进”和“人民公社化”运动的教训，粉碎“四人帮”后3年经济徘徊的教训等，都贯穿了对社会主义的错误认识及其错误政策的执行。

党的十一届三中全会和在这之前全国范围开展的关于真理标准问题的大讨论，从根本上说，就是我们党对社会主义这个当代最重大问题认识上的“拨乱反正”。在社会主义时期，应当坚持什么样的思想路线、政治路线、组织路线和指导方针，社会主义社会的主要矛盾是什么，什么是社会主义社会的发展动力，什么是社会主义的根本任务，应当怎样看待党的领袖、思想和著作，应当怎样处理党内的矛盾、问题和分歧，应当怎样发扬党内民主和建设社会主义民主制度，不解决这些问题就谈不上社会主义，就只能搞假社会主义、非科学的社会主义，人民就不会满意。在这场关系中中国何去何从和社会主义生死存亡的“拨乱反正”中，邓小平首先举起了解放思想和科学认识社会主义的旗帜。他在1978年12月中央工作会议结束时的《解放思想，实事求是，团结一致向前看》的讲话，是我们党在重大历史关头发表的关于解放思想和坚持科学社会主义的政治宣言书。它冲破了“两个凡是”的禁锢，标志着新的历史转折和新的历史时期的来临。

十一届三中全会之后，随着社会主义新道路的开辟和新时期政治、经济、文化改革实践的深入，中国共产党和中国人民围绕什么是社会主义、怎样建设社会主义这个历史主题，进行了大胆的探索和创造，全党对社会主义的认识及其理论指导、重大决策都更加科学和正确。20年间，我们党制定和公布了《关于建国以来党的若干历史问题的决议》，标志着党的指导思想“拨乱反正”的完成；实行了包产到户农业生产责任制和建立经济特区，这是在对社会主义认识和社会主义改革上的两大创举；提出了社会主义商品经济理论和社会主义初级阶段理论，实现了社会主义政治经济学和科学社会主义的新突破；发表了新时期又一个解放思想和科学社会主义的政治宣言书——“邓小平南方谈话”，奠定了马克思主义新的社会主义本质论和社会主义市场经济论的认识基础和理论基础；确定了我国经济体制改革的目标是建立社会主义市场经济体制，在实践中开始形成社会主义经济新的运行机制；社会主义初级阶段基本纲领的制定，丰富了社会主义初级阶段理论和实践的内容；所有制结构的深度改革，为中国经济发展注入了巨大活力；从十四大关于邓小平建设有中国特色社会主义理论在全党指导地位的确立，到十五大确定把邓小平理论作为党的指导思想写入党章，使人们的认识进一步统一到了建设有中国特色社会主义的伟大理论和实践上来。中国共产党这一系列理论认识的深化和对全局工作的战略性推进，说明了我们党对社会主义的认识已经提高到了一个全新的水平。它既是继承，又是创新，既是坚持，又是发展。在马克思主义和社会主义发展史上，开创了对社会主义认识和实践的新阶段。

我们纪念党的十一届三中全会，一个基本的也是最重要的要求，就是要总结20年来我们党在对社会主义问题认识上不断解放思想的经验和在社会主义实践中不断创造的成功经验。在社会主义问题上，敢不敢于解放思想、实事求是，这既是一个理论问题，更是一个品格、胆识与实践的问题。1979年4月，新时期刚刚开始，邓小平就提出：“不解放思想不行，甚至于包括什么叫社会主义这个问题也要解放思想。”同年5月，又说：“社会主义是个很好的名词，但是如果搞不好，不能正确理解，不能采取正确的政策，那就体现不出社会主义的本质。”5年后（1985年4月），邓小平说：“我们建立的社会主义制度是个好制度，必须坚持。……但问题是什么是社会主义，如何建设社会主义。我们的经验有许多条，最重要的一条，就是要搞清楚这个问题。”从80年代到90年代初期，邓小平以彻底的唯物主义态度频繁地、突出地提出这个问题，说明在他看来，这的确是一个首要的基本理论问题。我们涉及的各种重大理论和实践，都离不开这个问题。我们讲实事求是、解放思想，最根本的就是要在这个首要的基本理论问题上解放思想，打破在社会主义问题上长时期盛行的、阻碍我们前进的那些思想禁锢。我们讲总结历史的经验和教训，最根本的也是要围绕这个首要的基本理论问题，来分析过去得失成败的原因，主要是我们党自己几十年的得失成败，也联系其他社会主义国家的得失成败。我们讲宽广的眼界，也还是要从认识当代主题和特征上，认识继承世界人类文明成果上，来进一步回答这个首要的基本理论问题。我们讲邓小平理论的新贡献，归根到底也在于围绕回答这个首要的基本理论问题而实现的一系列理论突破。比如说，实践标准和“三个有利于”标准的确立，社会主义本质论、社会主义初级阶段论、社会主义改革开放论、社会主义市场经济论、社会主义民主政治论、社会主义精神文明论等理论的提出，都是如此。我们讲邓小平理论的新的科学体系，归根到底也是围绕回答这个首要的基本理论问题而展开、而贯通的。

党的十一届三中全会以来的20年，集中到一点，可以说是在邓小平理论指导下探索、开辟建设有中国特色社会主义道路的20年。在中国民主主义革命的实践中，毛泽东领导全党和中国人民，探索、开辟了一条新民主主义革命的正确道路，引导中国人民取得了革命斗争的伟大胜利；在社会主义的新的历史时期中，邓小平带领全党和全国人民，探索、开辟了一条建设有中国特色社会主义的正确道路，引导中国人民取得了社会主义建设、改革、发展的伟大胜利。这两个胜利，都不是偶然的，它们都给我们以深刻的教育和历史的启示。从这20年来全党对社会主义的认识和探索、开辟社会主义新道路的历程看，我认为有以下几点启示是特别重要的：

第一，对社会主义的正确认识必须以解放思想为先导，重视和依靠社会主义自身的实践，坚持以实践作为检验真理的唯一标准。党的十一届三中全会的召开和继后20年中国社会主义的光辉成就，追根溯源，最终不能不归结到党的正确思想路线的指导。没有正确的思想路线，也就没有正确的政治路线和组织路线。

十一届三中全会前开展的关于真理标准的大讨论，既是人类对真理认识的一次透彻的探索和进军，又是对社会主义发展道路的一次重大反思和总结。从“文化大革命”灾难中走来的中国，是按照“两个凡是”继续在错误和灾难中走下去，还是按照实践标准去改变社会主义中国的命运，这是两种理论指导、两种思想路线，也是两种前途的论战。粉碎“四人帮”和“文化大革命”的结束，为全党理论、思想、路线的“拨乱反正”提供了契机。但是，党的十一大没有能担当起这个任务。十一大仍旧举着“无产阶级专政下继续革命”错误理论的旗帜。开展真理标准讨论，批判“两个凡是”，就是要从根本上纠正这一错误，形成社会主义的新理论、新路线、新道路，开辟改革开放和社会主义现代化建设的新时期。正是这场震撼中外的大讨论，成了当代中国20年间一切变化、一切发展、一切成就的历史起点。

没有这场大讨论，首先不可能顺利地实现中国新时期历史的伟大转折，不可能有党的十一届三中全会的成功。真理标准讨论的伟大意义，就在于为十一届三中全会的召开作了重要思想准备。同时，没有这场大讨论，也不可能在十一届三中全会后顺利地在实践中形成建设有中国特色社会主义的理论和积累如此丰富的宝贵经验。正是以实践作为唯一标准来判断一切，认识和回答社会主义所面临的重大问题，才有可能开拓对马克思主义认识的新境界，把对社会主义认识提高到新的水平，作出对世界形势和时代特征的新判断，形成邓小平理论的新的科学体系。邓小平的最伟大贡献，在于回答了“什么是社会主义、怎样建设社会主义”这个首要的基本理论问题。而这一问题的回答，最深刻的还是源于对实践在检验真理过程中的决定性作用的认识。不真正承认实践是检验真理的唯一尺度，不真正具有这一彻底的唯物主义态度，就不可能打破在社会主义问题上各种扭曲的、非科学的、错误的认识和模式的禁锢，不可能创立新的社会主义理论。因此，相对于建设有中国特色的社会主义理论的一系列重要观点而言，实践是检验真理唯一标准的认识，是更深层次，也是更为基础的内容。因为没有这一条，就不可能有其他理论的确立和认定，我们至今还可能在对社会主义的各种争论中生活。同时我们也看到了，没有这场大讨论，中国的改革开放和现代化建设不可能取得如此巨大的成就。1979 年至 1994 年 15 年间，中国的国民生产总值平均增长 9.8%；近 5 年更快，增长 12.1%。这无论同发达国家相比，还是同发展中国家相比，都是第一，叫“两个第一”。其深刻原因也在于作为第三次思想解放历史起点的真理标准讨论。

从这场大讨论中，我们可以充分看到解放思想、实事求是和观念变革的伟大历史作用。真理标准讨论实际上是一场马克思主义的思想解放和思想教育运动。它使人们从僵化、迷信和教条中走出来，实际也就是从死亡中走出来。这对于我们的党、我们的国家、我们的民族，都具有不可估量的历史意义。同时，我们也可以看到哲学社会科学在解放思想、观念变革和推进社会进步中的巨大历史作用。认识社会实践的作用，确定实践具有判别真理的唯一有效性，是社会科学研究的一项重大成果。它作为马克思主义的重要原则和哲学常识，在解决中国政治问题、进行“拨乱反正”、统一全党认识、推进中国历史进程中所起的作用，是连社会科学工作者自己也始料不及的。这一原则的争论、宣传和普及，在 70 年代末期至 80 年代中国大地上掀起的历史巨浪、改革浪潮和以此带来的社会生产力的大发展，其价值和能量是无法计算的。它告诉我们：社会科学的进步必然带来一个国家、民族乃至整个人类的进步。

正是有了对真理标准的深刻、统一的认识，正是基于这样一个认识从而改变了以往认识社会主义的方法，中国共产党和中国人民才把对社会主义的认识牢牢建立在实践的基础上。人们不再从本本出发，从苏联模式出发，从领导人的讲话和红头文件出发，而是一切从实际出发，只要是有利于发展社会主义社会的生产力、增强国家综合实力和人民生活水平提高的，就是符合社会主义要求的；人们不再是一切分姓“社”姓“资”，同时也不是不讲社会主义、不讲公有制。包产到户、经济特区、市场经济，都成了社会主义的东西。这都是以思想解放为先导科学认识社会主义的结果。因此，我们有理由说，没有思想的解放，就不可能有当代科学社会主义的确立。

第二，对社会主义的认识应当是不断发展的、向上提升的。社会主义是在实践中不断变化和发展的社会，是开放的社会。对社会主义的认识不能有任何凝固，不应受任何束缚。

社会主义具有成长和发展中的多样性。社会主义在一定阶段上和某个国家中所呈现出的特点，同另一个阶段、另一个国家是不一样的。世界的发展变化，也会对社会主义的产生、存在和前进带来重大的影响。社会主义必须根据本国新的实际和世界新的发展，把握机遇，开拓进取，不断推进自己的事业。十一届三中全会以来的 20 年，我们党根据国内外的实际，抓住历史机遇，制定了自己的战略、策略和方针、政策，回击了某些西方发达国家的政治挑战，迎接了科技革命和产业结构调整浪潮的挑战，还将迎接新世纪知识经济的挑战。这也是我们党 20 年建设社会主义的一条宝贵经验。

江泽民在党的十五大报告中指出："从现在起到下世纪前十年，是我国实现第二步战略目标、向第三步战略目标迈进的关键时期。"在这一时期中，世界科技的进步正在突飞猛进，一个以知识和信息为基础的、竞争与合作并存的全球化市场经济正在形成；发达国家的科技进步对经济增长的贡献率已经超过其他生产要素贡献率的总和（占 50% 以上）；社会科学和自然科学的交叉、合作和共创新的知识经济时代已经不是遥远的事情。如果说，200 年前，工业经济开始取代农业经济，那么，今天，知识经济正开始取代工业经济。以知识为基础，直接依赖于知识和信息的生产、扩散和应用的经济，将成为影响社会主义生产力、国家综合实力、人民生活水平提高的基本因素。这同农业时代人们梦想获得土地，工业时代人们渴求拥有资本不同，在知识经济时代，掌握知识是人们的最大愿望。知识经济的崛起，将给社会主义和社会科学带来巨大的活力。社会科学应当有巨大的作为。

人类社会发展的历史证明，社会科学也是第一生产力。这不仅是因为邓小平讲过"科学当然包括社会科学"①，更重要的是因为：其一，社会科

① 1977 年 8 月 8 日《关于科学和教育工作的几点意见》，《邓小平文选》第 2 卷，人民出版社 1994 年版，第 48 页。

学虽然不直接决定劳动工具与劳动对象，但是直接决定作为生产第一要素的劳动者的素质和智力水平，尤其是现代化的劳动者需要更多更好地懂得社会科学。其二，任何自然科学与技术的成就都必须通过社会决策与社会实践才能转化为社会生产力，所以领导科学、决策科学、管理科学、组织科学、行为科学等对发展生产力是至关重要的，从某种意义上说，这是更加重要的第一生产力。其三，许多与自然科学交叉的社会科学理应也属于第一生产力，如信息经济学、生产力经济学等。其四，很多研究生产关系、社会上层建筑和社会生活的社会科学，对社会生产力的发展尽管不是直接的，然而也是关系十分密切甚至是有决定性影响的，如社会主义学、哲学、经济学、政治学、文化学、社会学等。我们根据当今和未来社会不断发展变化的实际来推进社会主义事业，理所当然要更好地繁荣和更多地运用社会科学，使其在为社会主义现代化建设服务中发挥更大的作用。总之，没有包括自然科学和社会科学在内的整个科学的发展，社会主义就无法前进，甚至在世纪性竞争中还会败下阵来。

第三，社会主义是一个科学的理论体系和无限广袤的社会大学校，必须善于学习，毕生钻研。在认识社会主义的问题上，我们永远是学生。只有虚心求教、一丝不苟，才能获得多一些科学社会主义的知识。

社会主义从纵向看是一个很长的历史过程，从横向看涉及经济、政治、文化以及各个领域、各个行业、各个学科。邓小平理论，既是当代中国的马克思主义，也是当代的科学社会主义，其内容博大精深，更要下功夫学习。我们不仅要学习社会科学的理论和知识，而且还要学习自然科学的理论和知识。当着革命和建设事业处在发展的重要历史关头，我们党总是提倡用科学理论武装思想。这是我们党多年来的一条宝贵经验，也是十一届三中全会以来的重要经验，我们应当继承和发扬。社会科学工作者，都要带头、热心、执着和更多地研究当代社会主义的各个领域、各个方面，做自觉实践和宣传社会主义的战士。

（原载于《云南日报》1998 年 12 月 12 日第 3 版）

邓小平1/5世纪著述的历史贡献

在党的十一届三中全会开辟的建设有中国特色社会主义的新路上，中国人民已经豪迈地走过了1/5世纪。在这一新时期中，中国共产党和中国人民的命运，中国的政治、经济、社会生活，都同世纪伟人邓小平的不朽著作深刻地连接、融合在一起。他的重要著述，无一不同争取这一新时期的到来、同巩固和发展这一新时期相同步，其时间跨度亦近1/5世纪。从1975年至1992年18年间，他的179篇著述，即《邓小平文选》第2卷、第3卷，既涉及“文化大革命”后期，又涉及从粉碎“四人帮”到十一届三中全会，特别是十一届三中全会后的15年，关联着当代中国社会主义的曲折与发展、危难和振兴，是一部当代中国社会主义的中兴史诗，是现实的当代马克思主义的教科书。

学习邓小平近20年的著述，可以使我们真正懂得，以邓小平为核心的中国共产党第二代中央领导集体，在建立起社会主义基本制度的中国，是怎样根据自己的实践，重新审视已有的经验，重新认识社会主义，勇敢地又是科学地回答究竟“什么是社会主义、怎样建设社会主义”这个最重大的时代性课题，在实践中创立建设有中国特色社会主义的科学理论，开辟中国社会主义发展的正确道路，开创中国社会主义现代化建设的伟大事业。邓小平1/5世纪著述的历史贡献，最重要的也在于此。

邓小平的光辉著述，是中国共产党和中国人民最宝贵的精神财富，是全面推进有中国特色社会主义伟大事业和顺利迈向21世纪的强大思想武器。它植根于当代中国新的社会主义实践，回答近20年间不同时期提出的新问题，系统地、分阶段地、具体地解决当代中国社会主义面临的各种难题。因此，学习它、钻研它，必须紧紧围绕对当代社会主义的认识和实践这个历史主题，联系1/5世纪中国社会主义不同时期的历史经验，着眼于改革开放和社会主义现代化建设的新的实践，深刻理解邓小平著述中理论思想观点的形成、发展和对中国实际生活的重大影响，把对邓小平理论的认识系统化，克服认识上的片面性、绝对化和简单化问题，把学习邓小平理论和著作提高到一个新水平。

为了达到这个目的，我将邓小平近20年著述中理论、思想观点的形成、发展及其历史贡献，概括为以下5个阶段来研究和叙述，也为深入系统学习邓小平理论和著作提供一个阅读、钻研的基本线索。

第一阶段：1975年1月至12月邓小平主持中央日常工作期间

这一期间，邓小平的理论思想观点的主要内容，可以概括为全面整顿。这是在"文化大革命"后期政治环境极为复杂、中国处于危难关头的情况下，对社会主义发展经验和道路的一次重大探索。全面整顿的基本思想，就是大胆揭露矛盾，通过整顿的斗争形式解决矛盾。全面整顿的实质，是着手纠正"文化大革命"的错误，同江青反革命集团作针锋相对的斗争。通过整顿领导班子，反对资产阶级派性，整顿工交企业的规章制度、生产秩序，整顿工作和劳动纪律，整顿铁路系统，恢复科研机构和学校教学秩序，并在整顿中落实政策，纠正一批冤假错案，使整个形势很快好转。这一期间，邓小平为消除"文化大革命"的动乱，促进安定团结和国民经济发展作了巨大努力。他鲜明地反对把毛泽东思想庸俗化和割裂毛泽东思想的做法，指出"毛泽东思想有丰富的内容，是完整的一套"①。他把大力发展生产力，实行严格的科学管理，搞好国民经济，提到了全党工作大局的位置，强调要敢于抓生产，"科学技术叫生产力"②。在极其困难的情况下，邓小平的著述触及了关乎社会主义兴衰的一系列重大原则问题。

第二阶段：从1976年10月粉碎"四人帮"至1978年12月十一届三中全会召开之前，共两年多时间

这一期间，邓小平的理论思想观点的主要内容是批判"两个凡是"（"凡是毛主席作出的决策，我们都坚决维护；凡是毛主席的指示，我们都始

---

① 《邓小平文选》第2卷，人民出版社1994年版，第36页。

② 同上书，第34页。

终不渝地遵循”)，重新恢复和确立马克思主义的实事求是的思想路线，从世界观上解决重新认识社会主义的问题。他从理论上深刻论证了“两个凡是”不符合马克思主义，强调必须完整准确地理解毛泽东思想体系；深刻论述了真理标准讨论这一马克思主义教育运动和思想解放运动的深远意义；提出了与“两个凡是”根本对立的“解放思想，实事求是，团结一致向前看”的方针。他以此为题在中央工作会议闭幕会上的讲话，充分阐明了解放思想的极端重要性，指出：“解放思想是当前的一个重大政治问题”，“一党，一个国家，一个民族，如果一切从本本出发，思想僵化，迷信盛行，那它就不能前进，它的生机就停止了，就要亡党亡国”①。这一讲话深刻揭示了思想路线正确与否同党和社会主义国家存亡的关系，是对僵化的社会主义观念和模式的有力批判。它为十一届三中全会重新恢复和确立马克思主义思想路线，开辟社会主义发展的正确道路，实现把工作重点转移到社会主义现代化建设上来，开创改革开放的新局面，奠定了坚实的理论基础和思想基础。这个讲话，实际上成了接着召开的十一届三中全会的主题报告。这一期间，围绕端正党的思想路线，邓小平从当时社会主义现代化建设的需要出发，还针对经济、科技、文化、教育等领域中的一系列问题提出了许多重要思想。其中，特别要提出的是，他在1978年3月18日全国科学大会上的讲话中指出：“科学技术是生产力，这是马克思主义历来的观点。”②这对于当时和后来中国社会主义事业的发展起了极其重要的作用。

第三阶段：从1978年12月十一届三中全会到1982年9月党的十二大召开前，共3年零9个月时间

这一期间，邓小平的理论思想观点，主要是反复阐明新时期党的政治路线是进行社会主义现代化建设，以经济建设为中心，集中力量发展生产力，坚持四项基本原则，坚持改革开放，改革党和国家领导制度，改革农村经营管理方式和分配方式，按照“四化”要求选拔中青年干部，进一步阐明和发展党的组织路线。他在1979年3月30日中央在北京召开的理论务虚会上作的《坚持四项基本原则》的讲话，他亲自主持起草的《关于建

① 《邓小平文选》第2卷，人民出版社1994年版，第143页。

② 同上书，第87页。

国以来党的若干历史问题的决议》和他在 1980 年 3 月至 1981 年 6 月关于起草《决议》的 9 次谈话，对统一全党思想，正确评价毛泽东思想和毛泽东的历史地位，正确总结党的历史经验，消除“文化大革命”的影响，坚决贯彻十一届三中全会以来的路线、方针、政策，坚持社会主义的正确发展道路，推动我国社会主义现代化建设，起了关键的作用。

中国社会主义建设发展的曲折历史说明，提出一条正确的路线不容易，坚持正确路线同样不容易，有时候往往更难。1956 年党的八大，曾经确定了中国自己建设社会主义的正确道路。大会作出 4 条决议：社会主义制度在我国已经基本上建立起来；国内的主要矛盾已经不再是工人阶级和资产阶级的矛盾，而是人民对于经济文化迅速发展的需要同当前经济文化发展不能满足人民需要的状况之间的矛盾；全国人民的主要任务是集中力量发展社会生产力，实现国家工业化，逐步满足人民日益增长的物质文化需要；虽然还有阶级斗争，还要加强人民民主专政，但其根本任务已经是在新的生产关系下面保护和发展生产力。但以后不久，从 1957 年党的八届三中全会、1958 年党的八大二次会议开始，就逐渐改变了八大的这些正确论断，到 1962 年八届十中全会，提出阶级斗争“年年讲，月月讲，天天讲”，完全改变了党的八大正确路线。其结果，导致了后来“文化大革命”那样的全局性错误，对中国经济社会发展造成了长时间的严重灾难。这一历史教训，值得全党汲取。党的十一届三中全会后不久，中国党内外也面临十分复杂的情况，有人主张要回到十一届三中全会以前的路线上去，有人主张只有全盘西化才能解决中国的问题。这两种主张，无论依了哪一种，中国都将面临悲惨的命运。邓小平正是在统一全党认识、坚持党的正确路线和社会主义发展的正确道路这个关系中国命运的重大问题上，作出了不可磨灭的贡献。

其间，邓小平还明确指出：“过去搞民主革命，要适合中国情况，走毛泽东开辟的农村包围城市的道路。现在搞建设，也要适合中国情况，走出一条中国式的现代化的道路。”① 1979 年 12 月 6 日，他在回答日本首相大平正芳关于中国现代化蓝图如何构思的问题时，提出了搞“中国式的现代化”，国民收入达到人均 1000 美金，实现“小康”的主张。特别是 1979 年 11 月

① 《邓小平文选》第 2 卷，人民出版社 1994 年版，第 163 页。

26 日，他第一次提出了社会主义也可以搞市场经济的论断。他说："说市场经济只存在于资本主义社会，只有资本主义的市场经济，这肯定是不正确的。社会主义为什么不可以搞市场经济，这个不能说是资本主义。""社会主义也可以搞市场经济。"① 他以极大的理论勇气，冲破了计划经济理论和经济模式的束缚，开创了马克思主义经济理论的新篇章。邓小平关于社会主义市场经济的观点，是同他对整个社会主义的再认识深刻地联系在一起的。他在 1980 年 4 月鲜明地提出："不解放思想不行，甚至于包括什么叫社会主义这个问题也要解放思想。"② "社会主义也可以搞市场经济"，就是在社会主义问题上的一次思想大解放。这一时期，在他主持起草的《决议》中，还第一次明确作出了"我们的社会主义制度还是处于初级的阶段"③ 的郑重结论，奠定了建设有中国特色社会主义理论的重要基石。

在这一时期中，邓小平发表了《高级干部要带头发扬党的优良传统》等涉及党风建设的重要文章。在新时期一开始，1979 年 11 月 2 日，他在中央党政军机关领导干部会上提出反对干部特殊化问题，强调"必须恢复和发扬党的艰苦朴素、密切联系群众的优良传统"④。指出，"我们的高级干部现在并不是工资太高，而是其他方面的待遇太宽了。这样就要脱离群众、脱离干部，甚至腐蚀自己的子女和家庭，把风气带坏了，官僚主义也无法克服"⑤。这一讲话，对于刚刚迈向改革开放的中国，具有极强的预见性和针对性。

以上三个阶段中的理论思想观点，集中地反映在《邓小平文选》第 2 卷著作之中。

第四阶段：从 1982 年 9 月党的十二大到 1987 年 10 月党的十三大前，共 5 年时间

这一期间邓小平的光辉成就是提出了建设有中国特色社会主义的理论。从而，把全党对社会主义的认识提高到了一个新的水平。他在十二大开幕词即《邓小平文选》第 3 卷首篇中第一次明确提出"建设有中国特色的社会主

---

① 《邓小平文选》第 2 卷，人民出版社 1994 年版，第 236 页。

② 同上书，第 312 页。

③ 《三中全会以来重要文献选编》（下），人民出版社 1982 年版，第 838 页。

④ 《邓小平文选》第 2 卷，人民出版社 1994 年版，第 217 页。

⑤ 同上书，第 220 页。

义”的科学概念。他说：“把马克思主义的普遍真理同我国的具体实际结合起来，走自己的道路，建设有中国特色的社会主义，这就是我们总结长期历史经验得出的基本结论。”① 十二大后，邓小平围绕建设有中国特色社会主义这一历史主题，集中地阐明了改革是一场革命，目的是解放生产力和必须实行对外开放，科学技术是第一生产力的思想以及一系列新的观点。党的十二大召开前，他指出“精简机构是一场革命”，“当然，这不是对人的革命，而是对体制的革命”②。1984年10月，他针对农村改革说这“是一种带革命意义的改革”③。1984年10月10日，正是十二届三中全会通过经济体制改革《决定》的前夕，他在同联邦德国总理科尔的谈话中明确指出：“我们把改革当作一种革命。”④ 1985年，他在同日本自民党副总裁二阶堂进谈话中进一步提出“改革是中国的第二次革命”⑤ 这个命题。邓小平还多次强调，改革的目的是为了解放生产力。1984年11月，在经济体制改革《决定》通过不久，他指出：“农村改革实际是一场革命，其目的是解放生产力。”⑥ 1985年，在通过科技体制改革《决定》时，他又说：“经济体制，科技体制这两方面的改革都是为了解放生产力。”⑦ 从而把改革、革命、解放生产力联系起来，形成了关于社会主义发展动力理论的一系列基本观点。

在阐述改革性质、地位和作用的同时，邓小平多次阐明了中国必须全面实行对外开放政策。邓小平关于开放的思想观点，是他科学理论体系的重要组成部分，对中国社会的影响是带全局性、根本性的。这里，要特别提到的是，1988年9月12日，邓小平在听取工作汇报时，第一次指出：“马克思讲过科学技术是生产力，这是非常正确的，现在看来这样说可能不够，恐怕是第一生产力。”⑧ 此后，他多次论证了“科学技术是第一生产力”的观点，创造性地发展了马克思主义的科技生产力理论。其间，他进

---

① 《邓小平文选》第3卷，人民出版社1993年版，第3页。
② 《邓小平文选》第2卷，人民出版社1994年版，第396、397页。
③ 《邓小平文选》第3卷，人民出版社1993年版，第78页。
④ 同上书，第82页。
⑤ 同上书，第113页。
⑥ 1984年11月21日新华社讯。
⑦ 《邓小平文选》第3卷，人民出版社1993年版，第108页。
⑧ 《邓小平文选》第3卷，人民出版社1993年版，第275页。

一步构想了中国21世纪的发展战略，完整地表述了从20世纪80年代到下世纪中叶共70年时间我国现代化发展战略的设想。这标志着他关于我国现代化建设战略思想的成熟。这一期间，邓小平还对新形势下加强党的建设、精神文明建设和反对腐败的问题讲了很重要的意见。党的十四届六中全会《决议》对此作了专门的引述。其中，特别重要的是1986年1月17日，在中央政治局常委会上，邓小平指出："经济建设这一手我们相当有成绩，形势喜人，这是我们国家的成功。但风气如果坏下去，经济搞成功又有什么意义？会在另一方面变质，反过来影响整个经济变质，发展下去会形成贪污、盗窃、贿赂横行的世界。"① 邓小平还提出了解决少数人贪污腐化和滥用权力问题的两个办法，一个是教育，一个是法律。他还说："我们现在搞两个文明建设，一是物质文明，一是精神文明。实行开放政策必然会带来一些坏的东西，影响我们的人民。要说有风险，这是最大的风险。我们用法律和教育这两个手段来解决这个问题。"② 这些深刻分析和重要意见成了全党全国防止和反对腐败、全面建设社会主义的有力思想武器，对当时和后来都在全社会发生了重要影响。

第五阶段：从1987年10月党的十三大到1992年10月党的十四大，共5年时间

这一期间邓小平发表了南方重要谈话。这一期间，邓小平比较全面、系统地阐明了建设有中国特色社会主义的理论，科学地揭示了社会主义的本质，提出了坚持党的基本路线一百年不动摇的思想，完整地回答了长期困扰我们的关于社会主义市场经济的问题，强调了两个文明都搞好，才是有中国特色的社会主义。在马克思主义发展史上，邓小平第一次科学地全面地论述了计划经济和市场经济的关系，深刻地揭示了社会主义的本质，即"计划经济不等于社会主义，资本主义也有计划；市场经济不等于资本主义，社会主义也有市场。计划和市场都是经济手段。社会主义的本质，是解放生产力，发展生产力，消灭剥削，消除两极分化，最终达到共同富

① 《邓小平文选》第3卷，人民出版社1993年版，第154页。

② 同上书，第156页。

裕”[1]。这是对社会主义市场经济和社会主义本质两个重大理论问题的科学回答。同时，邓小平进一步阐明了坚持两手抓和在整个改革开放过程中坚持反对腐败的极端重要性，指出：“广东二十年赶上亚洲‘四小龙’，不仅经济要上去，社会秩序、社会风气也要搞好，两个文明建设都要超过他们，这才是有中国特色的社会主义。”[2] 他并且提醒全党和党的第三代中央领导集体要“做几件使人民满意的事情。主要是两个方面，一个是更大胆地改革开放，另一个是抓紧惩治腐败”。强调“对我们来说，要整好我们的党，实现我们的战略目标，不惩治腐败，特别是党内的高层的腐败现象，确实有失败的危险”[3]。这些重要意见对中国社会的影响都是带全局性的。邓小平这一期间的理论、思想观点，集中体现在1992年2月的南方重要谈话，即《邓小平文选》第3卷末篇之中。这一谈话，是当代马克思主义的纲领性文献，是活生生的科学社会主义，对我国整个社会主义现代化建设事业，都有重大而深远的指导意义。党的十四大概括的建设有中国特色社会主义理论的9个方面的内容和党的十五大报告，就是邓小平这一重要谈话和他一系列论著中理论、思想观点的集中体现和丰富发展。

邓小平1/5世纪的著述及其理论思想观点，无疑是一部新的历史条件下为实践证明了的是完全正确的当代社会主义论。它的科学价值在于正确地解决了前人没有解决的关于社会主义基本制度建立之后，如何建设社会主义，巩固和发展社会主义的理论、道路、路线、纲领和政策，科学揭示了社会主义发展的阶段、动力、条件和手段，回答了涉及当代社会主义发展的一系列基本问题。从而极大地丰富和发展了马克思列宁主义、毛泽东思想，把马克思列宁主义、毛泽东思想推进到了一个新的阶段。

（原载于《学术探索》1999年第1期）

① 《邓小平文选》第3卷，人民出版社1993年版，第373页。
② 同上书，第378页。
③ 同上书，第313页。

当代中国的马克思主义

——《邓小平理论概论》导论

在20世纪即将过去，新世纪百年晨钟就要敲响的时候，我们把描述和概括世纪伟人邓小平的理论与实践及其1/5世纪中国伟大变革的教科书——《邓小平理论概论》，献给当代中国的青年大学生。

《邓小平理论概论》是研究当代社会主义主要是有中国特色社会主义的基本理论、发展道路和规律的科学。它既要研究当代社会主义改革、建设、发展的一般原理、一般规律，更要着重研究有中国特色社会主义改革、建设、发展的特殊原理、特殊规律，特别是要研究中国社会主义初级阶段改革、建设、发展的特殊规律、特殊原理，包括研究这个阶段的状况、矛盾、演变及其规律性，着重回答社会主义的本质、社会主义的发展道路、社会主义的发展阶段，以及根本任务、发展动力、外部条件、政治保证、战略步骤、领导和依靠力量、祖国统一等一系列基本问题。它涉及哲学、政治经济学、科学社会主义等基本理论学科和其他相关学科的理论和知识，是一门新的、综合性的、跨学科的最重要的马克思主义理论课程，也是一门最具指导性、实践性的课程。

一、邓小平理论产生的时代条件

学习邓小平理论，首先要理解这一理论产生，亦即建设有中国特色社会主义所处的时代条件。因为邓小平理论是马克思主义基本原理同当代中国实际和时代特征相结合的产物。所以，认识我们所处的时代及其特征十分重要。

那么，应当怎样认识我们所处的时代呢？马克思主义所说的时代，是指一切进步阶级所开辟的一个大的历史时期，也称为大时代。它包括若干发展阶段，如现时代、当代等。邓小平理论和建设有中国特色的社会主义，既涉及整个历史时代的问题，又涉及当代的问题。

我们先来回答认识整个历史时代的问题。从 20 世纪初期以来，人类社会进入了由资本主义向社会主义逐步过渡的历史时期，即跨入了一个新的伟大时代。这个时代的起点就是 1917 年的俄国十月社会主义革命。这一时代最根本的特征就是在世界范围内开始了由资本主义向社会主义的逐步过渡。在 70 多年里，社会主义作为一种实体，以国家形式出现在政治历史舞台上，由一国变成多国，成为世界性的力量。在不到半个世纪的时间里，世界上曾出现了 15 个社会主义国家，占世界人口的 1/3，占地球陆地面积的 1/4。此外，以社会主义为发展方向的民族独立国家，曾经多达 42 个。社会主义国家从诞生到发展，是 20 世纪最伟大的历史事件，其意义不可估量。20 世纪晚期在一些社会主义国家发生的历史曲折，也没有改变人类社会这一历史走向。美国前总统卡特的国家安全事务助理布热津斯基写了一本书叫《大失败》，称 20 世纪是共产主义由兴起到衰亡的历史，宣布共产主义失败了。这是违背历史事实的错误结论，特别是由于中国社会主义改革、建设、发展的巨大成功，而使这一结论更显其荒谬。正确的观点是：20 世纪是共产主义兴起、发展与曲折的历史。但是这种曲折并没有改变人类历史前进的方向。无论是过去、现在，还是将来，局部的、时而前进时而后退的运动都是难以避免的，但它终究改变不了人类社会由资本主义向社会主义逐步过渡的时代主流。社会主义代替资本主义依旧是我们时代的真正历史大趋势。

同这一根本特征相联系，我们时代还具有另外三个基本的特征，这就是：我们的时代又是社会主义和资本主义长期并存和历史性竞争的时代。在很长时期内，社会主义和资本主义两种制度，既并存又斗争。我们的时代还是帝国主义殖民体系彻底崩溃和民族解放的时代。这一历史任务尚未完成。我们的时代又是战争与革命或和平与发展作为世界主题的时代（这是就整个时代而言的)。

全面认识我们时代的上述四个基本特征(其中第一个是根本的),才能正确地估计和把握建设有中国特色社会主义的国际环境和历史条件,正确认识和把握我国社会主义建设和发展道路的特点及规律。

下面,我们再来着重回答所处当代历史条件的问题。在当代,世界的主题已经转化为和平与发展。邓小平最早、最明确地指出这一历史新现象。从20世纪初到70年代,世界的主题是战争与革命。这一时期,世界主要是在军事冲突中走过来的。这个时期发生了两次世界大战和无数次无产阶级革命与民族解放战争。这是一个风暴时期。进入70年代以后,从总体上讲,世界上大规模的战争风暴暂时过去了。和平与发展成为当代世界的两大主题。当然,局部战争依然存在,霸权主义和强权政治还有新的发展,世界并不太平。但是,霸权主义的倒行逆施改变不了世界人民要和平、要发展的时代潮流。邓小平早在80年代中期接见外宾谈话时就曾多次指出:"现在世界上真正大的问题,带全球性的战略问题,一个是和平问题,一个是经济问题或者说发展问题。和平问题是东西问题,发展问题是南北问题。概括起来,就是东西南北四个字。南北问题是核心问题。"①这是邓小平对当代世界主题作出的新判断。这个判断改变和突破了过去我们党在五六十年代作出的两个判断,即"世界大战不可避免","甚至迫在眉睫";"当代世界的主要倾向是革命","要用革命制止战争"。20世纪后期的发展,使世界主题发生了一次重大转换,和平与发展作为当代世界的主题进入了人类社会生活。

为什么和平问题从70年代起会成为当代世界的第一个主题呢?邓小平的分析有两条:一是和平力量不断发展,尤其是到了70年代,和平力量大大超过战争力量,中国和第三世界国家、东西欧各国、大洋洲国家都属于和平力量,世界人民都盼望过稳定、宁静和富裕的生活;二是美苏两个超级大国在军事上势均力敌,他们掌握了全世界核武器库中95%以上的核武器,都有毁灭对方40~60次的能力,打起核大战来,不会有胜利者,这就使得双方不敢轻易动手。通过世界各国人民的斗争,和平力量的增

① 《邓小平文选》第3卷,人民出版社1993年版,第105页。

长，美苏从对抗到对话的转变，一直笼罩全球的战争乌云被吹开了，虽然局部战争不断，但从总体上说，世界出现了和平的现实前景。

那么，为什么发展会成为当代世界的另一个主题呢？这是因为，第三世界国家取得民族独立之后，摆在他们面前的首要任务是发展民族经济和文化。而几百年资本主义殖民统治的结果，世界经济发展的严峻现实是，南北之间，即南半球广大发展中国家（约占世界人口的3/4）与北半球发达国家（约占世界人口的1/4）之间，也就是穷国和富国之间，在经济发展和人民生活水平上的差距很大。这是世界范围的一种极不公平现象。这个问题是制约整个世界发展的核心问题，必然上升为当代世界的又一个主题。解决这个问题的办法，邓小平指出：第一，靠自力更生。发展中国家为振兴民族经济和文化，要把基点放在依靠自己力量的基础之上。第二，靠南北对话。发达国家应当援助发展中国家，这样做不仅对发展中国家，而且对发达国家自身也有好处。不可能设想发达国家的持续发展能够建立在发展中国家长期贫穷落后的基础之上。第三，靠南南合作。发展中国家之间应在各个领域进行广泛合作，扩大经济和科学技术交流，取长补短，互通有无。

但是，苏东剧变之后，世界主题未变，而涉及主题的一个重大问题也没有解决。就和平问题来说，“一个冷战结束了，另外两个冷战又已经开始。一个是针对整个南方、第三世界的，另一个是针对社会主义的”①。西方大国对社会主义国家和发展中国家推行“西化”、“分化”的战略没有也不可能改变。他们插手这些国家的内部事务，亡我之心不死。以美国为首的北约对南斯拉夫联盟的长时间狂轰滥炸，甚至悍然用导弹袭击中国驻南联盟大使馆，杀我同胞，毁我馆舍，就是其称霸世界野心及侵略罪行的大暴露。就发展问题来说，西方发达国家依靠国际经济旧秩序，垄断世界商品市场、金融市场、技术市场，通过压低发展中国家初级产品的进口价格，抬高发达国家制成品和高精尖产品的出口价格，进行不等价交换，同时进一步加强资本输出，从而使南北之间的差距越来越大，由原来的几倍扩大到十几倍、几十倍，甚至上百倍。这是当前国际形势不稳定的一个重

① 《邓小平文选》第3卷，人民出版社1993年版，第344页。

要因素和标志。

随着当代世界主题的转换，我们所处的世界格局也发生了新的重大变化。所谓世界格局，就是由世界各种基本力量的对比和配置而形成的相对稳定的国际总体框架结构。从近200年的历史看，世界格局曾发生过多次重大变化。其中，第二次世界大战后，在雅尔塔体制基础上形成的以美苏两个超级大国为中心的两极对抗格局，从1989年下半年起，由于东欧剧变、两德统一、苏联解体而被完全打破。现在，旧的世界格局已不复存在，新的世界格局尚未形成，各种力量重新分化组合，世界格局正朝着多极化的方向发展。

上述当代主题和世界格局的变化，是马克思、列宁、毛泽东不曾经历的。邓小平经历了这一历史性变化，并作出了战略性的思考。邓小平理论就是在这样一个当代世界主题转换及世界格局的变动中，即和平与发展成为时代主题的条件下，在世界格局发生重大变化的条件下形成和发展的。我们建设有中国特色的社会主义，也是在这样一个主题到来和世界格局的变动中进行和展开的。世界主题和世界格局的变化，对于邓小平理论的产生、形成和建设有中国特色的社会主义，具有时代性、根本性和全局性的影响。它一方面为建设有中国特色社会主义的理论、道路提供了新的时代条件。时代条件变了，作为客观真理的科学概括的理论形态当然应随之发生变化。马克思主义的真理是具体的，是随时间、地点、条件的转移而变化的。时代条件不同了，世界主题和世界格局变化了，理论也就必然向前发展。从这个意义上说，没有这一时代条件的新变化，就没有邓小平理论。新的时代条件是邓小平理论产生的前提。另一方面，新的时代也为中国的发展提供了近代以来最好的历史机遇和严峻的挑战。70年代末以来，在邓小平的带领下，我们党正确把握世界主题和格局的变化，坚持以经济建设为中心，实行改革开放的路线，走有自己特色的建设道路，形成了建设有中国特色社会主义的理论、路线和纲领，同时使我国的经济迅速发展起来，社会进步达到了一个新的水平。1997年国内生产总值达到74772亿元，比1978年的3624亿元增加20.6倍，扣除价格因素，实际增长4.9倍，平均每年增长9.8%，高于同期发展中国家平均增长水平，在世界经济增长中名列前茅。1995年提前5年实现了国民生产总值比1980年翻两番的战略目标。据世界银行测算，1997 年我国国内生产总值已位居世界第 7 位。同期人均国内生产总值由 379 元提高到 6079 元，平均每年实际增长 8.4%。我国既实现了经济快速增长，又有效抑制了通货膨胀，综合国力水平有很大提高，人民生活显著改善。但是，从历史的跨度上看，我国比西方发达国家工业化晚起步二三百年；加上建设时期中有 20 多年“以阶级斗争为纲”，耽误了经济发展的时间；进入 80 年代后，又面临世界范围正在发展的科技革命和产业结构调整新浪潮的挑战。科技作为第一生产力对经济发展的作用越来越大。在科技发展和产业结构调整的推动下，世界出现了经济日趋国际化和市场经济迅速重新组合的客观趋势。因此，必须看到我国发展中的不足，认真研究当代条件下世界各国的经验，学习、比较、借鉴他们的成功做法。不仅研究我国所处西太平洋地区各国的经验，而且研究美国、西欧的经验。

那么，概括地讲，在当代条件下，世界各国经济发展带根本性的经验是什么呢？集中起来，就是这些国家善于从当代变化了的时代条件和本国实际出发，走了一条经济市场化、国际化、科技化和法制化的道路。无论是美国、西欧、日本，还是新加坡，走的都是这个路子。我国要加快发展，必须借鉴这些成功经验。事实证明，当今的市场早已是国际性市场，市场的国际化是经济发展的客观趋势；经济的市场化、国际化，也必须依赖于并将大大推动经济的科技化；市场经济是一种法制经济，现代社会是一种法制社会。我们只有在经济市场化、国际化、科技化和法制化的速度和质量方面超过资本主义国家，充分发挥社会主义这方面的优势，才能迅速实现我国的社会主义现代化。

二、邓小平理论是马克思主义在中国发展的新阶段

邓小平理论既是在当代世界新的时代条件下，又是在中国社会主义改革、建设、发展的具体实践中形成的，是马克思列宁主义基本原理与当代中国实际和时代特征相结合的产物，是当代中国的马克思主义，是马克思

主义在中国发展的新阶段。它作为建设社会主义的科学，极大地丰富和发展了马列主义、毛泽东思想，在马克思主义发展史上占有十分重要的地位。

马克思主义发展到今天，经历了三个大的发展阶段。

第一个阶段，是马克思和恩格斯通过对资本主义内在矛盾的剖析，创立了历史唯物主义和剩余价值学说，形成了马克思主义的科学思想体系和世界观，第一次使社会主义由空想变成了科学。

第二个阶段，是列宁突破了马克思、恩格斯设想的社会主义必然在大多数发达资本主义国家同时胜利的论断，创立了社会主义可以在一国首先胜利的理论，并且领导俄国十月社会主义革命取得成功，在世界历史上第一次使社会主义由理论变为现实。

第三个阶段，就是以毛泽东为代表的第一代中央领导集体和以邓小平为代表的第二代中央领导集体，把马列主义同中国实际结合起来，创立了新民主主义革命的理论，形成了毛泽东思想，并且使毛泽东思想不断发展，确立了作为发展了的毛泽东思想的建设有中国特色社会主义理论——邓小平理论。从而不仅第一次在一个半殖民地半封建的大国，建立起人民民主政权，取得新民主主义革命的胜利，实现从新民主主义到社会主义的转变，而且第一次比较系统地初步回答了社会主义制度建立之后，在一个经济文化比较落后的国家，如何建设、巩固和发展社会主义的一系列基本问题。这既是马列主义在中国条件下获得新的重大发展的两个主要标志，也是马列主义与中国实际相结合的两次历史性飞跃、两次伟大革命。第一次历史性飞跃、第一次伟大革命的理论成果，就是毛泽东思想，第二历史性飞跃、第二次伟大革命的理论成果，就是邓小平理论。因此，可以也应当认为，邓小平理论是马克思主义发展三个阶段中的重要里程碑，构成了马克思主义发展三个阶段的基本内容之一，是当代中国的马克思主义。

党的十五大报告指出："邓小平理论是当代中国的马克思主义，是马克思主义在中国发展的新阶段。"这是中国共产党对邓小平理论历史地位作出的新的科学完整的概括。邓小平理论之所以能够被称之为"马克思主义在中国发展的新阶段"，这是因为：第一，邓小平理论坚持解放思想、实事求是，在新的实践基础上继承前人又突破陈规，开拓了马克思主义的新境界。第二，邓小平理论坚持科学社会主义理论和实践的基本成果，抓住“什么是社会主义，怎样建设社会主义”这个根本问题，深刻地揭示社会主义本质，把对社会主义的认识提高到新的科学水平。第三，邓小平理论坚持用马克思主义的宽广眼界观察世界，对当今时代特征和总体国际形势，对世界上其他社会主义国家的成败，发展中国家谋求发展的得失，发达国家发展的态势和矛盾，进行正确分析，作出新的科学判断。第四，总起来说，邓小平理论形成了新的建设有中国特色社会主义理论的科学体系。在这一新的理论体系中，什么是社会主义，怎样建设社会主义，是它的核心，也是贯穿整个理论的主题；解放思想、实事求是，是这一理论的哲学基础和精髓，也是贯穿这一理论的一条红线；解放生产力，发展生产力，消灭剥削，消除两极分化，最终达到共同富裕，是这一理论所揭示的社会主义的本质内容；社会主义初级阶段理论和社会主义市场经济理论，是这一理论的两块基石；科学技术是第一生产力，是这一理论的重要创造，依靠科技和教育是建设有中国特色社会主义事业胜利的决定性因素之一；改革开放是这一理论最鲜明的特点，是中国社会主义发展的内在动力和外部条件，是我国社会生活的主旋律；四项基本原则是这一理论的政治属性，是建设有中国特色的社会主义的政治保证，是立国之本。邓小平理论的新体系，是一个科学的整体，其各方面的内容是相互联系，相互贯通，相互渗透，缺一不可的。

上述四个方面充分说明，邓小平理论把马克思主义推进到了一个新的发展阶段，是我们民族特殊的、完整的关于建设有中国特色的社会主义的正确理论。这一理论既有丰富的历史内涵，又有系统的理论创新。

邓小平理论所具有的丰富的历史内涵，首先就在于它是中国三次历史性巨变和实践的理论结晶。在近代中国 100 年中，产生了孙中山、毛泽东、邓小平 3 个世纪伟人，他们代表了中国人民为解放和振兴而奋斗的 3 个历史时期。马克思主义在中国发展的整个历史进程，就是同 20 世纪中国革命实践发展和思想发展的这 3 个历史时期紧密联系在一起的。从对中国历史考察中我们可以看到，近代中国历史上曾经有过一个类似“诸子百家”的时期。这是继春秋战国“诸子百家”之后的又一次“诸子百家”，是又一次社会大变动、“几千年未有之大变动”的反映。其间，产生了很多思想家、政治家、改革家，有林则徐、龚自珍，有洪秀全、洪仁玕，有康有为、梁启超，有谭嗣同等六君子，有李鸿章、左宗棠、张之洞等，直到孙中山。孙中山领导了从帝制到共和的巨变，这是近代中国的第一次历史巨变。其理论是三民主义，孙中山把它叫作“救国主义”。那是当时最进步的主义，是马克思主义传入以前中国历史舞台上各家各派政治学说相比较而显示其进步性的主义。但是孙中山和他的主义未能解决中国的问题，他临终还在呼唤：“和平、奋斗、救中国。”

就是在这一背景下，马克思主义应运而起，登上中国的历史舞台。这是向西方学习、想走资本主义道路种种幻想破灭的结果。中国的先进分子开阔了眼界，认识到马克思主义才是能够救中国的主义。这无疑是一个正确的选择。但是后来的复杂历史进程说明，仅靠已有的现成的马克思主义的本本，还不能真正解决救中国的问题。必须把马克思主义同中国实际结合起来，形成中国革命自己的理论，才能指引革命达到胜利。经过艰难曲折的斗争，以毛泽东为代表的中国共产党人实现了这个任务，产生和形成了毛泽东思想。党的七大把它称之为“我们这个民族特殊的、完整的关于中国人民革命建国的正确理论”。在这个理论指导下，我们党领导中国人民，经过新民主主义革命和社会主义革命，把半殖民地半封建的旧中国，变为社会主义的新中国，并且取得了建设社会主义的巨大成就。这是第二次巨变——翻天覆地的巨变。

但这之后，还有第三次巨变。为什么还会有第三次历史性巨变呢？这是因为，历史又经历了曲折。中国建设社会主义后来又发生严重失误，没有能够解决好中国自己建设社会主义的道路问题。这样，形势就迫使我们党重新思考中国社会主义的发展，扭转“文化大革命”造成的严重局面，总结建国以来的经验和教训，形成新的理论，开辟一条建设有中国特色社会主义的新路。党的十一届三中全会以来，以邓小平为代表的中国共产党人就是这样做的。其结果：在实践上，开始了改革开放、为实现社会主义现代化而奋斗的第三次巨变，中国社会主义发展进入新时期；在理论上，马克思主义同当代中国实际和时代特征相结合，产生和形成了邓小平理论。它是我们这个民族特殊的、完整的关于建设有中国特色社会主义的正确理论。

马克思主义在中国发展的进程就是这样：面对时代的新主题，回答革命的新任务，实践进入历史新时期，理论也就发展到新阶段。如同毛泽东思想一样，邓小平理论的产生，归根到底也是时势所呼唤，历史所形成。这就叫作“适乎时代之潮流，合乎人群之需要”。一句话，应运而起，百年产物，3 次历史巨变的结果。这就是历史内涵。

邓小平理论所具有的系统的理论创新，就在于它形成了前人未曾有过的一系列新观点。集中起来，主要体现为 8 个“第一次”。

——第一次提出社会主义本质理论。马克思、恩格斯、列宁、斯大林、毛泽东都没有用过“本质”这个词来概括社会主义。马克思、恩格斯认为，共产主义社会是物质极大丰富和实行按需分配的，共产主义第一阶段的最主要的任务就是为实现共产主义这一要求而创造物质基础。他们在《哥达纲领批判》等著作中，对未来社会的生产关系等作出过描述。但他们也指出，未来社会究竟是什么样的，要根据今后的实践来决定。马克思、恩格斯的态度非常正确。但是，斯大林把马克思、恩格斯包括列宁关于社会主义生产关系的描述作为社会主义的模式加以僵化和固定，以为坚持了这些就是坚持了社会主义。这是多年来社会主义没有搞好的根本原因之一。邓小平根据马克思主义的基本原理，总结 70 多年国际社会主义的实践经验，第一次对社会主义本质作出科学概括。这不仅是对马克思主义、科学社会主义理论的重大贡献，在实践上更具有重大指导意义。

——第一次提出社会主义初级阶段理论。马克思把资本主义以后的未来社会统称为共产主义社会，分为第一阶段和高级阶段。他没有论述过共产主义第一阶段还有一个较低级的发展阶段。列宁在俄国社会主义实践中看到社会主义发展的艰巨性，提出每一个大的阶段包括若干个小阶段的思想。斯大林在 1936 年宣布苏联已经建成社会主义，以后，苏联一直是急于向共产主义过渡。当然，中国也有过这样的严重教训。1959 年毛泽东在读苏联《政治经济学教科书（社会主义部分)》时，把社会主义社会分为两个阶段：第一阶段是不发达的社会主义，第二阶段是比较发达的社会主义。当时提出“不发达的社会主义”这一思想，是非常可贵的，这是从“大跃进”和“人民公社化”运动的挫折中得出来的。邓小平和我们党在改革开放的新时期，在前人提供的思想基础上，完整地提出社会主义初级阶段理论。党的十三大和十五大对此作了系统深刻的阐述。十五大把社会主义初级阶段的科学概念写入党纲，这在马克思主义发展史上是第一次。

——第一次提出社会主义市场经济理论。邓小平根据当代社会主义和资本主义发展实际情况的变化，突破了把计划和市场同社会制度联系起来的理论，突破了把计划经济和市场经济作为划分社会主义和资本主义根本标志之一的传统观念。他指出，计划和市场都是发展生产力的手段，大胆地把市场经济同社会主义结合起来，提出社会主义市场经济理论。这是一个伟大的创举，在马克思主义发展史上是破天荒的。

——第一次提出改革是解放生产力、发展生产力的革命。邓小平全面阐述了改革的性质、目的、范围、步骤、方式等，形成一整套社会主义改革理论，这在马克思主义发展史上也是第一次。邓小平为什么把改革说成是革命？改革和革命是两个不同的概念，但是对于解放和发展生产力来说，它们的作用是相同的，就引起社会变革的深度和广度来说，改革不亚于一场革命。

——第一次提出社会主义国家对外开放的理论。列宁曾经认识到："社会主义共和国不同世界发生联系是不能生存下去的，在目前情况下应当把自己的生存同资本主义的关系联系起来。"① 这是第一次提到社会主义国家的对外开放问题。但是，自从第二次世界大战以后，两个阵营形成，冷战开始，斯大林由此提出两个平行市场的理论，把社会主义世界同资本主义世界隔绝了，以后，社会主义国家信息不灵，错过科技革命的机会，与这个理论有很大关系。邓小平总结了社会主义国家的严重教训，在和平与发展成为时代主题的时代条件下，提出一整套社会主义国家对外开放理论，这也是马克思主义发展史上的第一次。

——第一次提出科学技术是第一生产力的理论。马克思在《资本论》、《政治经济学批判（1857—1858 年草稿）》等著作中提出，在任何社会，科学都是一般的社会生产力，而在大工业生产条件下，由于科学并入了生产，因而它也就成了"直接的生产力"。列宁继承了马克思的这一思想。但是，把科学技术从生产力诸要素中突出出来提到第一位的是邓小平。从"一般生产力"到"直接生产力"，再到"第一生产力"，人们对生产力内

① 《列宁全集》第 41 卷，人民出版社 1986 年版，第 167 页。

涵的认识随着实践的发展越来越深化。

——第一次提出和平与发展是当代世界主题的理论。马克思在自由资本主义发展时期，曾分析了世界，主要是欧洲的形势，提出社会主义革命可能在英法等先进的资本主义国家同时发生。他在晚年预计到，在上述国家带动下，落后的俄国也可能发生革命。这是一个了不起的预见。50年以后，列宁根据资本主义发展到帝国主义阶段，提出帝国主义和无产阶级革命的时代观，首先在俄国成功地实现了社会主义革命。毛泽东根据列宁主义时代观，分析了中国革命所处的世界环境，认为中国的新民主主义革命是世界无产阶级革命的一部分，提出新民主主义理论。毛泽东在70年代提出的3个世界划分和战争与革命的理论，也是建立在列宁主义时代观的基础上的。邓小平思考了马克思去世以后100多年、俄国革命以后60多年、中国革命以后30多年国际形势发生的巨大变化，特别是根据70年代以后国际形势的新变化，世界的主题已经不是战争与革命，提出"和平与发展是当代世界主题"的理论，发展了列宁主义时代观。

——第一次提出"一国两制"理论。社会主义国家应该怎样用和平的方式解决一个国家分离成两种社会制度的统一的问题，这是马克思、恩格斯、列宁和斯大林都没有经历过的。50年代，毛泽东、周恩来提出过和平解决中国大陆与台湾统一的设想。邓小平充分尊重各方面的实际情况，提出以大陆社会主义制度为主体，台湾、香港、澳门保持资本主义制度长期不变，用和平方式实现祖国统一的构想。在解决香港问题的实践中，完整地提出了"一国两制"理论。香港回归祖国的成功实践表明，"一国两制"理论是完全正确的。这是对马克思主义国家学说的一个创造性发展。

除以上8条外，邓小平理论还在经济、政治、文化、军事、外交等方面，提出了许多新观点，在哲学、政治经济学、科学社会主义各个领域，全面发展了马列主义、毛泽东思想。总之，正是上述一系列新观点奠定了邓小平理论的历史地位，使邓小平理论成为当之无愧的当代中国的马克思主义，构成了马克思主义在中国发展的新阶段，把中国共产党和中国人民对马克思主义和社会主义的认识提高到了一个新的水平。

（原载于《邓小平理论概论》，云南人民出版社1999年版）

当代社会主义与人类新世纪

20 世纪初以来，社会主义作为人类历史发展中的进步与革命的思潮、派别、运动和制度，席卷了整个世界，在经历执政和为执政而斗争的种种风暴，并伴随着胜利、光荣、震撼与苦难之后，从整体上真正步入了科学探索的青年时期。社会主义从自身的经历中摆脱了稚嫩和盲目，正在走向成熟。因而，新世纪的社会主义必将备受全人类的普遍赞扬和向往，未来世纪将是社会主义更大发展的世纪。本文将就当代社会主义与人类新世纪作简要阐述。

建立社会主义新概念

怎样界定社会主义，是人类近几个百年孜孜探求、刻骨铭心想要回答清楚的问题。从 16 世纪中叶到 19 世纪中叶，即从欧洲的空想社会主义者到马克思、恩格斯科学社会主义理论的提出（包括他们对当时封建贵族的社会主义、小资产阶级的社会主义、资产阶级的社会主义、不成熟的无产阶级社会主义的批评），直到 20 世纪 20 年代列宁领导的社会主义国家的建立，关于社会主义定义曾经多达 200 多种。第二次世界大战后，社会主义获得了广泛发展的条件，社会主义的定义也增加到了 500 种以上。如此繁多的主张，怎么才算是科学的？理论形态本身并不能说服理论自身。人们从苏东剧变和整个社会主义曲折发展的运动历史轨迹中，逐渐把认识导向了一个方向，形成了今天社会主义新概念的重要基础。

经过历史洗礼的社会主义新概念，其内涵新增了一些什么呢？

第一，社会主义并不是游离、凌驾或脱离资本主义的乌托邦，它是对资本主义的扬弃和在其基础上发展起来的更高一级的社会形态。它既是资本主义的对立物，又是资本主义的继承与发展。不发达国家社会主义对资本主义的继承、发展，所包容的内容更多，要经历的时间更长。

第二，社会主义绝不是要否定资本主义创造的巨大生产力和形成这一历史创造力的条件，而是要彻底摒弃资本主义社会一定时期甚至是严重阻碍生产力发展的桎梏，更好地解放生产力，更快地发展生产力，更多地增加生产力的总量。发展中国家建立社会主义制度后，尤其应吸收而不是排斥资本主义发展生产力的有效手段。

第三，社会主义必须并且也只有它能消灭剥削制度和防止两极分化，实现社会公平和公正。在社会主义建立和发展中，必须允许私营资本存在和有条件地发展，允许剥削现象存在，但不能危及社会主义的基本制度。社会主义必须实行体现公民更大利益的完善的社会福利制度。

第四，社会主义必须以实现共同富裕、人的全面发展和完全的民主为目的。社会主义要比资本主义具有更高、更广泛的真实的民主。人民当家作主，人权真正受到尊重。

这是我国新时期展现的新概念的部分内容，它可以增写或修改，但其基本点被证明是不能违反的。这一新概念已经不仅为正在坚持科学社会主义的国家、人民广泛接受，而且也部分地为民主社会主义者和民族社会主义者所汲取。这是当代社会主义发展过程中出现的一种新的认同趋势，它真正关乎世界社会主义的方向和未来世纪的前景。为了人类和世界的未来，一切社会主义者（无论是赞成科学社会主义的，还是赞成民主社会主义、民族社会主义的，还是绿党生态社会主义、托洛茨基主义和无政府社会主义，抑或是西方马克思主义、西方学者社会主义和空想社会主义），今天都应面对一个现实，这就是由历史写成的社会主义新概念正在进入越来越多的人的生活。它具有真理性、实践性与权威性。它是由各国社会主义的历史教训和中国社会主义的成功经验所写成的。因此，社会主义者应当勇于放弃历史成见，敢于接受或部分接受这一新概念揭示的现实内容。

我们共产党人十分珍惜这一历经几个百年，特别是近百年，尤其是半个世纪以来形成的对社会主义的科学认识，始终坚持科学社会主义的立场，但不排除对其他各种社会主义主张的研究及对其部分合理性的评判和吸纳。我们不能也无法对科学社会主义以外的社会主义主张统统加以排斥和批判。这是因为，马克思主义的一个重要观点，就是各国的问题要由各国人民去解决。一切从本国、本民族的实际出发，这是社会主义发展的重要原则。因此，我们可以理解当代社会主义发展中出现的多样性。在未来世纪中，社会主义仍然会呈现出多样性的特点。我们的任务，不是要用一种社会主义主张批判另一种社会主义主张，而是要用科学社会主义吸引诸多的社会主义。社会主义也应当在竞争、竞赛中成长、成熟。过去我们曾经把当代社会主义第二大家的各国社会民主党，或称社会党、工党（一共143个党，近3000万党员），统统批判为机会主义、修正主义，视为工人运动的最危险的敌人。现在，应当以一种新的视角对其进行研究和评价。我们应当重视一个事实：民主社会主义在近40多年来有很大的发展。其政党在1951年建立社会党国际时只有39个，80年代发展到80多个，并且冲出了欧洲，走向太平洋，扩展到六大洲。民主社会主义奉行的政治民主（通过议会竞选，取得多数选民支持，执掌政权）、社会民主（利用政权为群众谋取社会福利，提高工人工资，改善劳动、居住、生活条件），应当说开始部分地实现，而经济的民主（消灭资本家剥削，实现社会主义公有制）则远未实现。但是，我们不能因此就对其加以批判和排斥。一些北欧、西欧国家，在社会党执政下，所取得的经济社会发展成就和迈向社会公平赢得的进展，应当予以肯定。社会民主党当然是以改良主义为其基础的。但是，在一定条件下，它也有可能部分地接受社会主义的新概念，我们应当为此而努力。

青年社会主义中国的成功实践

在共产党领导下的中国，人民握取政权已经整整50年。如果把它分为几个阶段的话，那么最令世人敬佩的则是这20年。这1/5世纪社会主义中国的成功实践，标志着中国社会主义已经进入了科学与稳定发展的时期。

这一时期社会主义中国成功实践的标志，就是开创了建设有中国特色的社会主义道路，使12亿人口的中国经济社会发展取得前所未有的巨大成就。这20年间，我国国内生产总值以平均每年9.8%的速度增长，既超过发达国家、发展中国家的平均增长速度，又超过这两类国家中的最高速度，实现了“两个第一”。这是20世纪经济发展的又一奇迹。在不长的时间内，国内生产总值达到47772个亿，上升到世界第7位。同时，教育、科技、文化和社会事业，有了长足的进步。社会主义的中国发生了翻天覆地的变化。

这一巨大变化的理论来源，最集中、最直接的就是在社会主义自身实践中，在马克思列宁主义、毛泽东思想基础上发展起来的邓小平理论。构成这一理论基本框架的8个“第一次”，既是对科学社会主义诞生以来，即对马克思、恩格斯、列宁、毛泽东的理论思想观点的继承，又是对它的突破和创新。面对几个百年来在对社会主义认识上的纷争，邓小平理论第一次提出了社会主义的本质是解放生产力，发展生产力，消灭剥削，消除两极分化，最终达到共同富裕，把马克思主义对社会主义的认识提到了一个全新的时代水平。同时，第一次提出社会主义初级阶段理论，第一次提出社会主义市场经济理论，第一次提出社会主义改革理论，第一次提出社会主义国家对外开放理论，第一次提出科学技术是第一生产力的理论，第一次提出和平与发展是当代世界主题的理论，第一次提出“一个国家，两种制度”的理论。这8个“第一次”，是邓小平和中国共产党对当代马克思主义、当代科学社会主义的伟大历史性贡献，对全世界社会主义事业的复兴和发展，将产生不可估量的影响。

青年社会主义中国实践的成功，为世界社会主义的发展提供了新的实践经验和实践条件。

第一，中国社会主义的成功，证明了在马克思主义一般原理、原则指导下，结合本国实际，走有自己特色的建设社会主义的道路，是社会主义发展的普遍规律。各国社会主义只有彻底摆脱苏联模式的影响，改变原有的僵化体制，坚持正确的思想认识路线，一切从实际出发建设社会主义，才能推进社会主义事业。中国的实践，为开辟社会主义发展的正确道路提供了理论和实践依据。

第二，中国社会主义的成功，坚定了世界各国人民和社会主义国家、第三世界国家走社会主义道路和建设社会主义的信心。社会主义在12亿人口中国的胜利，极大地鼓舞了一切向往社会主义的人们。它用事实说明，社会主义取代资本主义依旧是我们时代的历史趋势。

第三，中国社会主义的成功，增强了社会主义的实力。尤其是20多年来，中国在经济、科技、政治、国防、外交和文化上取得的成就和国家综合实力的提高，必然极大地增强社会主义的力量，从而增强了社会主义的生命力、吸引力和凝聚力。

如果说，社会主义的发展，在500年中曾经经历了4个时期（空想社会主义，科学社会主义的创立，科学社会主义在一国的实现，科学社会主义在欧亚十几国的胜利与曲折）的话，那么，现在已经进入了第5个时期：这就是以有中国特色社会主义成功为标志的世界社会主义重新振兴与发展的时期。这一时期的特点是：社会主义正在从20世纪后期出现的低谷的阴影中走出来；中国科学社会主义成功的影响力日趋扩大；苏联、东欧社会主义国家总结历史教训并历经10年磨难后，科学社会主义因素正在觉醒，并对政局产生重要影响；其他社会主义主张的相对进步性及其在本国发生的作用正在增加。因此，我们对未来社会主义的发展应当充满信心。

新世纪的社会主义

未来世纪的社会主义及其发展，将取决于4个因素：其一，理论正确的程度；其二，现代科学技术的推动力；其三，社会主义实力的状况；其四，民主社会主义、民族社会主义对科学社会主义及其社会主义新概念的接受程度。

在20世纪社会主义直接实践基础上，预见新世纪的社会主义及其发展情况，不但是必要的，而且也具备相当条件。科学社会主义从一产生时起，就是一门未来学，只是到了后来，才发展成为现状学、历史学。因此，对未来社会主义发展作出至少一般性预测，应当成为科学社会主义学科的重要内容。

那么，新世纪社会主义的发展轮廓是怎样的呢？

首先，共产党执政的社会主义国家将对世界和社会主义前景发挥更加重大的作用。尤其是中国，将成为世界力量的重要一极。在这一点上，美国前总统尼克松曾经这样预见：“我们时代的奇迹之一是中国在惨遭20世纪各种最可怕的天灾人祸之后，在21世纪必将成为世界上的一个头等大国。160年前，拿破仑这样描绘中国：‘一个巨人在沉睡着。让他睡吧！一旦醒来，他会震动全世界。’这个巨人现在苏醒了。他的时候到了，他准备震动世界。”社会主义中国在下世纪将成为世界力量的一个中心。20世纪获得政权的一些社会主义国家也将逐步摆脱长期以来教条主义和僵化体制的束缚。历经苏东剧变的一些国家，也将总结经验，渡过难关，重获生机。其中，拥有高素质人口和真正地大物博的、曾经建立过社会主义制度的俄罗斯，其发展速度和影响力将是不可限量的。

其次，根据已有的经验，未来世纪世界社会主义的发展，仍将在不发达国家突破和扩展。在今后几十年乃至百年内，这些国家仍然是矛盾集中和突出的地区。社会主义在这些国家继续获得胜利，是不容置疑的。

再次，发达资本主义国家虽然短期内难以出现直接革命的形势，但在未来世纪中，利用资产阶级民主来开拓社会主义的条件将会进一步生长和逐步成熟。在共产党力量比较集中的意大利（多年来一直拥有170多万党员，为资本主义世界共产党中的第一大党）、法国（共产党拥有70万党员）、西班牙（共产党拥有20万党员），以及德国、葡萄牙等国可能出现社会主义力量发展的良好形势。

最后，欧洲社会民主党和亚非拉民族独立国家执政党中的社会主义派别，也是一支不可忽视的力量。他们不奉行马克思主义和科学社会主义，但对资本主义制度不满，并向往社会主义。在反对资本主义、赞成社会主义这个主要之点上，我们可以也该当与之结成统一战线。

这样，除社会主义国家、不发达国家、发达国家共产党的这3支队伍外，如果还能实现共产党以外的社会主义者队伍的汇合，世界社会主义事业的发展将是不可阻挡的。这里，我们应当相信，在未来世纪的社会主义大潮中，争取更多的人转变为科学社会主义者是有可能的。在历史上，由

"真正"的社会主义者转变为科学社会主义者、由民粹主义者转变为马克思主义者、由孟什维克转变为布尔什维克、由社会民主党人转变为共产党人，都是不乏其先例的。借鉴这些历史经验，就可以进一步壮大社会主义力量，为新世纪社会主义的发展和胜利创造更加有利的条件。

未来世纪既是社会主义和资本主义并存和相互竞争、斗争的世纪，同时也必然是社会主义再度中兴和大发展的世纪。新世纪将充满社会主义给人类带来的无限光明。

（原系1999年9月11日在"共和国50年与社会主义新世纪"座谈会上的讲话）

第三部分
2000 年至 2012 年

论社会主义的西部开发问题

西部开发即同一个国家后进地区特殊阶段上的加速发展问题，应当说，是近现代社会的一种共同现象。由于国家利益和社会化大生产及市场经济的要求，它在20世纪注定越来越多地成为不同制度国家的主体自觉行为。从资本主义早期到20世纪资本主义大危机之后，资本主义对自己国家相对落后地区，有的是西部，如美国，有的则是南部，如意大利，有的则是东北部，如巴西，或兼而有之，如英国、日本，进行了重度倾斜和加速开发，其结果都这样那样地推进了资本主义经济的起飞和繁荣。社会主义的西部开发一定意义上也是伴随其制度的建立而开始起步的。但是，作为一种以经济发展为核心的国家主体全局性战略，当是在20世纪末的中国。邓小平说："可以设想，在20世纪末到小康水平的时候，就要突出地提出和解决这个问题。"① "沿海地区要加快对外开放，使这个拥有两亿人口的广大地带较快地先发展起来，从而带动内地更好地发展，这是一个事关大局的问题。内地要顾全这个大局。反过来，发展到一定的时候，又要求沿海拿出更多力量来帮助内地发展，这也是个大局。那时沿海也要服从这个大局。"② 把社会主义国家内部相对发达地区和相对落后地区的发展问题，作为关乎社会主义前景的"两个大局"来对待和进行规划，这在社会主义发展史上还是第一次。中国西部开发问题，因此也就成为了社会主义发展进程中的一件大事，也是世界西部开发史上的一件大事。

那么，同世界各国相对落后地区的开发相比较，中国的西部开发究竟

① 《邓小平文选》第3卷，人民出版社1993年版，第374页。

② 同上书，第277－278页。

是由什么决定的呢？现阶段中国西部发展道路具有什么样的个性和特点？作为社会主义国家在西部开发中应当如何借鉴资本主义发达国家的经验？这些都需要我们作出回答。

一、社会主义任务与目标的历史性要求

社会主义还只是作为理论和运动的时候，就宣布自己的任务和目标是要以比资本主义更快的速度来增加生产力的总量，并且用它来造福绝大多数人，实现全社会的富裕、公平和公正。恩格斯在叙述马克思和他的学说时这样写道："社会生产力已经发展到资产阶级不能控制的程度，只等待联合起来的无产阶级去掌握它，以便确立这样一种状态，这时社会的每一成员不仅有可能参加社会财富的生产，而且有可能参加社会财富的分配和管理，并通过有计划地组织全部生产，使社会生产力及其成果不断增长，足于保证每个人的一切合理的需要在越来越大的程度上得到满足。"① 极大地发展社会生产力和追求全体人民的共同富裕，是马克思主义诞生以来社会主义者的神圣任务和不可动摇的意志。

一个半世纪以来，富裕、公平与公正正是作为社会主义的旗帜造就了世界范围的空前规模的社会主义运动，并最终使其成为20世纪与资本主义并行的新的社会制度。社会主义在20世纪的现代化进程中，为自己树立起两座历史性的丰碑。一座丰碑就是开辟了以铲除不平等、消灭不公正和实现社会共同富裕为目标的与资本主义迥然不同的现代化道路。社会主义不是因为自己的历史基础和雄劲实力，而是因为其允诺了更快的富裕，更大的平等、公平和公正而受到亿万人的拥护，并成为与资本主义抗衡和竞赛的主要对手。在这一个世纪中，除典型意义的15个社会主义国家（其中相当一部分因践踏了富裕、公平和公正而遭到历史淘汰）外，还曾有多达55个民族独立国家的执政党提出要走社会主义道路，占民族独立国家总数的59%。这充分显现出这条新道路的崇高价值和不可悖逆的极端

① 《马克思恩格斯选集》第3卷，人民出版社1995年第2版，第336页。

重要性。另一座丰碑是确立了在当代条件下发展中国家进行现代化建设的典范。在当今，朝向资本主义现代化道路上的发展中国家举步维艰已经是一种公认的全球性普遍现象，而与之相对应的是在中国12亿人口和辽阔土地上稳步推进的生机勃勃的社会主义现代化进程及其取得的巨大成功。中国作为发展中国家，在实现自己国家的现代化问题上，没有走拉美那样依附大国的道路，而是依靠自己的制度和人民，在持久的改革开放实践中来解决现代化建设中的各种问题。这两座丰碑，也是当代世界现代化道路上的两大难题，正是由中国以富裕、公平和公正为目标并以自己力量为基点的社会主义伫立起来并作出回答的。

历史的经验一再证明，实现富裕、公平和公正是与社会主义同在的。为富裕、公平和公正即共同富裕而努力，是社会主义的标志。谁要践踏了它，谁就不是社会主义者，一个党如果这样做，社会主义也就不再存在。而实现富裕、公平、公正又是一个长的历史过程，包括缩小和消除这一问题上同一国家内的地域性差别，也要有一个相当长的时间，谁要以为可以同步或在一个短时间内解决全社会、全体人民和不同区域间的富裕、公平、公正问题，同样也不是社会主义者，一个党如果这样做，也会危及社会主义。这既是中国社会主义在世界现代化进程中伫立起自己历史丰碑的认识基础，也是中国东西部依次发展“两个大局”的认识基础。

正是基于这样的认识，邓小平和我们党在总结自己经验的时候，提出了允许一部分地区、一部分人先富起来，并带动另一部分地区、一部分人富裕，最终实现共同富裕的大政策和大战略，并且提出了东西部发展的“两个大局”的思想，作出了东西部相距20年分两步发展的规划：“第一步，让沿海地区先发展；第二步，沿海地区帮助内地发展，达到共同富裕。”① 东西部依次发展“两个大局”的前提是发展，核心是共同富裕。这是社会主义不可动摇的原则。正是这一体现社会主义任务与目标的大原则，成了已经过去的20年改革大潮和东部加速发展的动因，也构成了今天正在兴起的中国西部大开发、大发展的最深刻的动因。也正是它，赋予

① 中共中央文献研究室编：《邓小平年谱》（1975—1997），中央文献出版社1998年版，第413页。

了社会主义的西部开发鲜明的社会主义经济与政治的公平性和公正性，这也是有别于资本主义国家开发本国相对不发达地区的“经济与资本运动”的地方。资本主义滞后开发地区的经济与资本的运动，可以减缓发达与不发达区域之间以及相关联的阶级之间和民族之间的矛盾，但不能从根本上消除这些矛盾，即使不发达地区相对发展起来之后，资本主义固有的矛盾依旧存在。这是为资本主义国家开发落后地区的历史和现实所证明了的。

二、社会主义国家扶持下的现代化、市场化多元发展道路

那么，中国社会主义条件下的西部开发，在上述原则下，究竟应当走一条什么样的具体发展道路呢？总体来说，中国西部开发应当走一条实行国家扶持的以现代化为契机的同市场机制相结合的多样性创新道路。这是因为，一方面，离开国家重度倾斜的政策和巨额资金支持的市场行为，解决不了西部的发展问题；另一方面，缺乏足够的市场机制效应而过分依赖国家支持，也同样解决不了西部的发展问题。一方面，西部开发因其经济与社会的历史起点低，而增加了实现现代化的难度；另一方面，西部开发也因其经济与社会的现实高起点，而容易加速现代化的进程。一方面，中国西部比较于东部具有与之相区别的多方面的共同性；另一方面中国西部自身各个省区又因其地域、自然、文化、历史、民族的不同而具有各自的多样性。因此，中国西部开发的道路应是国家扶持下的现代化、市场化的多元发展道路。

社会主义国家的强大支持，是中国西部开发的重要特征。作为社会主义国家，应以当年给予东部发展的政策力度和集中相当的资金用于西部发展。这是由于：

第一，中国西部的生产力、教育、科技、人才、交通、信息、市场网络等历史基础差，没有国家主体的足够投入是改变不了落后状况的。以教育为例，由于东西部发展的差距，在教育投入上，东部占到了全国投入的60%以上，而西部仅为16%左右；文盲、半文盲在人口中的比例，东部为

14%左右，西部则占20%以上，15岁以上的5个人中就有一个人无文化；其中，高等教育投入的不足更使得西部处于无奈的滞后境地：与全国本来就不高的大学毛入学率10%的状况相比较，1999年云南的大学毛入学率仅为3.8%，相距6个多百分点；同目前我国同样不高的“普九”义务教育人口覆盖率65%的状况相比较，云南的“普六”覆盖率也仅为71%。西部各种基础性产业落后和投入严重不足的问题，必须依靠国家的优惠政策和大量资金才可能解决。

第二，西部多数省区自然条件差，长江、黄河、珠江上游生态屏障恶化，西北地区大片水土流失风化，已构成对国家整体性危害。

第三，西部省区处于国内大市场边缘、交通纽带末梢和国际通道的非直过区。改变这一状况需要数十年、上百年国家与地方的大量投入。

第四，中国西部是在近20年服从沿海地带高速增长的“第一个大局”中拉大与东部的距离的，国家对西部在一定阶段上作出的牺牲进行补偿，是符合全社会长远利益的。统计资料显示，自80年代至今，国家在基本建设投资及贷款投资的总投资额中，60%以上是在东部，西部地区不足20%。以1995年社会固定资产投资为例，全国人均投资1607元，东部地区为2835元，西部地区仅为770元。从投资所有制结构看，国家投资东部是西部的3.8倍，外资投资是18.9倍。这种国家与社会投资的严重倾斜，是导致东西部差距逐步拉大的重要原因之一。与这种投资状况相一致的是1979年至1995年16年间，东部地区增长速度（12.8%）高出西部地区增长速度（8.7%）4个百分点以上。1980年全国农民人均纯收入是191.33元，东西部不相上下。到1998年，东部农民人均纯收入超过3600元，比西部高出近3倍。改革开放初期，西北5省区的人均国民生产总值均高于福建，其中青海甚至高于广东。但是到1998年，广东和福建人均国民生产总值已超过1万元，而西北5省区除新疆达到6435元外，其他省区均不足4500元。这种一定时期的地域投资不公平现象，如果得不到扭转，就会侵害社会主义共同富裕的原则。解决这个问题的办法之一，就是要实现国家投资政策和投资额度由东向西作极大倾斜。必须看到，即使这样，东部的发展由于这20年生产力的积累，仍然会是相当快的。西部要缩小与东部的差距，仍将要付出长期的乃至世纪性的努力。

中国西部开发之路首先无疑应建立在国家强有力的宏观支持系统之上，这是社会主义制度的一个优势；但同时更要靠中国西部主动适应现代化和市场经济的要求，在本国改革开放和全球化经济的大潮中，走有自己特色的多元创新发展之路。这是中国西部开发更重要的特点。

首先，必须进行意识、思维与方法的变革。西部同东部的差距固然是多方面的，但最大的差距是意识、思维和方法的差距。西部和东部比，封建的东西影响更深，非科学社会主义的浅陋、封闭、守旧、唯上、从众、内耗、空谈、私欲、格外崇尚教条和缺乏创造精神等，有着更多更宽广的市场。它们正是中国由一个落后东方大国迈向社会主义现代化的最大障碍。如果说中国现代历史跨越的卡夫丁峡谷的宽带和深涧在西部的话，那么阻滞飞越这一峡谷的飓风正是植根西部的这种种思想。东部则有所不同。东部曾经历过中国近代多少发展起来的资本主义观念和实践的陶冶，这于中国是一个大进步。因此，东部在跨越峡谷时的物质准备和思想准备要比西部好得多。所以，西部开发，缩小与东部的差距，必须有一个意识、思维与方法的革命，它的变革深度将决定西部开发的速度。

其次，观念与方法的重塑同发展模式的创新是并行的。中国是一个大国。中国最大的国土在西部。中国的西部是千差万别的。一个省区内，北疆和南疆不同，滇西和滇南不同，其发展模式也不一样。东部的苏南可以是一个模式，温州也可以是一个模式。同是一片地区，顺德和东莞可以不同。在我们中国，有一个“大一统”的传统，习惯沿着“统”的路子走，就是朝同一个方向走，走偏了一点都不行，即不能越“礼”。所以，对西部省区发展模式的创造，总有着过多的顾虑。这也是影响西部发展的一大滞障。

那么，中国西部省区具有创新意义的发展模式框架应当是什么样的呢？结合我多年对西部省区的调查，西部省区在现阶段具有创新意义的发展模式框架应当是一种“突出四个领域、改组三重结构、应对两个挑战和东西部多元互动”的模式构架。

（一）突出四个领域

突出四个领域，就是要把生态、经济、政治、文化四个方面作为西部社会结构和社会发展理论的新概念来坚持。传统的马克思主义社会结构和社会发展理论主要限于经济、政治、文化三个领域。那时，与人口、环境相联系的全球增长极限危机尚未提到最重要日程，因而也不可能把生态环境，即自然状况和人作用于自然的结果，纳入社会发展的总框架。1972 年罗马俱乐部研究报告《增长的极限》问世，引起了人们对生态环境问题的强烈关注。俄罗斯技术科学博士费多托夫把马克思主义的社会结构和发展领域理论归结为经济和社会两个领域，提出了“人类活动三领域——全球生态的、社会的和经济的——统一的理论”，从而把生态环境提到了空前的地位。循着这个思路，费多托夫称赞“生态社会主义”是“21 世纪上半叶高级的、最佳的和现实的制度”。这里，我们姑且不对费多托夫理解马克思主义社会结构与发展理论的不全面性作详细的评判。但有一条，把生态纳入社会发展的总框架，确立生态、经济、政治、文化的结构并行性，在当代正越来越为世界所接受。发达国家的发展规划，也早已鲜明地包括了生态、经济、社会三个部分，这是值得我们借鉴的。我们的社会结构和发展领域的结构，也应当随着 20 世纪的过去和新世纪的到来而有所突破。尤其是我们西部，应当把生态环境提到与经济、政治、文化并行的高度来认识，走一条以保护生态为前提的后工业社会现代化发展的新路。从现实看，中国西部生态条件的恶化是惊人的，水资源污染和短缺，水土流失和荒漠化严重，已经不是一个区域性问题。从一定程度上说，最好的生态在西部，最差的生态也在西部；最好的大面积水质区在西部，最坏的大面积水质区也在西部，例如滇池，中央台报道是五级以下劣质水。这难道还不应发人深省吗？我们建议，云南省各地区的规划，都应把生态提到极高的与经济、政治、文化并行的地位，真正体现云南发展道路的特色。

（二）改组三重结构

改组三重结构，即通过改革、改变、改造，重建所有制结构、产业结构、行政结构。西部所有制结构中个体、私营、外资经济的比重太小，集体经济发展不充分，已是不争的事实。我曾经就 20 世纪 90 年代中期云南和江苏不同所有制结构中的工业产值状况作过一次比较。国有、集体、个体私营工业产值的比重，云南为74∶20∶6，江苏为20∶63∶17。云南现在的状况会好一点，但比起东部来，所有制结构仍然是个很大的问题。在这个问题上，东西部学者中有不同的认识。有的长期在东部工作的人说：由于私营经济的发展，现在中国已经出现了一个新的资产阶级；并且提出，如果允许私营企业主入党，将改变共产党的性质。而在西部，既不存在这一情况，也形不成这样的认识。当然，说中国已经形成了一个资产阶级，不管是就东部还是西部而言，我们都是不能同意的；就是个别私营企业主入党问题也要作具体分析。至于中国西部，现在是私营企业主太少的问题，是多种所有制市场主体太弱的问题，以公有制为主体的多种所有制经济还没有真正建构起来。个体、私营、外资经济的不发展，集体经济发展不充分，已经成为西部经济的一个特征。从这个意义上说，集体、个体、私营、外资经济发展之日，正是实现西部加速发展之时。

在产业结构方面，西部的现实是：现代产业少，基础产业弱，生态产业差，文化产业滞后。高新技术产业在西部省区是凤毛麟角，还不及东部沿海的一个地区。我看了广东的东莞市，高新技术产业达到53家，产值215亿元，占全市总产值的23.7%；顺德市的一个容桂镇，拥有高新技术企业31家，都是乡镇企业发展起来的，包括了科龙、容声（靠几万元和一把铁锤起创品牌的）、华宝、格兰仕、万和等著名品牌。其中，一个科龙集团，1999年的销售额达到了81亿元，出口创汇102万美元。在深圳，一个高新工业园区的工业总产值达304亿元。特别是它的教育科技文化产业发展很快，如虚拟大学园区吸引了全国名牌大学清华、北大、南开、复旦等几十所大学在深圳远程办学，取得了极好的经济效益和社会效益。

借鉴东部产业发展的这些经验，中国西部开发，应注重一开始就把产业发展建立在高起点之上，以求缩短从传统农业到商品农业，从农业社会向工业社会，从工业社会向科技信息社会的转变进程。没有现代化、市场化的工业、农业、第三产业的高起点，没有现代基础产业和生态产业的高起点，包括交通、能源、信息、科技、教育、绿色食品和医药等产业的高起点，西部就无法缩小同东部的差距。对于云南，在产业构建中，应当对主要产业进行集中投入，运用大集团的力量，形成一两个新的主导产业，这既有条件又有可能。在这个问题上，我们过去是有经验教训可以总结的。比如，以电子工业为例，云南在20世纪80年代中后期，兰花冰箱和山茶牌电视机等同全国许多厂家的产品水平相差并不大，但 10 年以后，人家的发展了，我们的消失了。设想那时如果我们的大企业介入、收购、兼并，并运用高技术改造这两家企业，会是什么情景？相信不会是今天这个局面。总结这方面经验，当前，云南应利用资金集中于红塔集团等大企业的优势，把云南的现代工业、现代产业集中地发展起来，力争在若干项目上超过东部。

在行政结构方面，西部应当更加轻型化。东部的经验是“小政府、大社会”，这对于东西部都是适用的。西部这方面的改革起步晚，从一定意义上说，应当做得更好。这里起决定作用的是认识问题。顺德县行政机构改革由于认识到位，提前在 1992 年至 1995 年全面实施了行政体制改革，确立了集中高效的决策中心；大刀阔斧精简机构和人员，市一级党政机构由 56 个精简为 32 个，撤销临时机构 100 多个，在编人员由 1200 多人减至 900 多人；真正实现了政企分开，转变了政府职能。顺德成立了公有资产专门管理机构，对政府融资、控股或参股企业实施产权管理。政府各部门也不再履行公有资产管理者的职能。公有资产投资主要集中在基础性、社会福利性和少数高新项目上。政府的主要精力转到了面向社会的宏观管理，强化规划、协调、监督的服务职能。相比之下，西部在这方面要滞后得多。西部地区本来历史包袱就重，贫困面大。行政职能错位、机构重叠和人员过多，既无法适应现代化和市场化经济运行的要求，又使财政负担过重。省、地、县、乡许多部门人浮于事，如果下减 1/3 至一半，将会把事情办得更好。

所有制结构、产业结构和行政结构的多重构建，是一个相互连接、相互促进的整体性工程。在西部大开发中，政府应当大胆使用有现代意识和懂得市场经济规律的人，大力推进所有制结构改革和进行产业结构调整，通过三重结构的改造和重建，以带动各方面改革，推进西部的加速发展。

（三）应对两个挑战

应对两个挑战，就是要在西部开发中适应现代科技革命浪潮和经济全球化浪潮的挑战，采取对策，主动汲取这两股现时代全球性最宏大资源的一切养分发展自己。江泽民指出：“20 世纪以来，特别是二次大战以后，以电子信息、生物技术和新材料为支柱的一系列高新技术取得重大突破和飞速发展，极大地改变了世界的面貌和人类生活。科学技术日益渗透于经济发展和社会生活各个领域，成为推动现代生产力发展的最活跃的因素，并归根到底是现代社会进步的决定性力量。”① 科学技术是贯穿历史和横切各种领域及各个区域的。近代以来的四次生产力高潮，既是分别与工业革命、化工技术革命、电子技术革命、技术综合创新的高技术直接相关联的，同时也是在不同领域和地域突现崛起的。经济滞后的地域在特定的条件下，依然可以成为高新科技发展的前瞻地区。例如，美国的西部。美国的高科技区并不集中在东部传统经济最发达区域，而是主要在开发后的西部。至于某项高科技的出现，更不是地域所决定的。因此，中国西部应确立敢于迎战世界科技革命浪潮的思想。西部开发有赖于高新科技，经过开发的中国西部也将具有高新科技的巨大创造力。

与应对科技革命浪潮相联系，西部同样必须应对全球化经济的浪潮。经济的全球化既加强了西方发达国家在世界经济发展态势中的主导地位，同时也为社会主义经济的发展和这一制度的再度兴起准备了必要的条件。当前主导经济全球化的力量无疑是资本主义，经济全球化进程中资本主义生产力也无疑会得到加速发展，但它同时也把资本主义生产的社会化发展到全球化的高度，把资本关系的社会化、国际化推向了垄断的顶端。我们知道，资本关系社会化经历了如下阶段：个人资本转变为社会资本；私人垄断转变为国家垄断；国家垄断转变为国际垄断。资本关系向国际垄断发展，必然为其制度向着社会主义过渡提供了超越自身社会框架的历史条件。至于这种过渡何时造成新制度的确立，需要历史来作出回答。因此，对于经济全球化，在战略上我们大可不必有丝毫的恐惧。然而，在策略上、做法上则应有充分的研究和应对，正确把握世界经济发展趋势，大胆实行对外开放，大胆引进资金、技术、管理和人才，充分运用科技生产力的可传递性，利用通信、交通的快捷，学习、运用西方资本主义一切文明成果，推进西部跨越式发展。

① 宋键：《现代科学基础知识》（序），科学出版社 1999 年版，第 1 页。

（四）东西部多元互动

东西部多元互动，则是指中国东部和西部间各个方向、不同区间和多种渠道的主动性互利互惠的联合与合作。西部开发需要东部沿海的鼎力相助，但这种支持本质上应有利于双方；这样，相互间的联合与合作才可能是效益型的，并具有最大的稳定性和广泛性。当然，必要时东部也应对西部给予补偿性合作，把较多的利益让给西部。目前，东西部多元互动还处在起步阶段，合作的省区比较单一，合作的项目也比较少，且往往带有行政色彩，即合作的主体间缺少市场纽带的自然联结。改变这种行政被动型合作状态，最重要的是要使东西部的多元经济主体认识到彼此的利益。同时，西部应主动走进东部，东部也应主动吸纳西部，使东西部多元互动成为一种自觉的经济行为。

上述关于“四个领域、三重结构、两个挑战和多元互动”的描述，只是从一般意义上概括了西部特色发展路子框架的一些重要之点。由于西部省区的情况是千差万别的，所以不同省区的发展路子是不相同的，具体表述也有很大差异。这正显示了西部特色发展路子的多样性与生命力。

三、正确借鉴资本主义发达国家开发其相对落后地区的经验

社会主义是在资本主义文明基础上前进的。正确借鉴资本主义发达国家开发相对落后地区的经验，对于开发中国西部是十分有益的。资本主义在其发展过程中也曾汲取过社会主义建设的成功经验。20世纪一些主要发达国家在开发本国滞后地区时，就曾借鉴过社会主义计划经济宏观调控的做法。美国的西部开发在世界上具有经典意义。但是，它的主要开发期则是同借助苏联社会主义计划经济理论和实践挽救其自身的经济大危机相并行的。美国西部开发的第一个时期是18世纪末至19世纪中后期的“西进运动”，即资本主义条件下的大规模移民垦殖运动，它使美国的耕地由4亿多英亩增至9亿多英亩。第二个时期则是1929年发生的世界性资本主义

经济大危机后直到20世纪70年代的西部“阳光地带”开发。罗斯福在资本主义经济大危机中看到了苏联计划经济的成功，采取了凯恩斯的主张，加强本国政府对经济的宏观调控，遏制了自由资本主义的泛滥。同时把注意力和大量财力用于西部的深度开发。首先投入巨额资金发展国防工业，吸引相关部门和企业西迁，造成美国经济重心西移；同时，迅速发展西部高新技术产业，使西部成为宇航业、航空业、电子工业、信息产业、生物工程等的研究基地和生产基地，使西海岸成为美国新的经济中心地带。

我们到美国西部考察，随处可见从20世纪30年代起罗斯福实行“新政”建设的公路、桥梁和水利工程。西部许多车路都是含菱形标志内车道的12车道宽带高速公路，有些引水工程长达数百公里。从20世纪30年代起，为发展西部地带，联邦政府向农民购买了洛基山脉，修筑了长达500多公里的水渠，把洛基山脉融化的雪水引到了洛杉矶来，把洛杉矶发展成为美国第二个现代化的大都市，就是一个实例。

这里给我们的启示是，美国新政应用社会主义计划宏观调控手段加速西部发展，我们为什么不能运用自己拥有的这一优势更好更快地加速西部的开发？如果说，学习借鉴资本主义开发西部的经验，我认为首先就要应用社会主义国家强有力的宏观调控手段，并使其同发挥市场机制作用结合起来，在全面实践社会主义市场经济的过程中，大力推进西部经济和社会发展。围绕这一问题，我们应特别注意借鉴和应用好下列各点。

（一）始终把发展农业放在优先位置

中国和美国的西部，最大的资源是土地，最重要的产业之一是农业。加快农业的现代化，提高每一单位土地的效益，是西部开发的重大题目。美国是一个以垦殖为起点实行西部开发的国家，但在它的中后开发期，早已不是拓宽耕地的问题，而是致力于农业单产和产品品质的提高，通过扶持和鼓励农业科技的研究与开发，促进农业教育、科研和技术推广的结合，实施有利于农业、林业、水利发展的优惠政策，以形成现代农业的经济与社会的效益机制。这对中国西部开发现代农业产业是有借鉴作用的。

（二）重视后进山区和人口过疏地区的发展

日本从20世纪60年代至80年代先后对这两类地区实行倾斜性开发，

制定了加快发展的法律和政策。其中，最重要的是把“强化中心村庄以及培育适度规模村庄的建设”作为国家公共建设的五大目标之一。通过规定的金融部门和优惠政策给予支持；对大中企业搬迁到过疏地区实行减免事业税、所得税和资产税等，从而使占国土面积60%以上的这两部分地区得到快速发展。日本采取的这些措施，有些我们也是可以借鉴的。

（三）在不发达农村和失业多的地方建立特区

1934年，英国政府颁布的“特区法案”，对4个高失业区进行财政援助，资金主要用于基础建设，并鼓励厂商到特区投资，从而把失业者向发达地区的流动转变为在高失业地区创造就业机会。现在我们国家的特区基本上是一种经济发达区。在西部大开发中，其实也应在某些特别贫穷的地方建立特区，给予最特殊政策，促进由特困向富裕的转变。

（四）大力进行以交通为重点的基础设施建设

如美国在西部开发中先后修成5条平行的东西大干线，至1890年，美国已拥有全世界铁路总里程的1/3，铁路直接通过或接近全国所有大小村庄。到20世纪初，其高速公路达8万多公里，占世界高速公路的2/3，其中西部占了很大比例。

（五）普遍实行财政转移支付等区域性发展援助政策

美国、意大利等对相对落后地区的开发实行了各种方式的援助政策，有财政转移支付、财政专项补助和分类补助。意大利在第二次世界大战结束后，大部分投资用于北方，使本来落后的南方农业和工业更为滞后。20世纪50年代特别是六七十年代，意大利政府加大了对南方落后地区的资金支持。50年代南方银行成立之初，国家拿出了国民收入的10%作为南方银行的创办基金。到1957年，政府把总投资额的40%投向南方。1981年，又规定新建工业投资的80%和工业投资总额的60%投向南方。从1951年至1984年，政府共向南方投资147万亿里拉，按南方人口计算人均约730万里拉，合人均6000美元。正是这样巨额的财政投入，大大改变了南方的面貌。

（六）通过产业布局调整拉动西部经济增长

最典型的是美国在西部大量部署宇航、原子能、电子、生物等高科技产业的发展，形成了以加州“硅谷”、北卡罗来纳州“三角研究区”、佛罗里达州“硅滩”、亚特兰大计算机工业区为代表的世界高科技产业群。美国西部高科技产业的迅速发展，不仅推动了美国西部，而且带动了整个美国产业结构的升级换代，影响波及全世界。

（七）按照“发展极”理论，在相对落后地区中确定并形成主导产业和具有创新能力企业的聚集中心，通过吸引和扩散相关产业带动此类地区的发展

例如，巴西东北部原为南美洲最大的贫困区，自然条件差，周期性旱灾严重，人均收入不及全国平均水平的1/2，仅为沿海的1/3，个别州的贫困人口达90%。其中亚马孙河区域绝大部分完全处于未开垦的原始状态。巴西政府从20世纪60年代中期起，选择了远离海岸线1000多公里的亚马孙大森林中的马瑙斯首府作为经济发展极，并以此带动了周围地区以至整个亚马孙地区的发展。在这一区域实行进出口自由贸易，凡符合规定的进口物资均可免除产品进口税；设厂可以得到投资基金的资助，减免所得税和流通税，得到信贷帮助等。在马瑙斯地区带动下，1974年以来，在亚马孙地区相继建立了17个规模不等的发展极和形成区域经济发展极网络。这一经验对我国西部和云南开发具有重要的借鉴作用。

（八）重视生态环境保护，纠正掠夺式开发

近代以来，不少国家对相对落后地区的早期开发曾发生过不同程度的掠夺性开发，如美国就曾出现过对西部长时间的掠夺式开发，草原过牧、森林过伐、土地滥用、洪水泛滥、水质污染等。随着环境问题的突现和环保与生态意识的加强，各国对相对落后地区的开发都把环境与生态的保护作为发展的基本前提来对待。如美国对破坏严重的田纳西河流域的治理，先后投入40亿美元，到80年代，使该流域成了现代经济的发达区。当然，美国仍有一些地区的环境补偿问题至今都难以解决。发达国家西部开发曾出现的环境问题的教训，也是我们要汲取的。中国西部开发的环境问题，更多的是工业化进程中已经发生的问题，应当在西部大开发中得到彻底治理；如果现在开发西部再不高度重视环境和生态的保护，那将是雪上加霜，中国西部也再难有健康发展的希望。

社会主义的西部开发，既要汲取发达国家的成功经验，同时也要警惕这些国家一度发生的历史教训。社会主义是在资本主义文明和实践基础上发展的，社会主义的西部大开发因此也应当做得比资本主义更好。

（原系2000年12月16日在“中国社会主义与西部大开发研讨会”上的主题报告，原载《思想战线》2001年第2期）

社会主义的西部开发

实施西部大开发，是党中央面对新世纪作出的重大战略决策，是全面推进我国社会主义现代化建设的一个重要步骤。

一、我国进行西部大开发是由社会主义的根本目标决定的

社会主义的任务和目标是要以比资本主义更快的速度发展生产力，并最终实现全社会的共同富裕。正如恩格斯所阐述的：社会主义制度是这样一种制度，"社会的每一成员不仅有可能参加社会财富的生产，而且有可能参加社会财富的分配和管理，并通过有计划地组织全部生产，使社会生产力及其成果不断增长，足以保证每个人的一切合理的需要在越来越大的程度上得到满足"①。极大地发展社会生产力和追求全社会成员的共同富裕，是社会主义的根本目标。

共同富裕是我们的根本目标，但共同富裕不是同步富裕，而是要经历一个过程，这是由我国的基本国情决定的。我国各地经济基础不同，自然条件不同，劳动者劳动能力不同，生产力发展水平不同，经济发展状况必然有差别。为了实现共同富裕，我们必须允许和鼓励一部分人、一部分地区先富起来，带动其他人、其他地区逐步走向共同富裕。正如邓小平所指出的："让一部分人、一部分地区先富起来，大原则是共同富裕。一部分

① 《马克思恩格斯选集》第3卷，人民出版社1995年第2版，第336页。

地区发展快一点，带动大部分地区，这是加速发展、达到共同富裕的捷径。”① 党的十一届三中全会以来，在共同富裕的目标下，我们实行允许和鼓励一部分人、一部分地区通过诚实劳动、合法经营先富起来的政策，激发了广大劳动者的生产积极性，极大地促进了我国经济和社会的发展。

经过改革开放20多年以来的建设和发展，我国东南沿海地区已经发展到了相对富裕的阶段，而广大西部地区仍然比较落后。西部地区地域辽阔，自然资源丰富，发展潜力巨大，但经济发展相对比较缓慢，与东部地区存在较大的经济差距。东西部经济的差距和矛盾，已日益成为我国宏观经济运行中的一个突出问题。如果总是一部分人、一部分地区富，大多数人和地区长期富不起来，甚至长期处于贫困状态，就会丧失社会主义社会的优越性。当前，随着我国经济实力的增强，加快开发西部地区，不仅具有重要意义，而且条件和时机已经成熟。

二、社会主义的西部开发要走有自己特色的多元创新发展之路

我国西部自身的特点和社会主义现代化建设的实际情况，决定了西部开发首先应建立在国家强有力的宏观支持系统之上，但同时更要靠西部主动适应现代化和社会主义市场经济的要求，在改革开放和全球化经济的大潮中，走有自己特色的多元创新发展之路。

（一）西部的实际决定了实现西部开发首先必须依靠国家的政策

西部的生产力、教育、科技、人才、交通、信息等基础差，没有国家的足够投入是难以改变落后状况的。以教育为例，由于东西部发展的差距，在教育投入上东部占到了全国总投入的60%以上，而西部仅为16%左右；文盲半文盲在人口中所占的比例，东部为14%左右，西部则占20%以上。西部基础产业落后和投入严重不足的问题，必须依靠国家的优惠政策

① 《邓小平文选》第3卷，人民出版社1993年版，第336页。

和大量资金才能解决。西部多数省区自然条件差，长江、黄河、珠江上游生态环境恶化，西北地区大片水土流失沙化，已构成对国家的整体性危害。西部省区处于国内大市场边缘、交通纽带末梢和国际通道的非直过区。改变这一状况需要数十年，乃至上百年国家与地方的大量投入。

（二）西部必须进行意识与思维方法的变革

西部同东部的差距固然是多方面的，但最大的差距是意识与思维方法的差距。西部和东部比，封建的东西影响更多，非科学的、封闭、守旧的东西影响范围更大。西部要实现开发，要缩小与东部的差距，必须有一个意识与思维方法的革命。

（三）观念与方法的重塑要同发展模式的创新并行

西部各地千差万别，不同省区情况不同，同一省区内的不同地区差别也很大，这就决定了各地应当根据本地实际采取不同的发展模式。

1. **突出四个领域**

突出四个领域就是要突出生态、经济、政治、文化四个方面，把生态纳入社会发展的总框架。西部应当把生态环境提到与经济、政治、文化并行的高度来认识，走一条以保护生态为前提的后工业社会现代化发展的新路。

2. **改组三重结构**

改组三重结构即通过改革、改变、改造，重组所有制结构、产业结构、行政结构。西部所有制结构中个体、私营、外资经济的比重太小，集体经济发展不充分。在产业结构方面，西部现代产业少，基础产业弱，生态产业差，文化产业滞后。借鉴东部发展的经验，西部应注重一开始就把产业发展建立在高起点之上，以求缩短从传统农业到商品农业，从农业社会向工业社会，从工业社会向科技信息社会的转变进程。在产业构建中，应当对产业进行集中投入，运用大集团的力量，形成一两个新主导产业。在行政结构方面，西部应当更加轻型化。西部地区本来历史包袱就重，贫困面大，再加上行政职能错位、机构重叠和人员过多，既无法适应现代化和市场经济运行的要求，又使财政负担过重，必须进行精简。

3. **应对两个挑战**

应对两个挑战就是适应现代科技革命浪潮和经济全球化浪潮的挑战，正确把握世界经济发展趋势，大胆实行对外开放，大胆引进资金、技术、管理和人才，充分运用科技生产力的可传递性，利用通信、交通的快捷，学习、运用一切文明成果，推进西部跨越式发展。

4. **东西部多元互动**

东西部多元互动指东部和西部应加强多种渠道的联系与合作。目前，东西部多元互动还处在起步阶段，合作的省区比较单一，合作的项目也比较少，且往往带有行政色彩，合作的主体间缺少市场纽带的自然联结，要使东西部的多元经济主体认识到彼此的利益，使东西部多元互动成为一种自觉的经济行为。

三、学习借鉴资本主义国家开发贫困地区的经验

许多资本主义国家都有着建设和开发相对落后地区的经历，我们要结合我国西部的实际，注意学习和借鉴资本主义国家的经验。

（一）大力发展现代化农业

美国在其西部开发的中后期，通过扶持和鼓励农业科技的研究与开发，促进农业教育、科研和技术推广的结合，实施有利于农业、林业、水利发展的优惠政策，以形成现代农业的经济与社会的效益机制。

（二）重视后进山区和人口过疏地区的发展

日本从20世纪60年代至80年代先后对这两类地区实行倾斜开发，制定了加快发展的法律和政策。其中最重要的是把“强化中心村庄以及培育适

度规模村庄的建设”作为国家公共建设的五大目标之一。通过规定的金融部门和优惠政策给予支持；对大中企业搬迁到过疏地区实行减免事业税、所得税和资产税等，从而使占国土面积60%以上的这两部分地区得到快速发展。

（三）在不发达的农村和失业多的地方建立特区

1934年，英国政府颁布了“特区法案”，对高失业区进行财政援助，资金主要用于基础建设，并鼓励厂商到特区投资，从而把失业者向发达地区的流动转变为在高失业地区创造就业机会。

（四）大力进行以交通为重点的基础设施建设

如美国在西部开发中先后修成5条平行的东西大干线，至1890年，美国已拥有全世界铁路总里程的1/3，铁路直接通过或接近全国所有大小城镇。

（五）普遍实行财政转移支付等区域性援助政策

美国、意大利等对相对落后地区的开发实行了各种方式的援助政策，有财政支付、财政专项补助和分类补助。20世纪50年代特别是六七十年代，意大利政府加大了对南方落后地区的资金支持，巨额的财政投入，大大改变了南方的面貌。

（六）产业布局拉动西部经济增长

最典型的是美国在西部大量部署宇航、原子能、电子、生物等高科技产业的发展，形成了以加州“硅谷”、北卡罗来纳州“三角研究区”、佛罗里达州“硅滩”、亚特兰大计算机工业区为代表的世界高科技产业群。美国西部高科技产业的迅速发展，不仅推动了美国西部，而且带动了整个美国产业结构的升级换代，影响波及全世界。

（七）按照“发展极”理论，在相对落后地区中确定并形成主导产业和具有创新能力的企业聚集中心，通过吸引和扩散相关产业带动此类地区的发展

巴西政府从20世纪60年代中期，选择了远离海岸线1000多公里的亚马孙大森林中的马瑙斯首府作为经济发展极，在这一区域实行进出口自由贸易；投资可以得到投资基金的资助，减免所得税和流通税，得到信贷帮助等。在这一地区的带动下，亚马孙地区相继建立了 17 个规模不等的发展极，并形成区域经济发展极网络。

（八）重视生态环境保护，纠正掠夺式开发

不少国家对相对落后地区的开发都曾发生过不同程度的资源掠夺。随着环境问题的突现和环保与生态意识的加强，各国对相对落后地区的开发都把环境与生态的保护作为发展的基本前提来对待。我国西部开发的环境问题，许多是工业化进程中已经发生的问题，应当在西部开发中得到彻底治理。

以上各国的经验做法都多少取得了成效，对我们的西部开发有借鉴作用。

（原载于《求是》杂志《内部文稿》2001 年第 9 期）

中国共产党与社会主义新道路

——关乎当代中国社会政治走向的几个问题

我们党从创立到现在，已经走过80年的路程。这80年间，中国共产党做了两件大事：一件是领导中国人民进行反对帝国主义、封建主义、官僚资本主义的新民主主义革命，推翻了国民党的反动统治，建立起人民的新政权，实现了国家的独立和人民的解放。一件是领导中国人民进行社会主义革命和社会主义建设的伟大实践，在建立社会主义基本制度的基础上，开辟了社会主义的新道路，实现了国家的初步繁荣和人民生活的改善，使中国走上了现代化的富强、民主、文明的康庄大道。这两件大事，一个政权、一个道路，都是马克思主义和社会主义中国化的结果，是党领导下建设社会主义的多民族的统一国家的结果，也必然对21世纪的中国和国际社会主义的历史命运产生不可估量的影响。

这两件大事中，我们正在经历的是社会主义的新道路以及它规定的各项改革、建设、发展的开创性事业和创造性实践。它展现了中国共产党领导的我国社会主义初级阶段实践的主要内容。这一新道路是在中国不发达国家发生社会主义革命基础上，经过长时间反复探索，在党的十一届三中全会后形成、发展和逐步加以完善的。它是由中国共产党领导、以初级阶段为社会历史特征、有着最广泛社会阶级基础、体现社会主义本质要求、为实现现代化目标的具有中国特色的社会主义建设的全新道路。党领导的社会主义新道路涉及的许多问题，关乎我国社会政治的大势和走向，影响着党、国家和民族的命运。研究、阐发这条新道路，回答坚持这条新道路当前面临的重大问题，具有重要的意义，特别是对于当前实际存在的关于社会主义的这场大议论，更具有直接的意义。

一、不发达国家社会主义革命发展的战略新道路

不发达国家社会主义革命发展道路的选择，是科学社会主义研究的一个重大课题。在资本主义不很发达的国家如俄国，甚至很不发达的国家如中国，用革命手段主要是革命战争夺取政权，然后实行革命转变，走上社会主义道路，这相对于马克思、恩格斯设想的第一条即发达国家革命发展的战略道路，具有理论与实践的突破意义。在这一点上俄国和中国有相似之处。在汲取俄国革命经验的基础上，以毛泽东为代表的中国共产党人，从中国特定的社会性质出发，提出了中国共产党领导的中国革命应区别于俄国革命，除民主革命过程中武装夺取政权的具体道路不同外，中国革命还必须经历前后两个性质不同的相对独立又相互联系的革命发展阶段。他说："中国共产党领导的整个中国革命运动，是包括民主主义革命和社会主义革命两个阶段在内的全部革命运动；这是两个性质不同的革命过程，只有完成了前一个革命过程才有可能去完成后一个革命过程。民主主义革命是社会主义革命的必要准备，社会主义革命是民主主义革命的必然趋势。"① 正是这一理论，使中国能够顺利完成新民主主义革命的任务并顺利实现向社会主义社会的过渡。毛泽东创立的新民主主义理论的基本观点，是对马克思主义革命道路、革命转变理论的新发展，也是有中国特色的社会主义新理论的重要内容之一。在两种革命、两种社会的相互联系上，毛泽东认为，由于中国所处的国际国内条件，决定了新民主主义社会必然要过渡到社会主义社会，甚至认为新民主主义社会本身就是一种"过渡的形式"，即新民主主义社会一经建立，亦是向社会主义过渡的开始。这是从广义上说的。从狭义上说，1953 年 8 月，毛泽东曾就过渡的集中期指出："从中华人民共和国成立，到社会主义改造基本完成，这是一个过渡时期。"② 以上这些论述无疑都是正确的。

① 《毛泽东选集》第 2 卷，人民出版社 1991 年版，第 651 页。

② 同上书，第 89 页。

但是，新中国建立后，在实现向社会主义过渡所需的时间和采取的步骤上，实践证明存在着过急、过粗的问题。毛泽东曾多次提出，要用10年至15年甚至20年时间来完成这一过渡。我们党制定“在一个相当长的时期内，逐步实现国家的社会主义工业化，并逐步实现国家对农业、对手工业和资本主义工商业的社会主义改造”这一过渡时期总路线时，估计的时间也大致需要3个五年计划即15年，加上3年恢复时期，共18年。但后来，过渡的时间大大缩短了；同时，在所有制结构上只允许公有制经济，而不允许哪怕是有限度的个体和私营经济的存在；在经济运行机制上只允许高度集中的计划体制，而完全排斥市场调节的作用；对国有经济、集体经济的公有化程度、范围及其经营管理方式等，也都存在不少问题。这些都需要进行总结和在实践中加以纠正。然而，绝不能因此就认为，中国共产党领导的由新民主主义社会向社会主义社会的过渡是“失败了”，现在要否定这一“过渡本身”；也不能因为我们现在的实践纠正了上述问题，就推导出我国目前的社会性质“仍处于新民主主义社会”；更不能把新民主主义社会同社会主义初级阶段混为一谈，认为“两者之间的差别只有量的意义”。如果那样，在社会政治走向上无疑会导致对社会主义基本制度的怀疑和否定，导致对中国不发达国家社会主义革命发展战略新道路的否定，其后果是严重的。

二、初级阶段社会主义建设新道路的社会历史依据

那么，连接新民主主义社会的我国社会发展阶段究竟应当是什么呢？或者说经过过渡时期的中国社会发展阶段应当怎样界定？这是中国共产党人曾经遇到的一个全新课题。列宁针对苏联的情况，曾就无产阶级取得政权后不发达国家所处社会主义发展阶段作过论述，提出了“初级形式的社会主义”①、“发达的社会主义社会”②、“完全的社会主义”③ 等概念，但

① 《列宁全集》第30卷，人民出版社1985年版，第253页。
② 同上书，第299页。
③ 《列宁全集》第33卷，人民出版社1985年版，第423页。

都还不是对社会主义发展阶段的具体划分。1956 年党的八大曾对我国社会主义改造的决定性胜利作过科学概括，指出："无产阶级同资产阶级的矛盾已经基本上解决，几千年来的阶级剥削制度的历史已经基本上结束，社会主义的社会制度在我国已经基本上建立起来"，并对我国社会的主要矛盾、主要任务作出正确概括。但是，对于我国社会主义所处发展阶段依旧没有能够作出回答，以致后来比较容易地出现超越发展阶段的"大跃进"、"人民公社化"运动那样离开八大路线，搞高指标、瞎指挥、浮夸风、共产风，宣布"立即实行全民所有制"、"跑步进入共产主义"等"左"的错误。1959 年，毛泽东总结党领导社会主义建设初期的失误，曾提出过对社会主义发展阶段的开创性论断：认为社会主义这个历史时期，可分为两个阶段："第一个阶段是不发达的社会主义，第二个阶段是比较发达的社会主义。"[①] 这无疑是对社会主义发展阶段理论的一个突破。但是，后来的实践同样离开了这个判断。我们党在长时间里混淆了社会主义不同发展阶段和社会主义与共产主义之间的严格界限，最后酿成了"文化大革命"那样的全局性错误。

党的十一届三中全会后，以邓小平为核心的第二代中央领导集体明确提出："我们的社会主义制度还是处于初级阶段。"[②] 第一，我国社会已经是社会主义社会。我们必须坚持而不能离开社会主义。第二，我国的社会主义社会还处在初级阶段。其标志就是：社会生产力低，经济文化落后，商品经济很不发达，社会主义制度还不完善。这个判断包括了我国的社会性质和发展程度两个方面，构成了社会主义建设新道路的社会历史依据。这一社会历史依据的提出，标志着以十一届三中全会为起点的有中国特色的社会主义建设新道路的形成。这是我们党对社会主义理论和实践的一个重大创造。有人否认我国社会主义建设新道路的这一依据，认为从社会主义初级阶段出发，其社会政治走势只能是资本主义因素的无限扩张，最后必然"吞食"其社会主义，人们的社会理想将会降低，党的最高纲领也会为现实纲领所代替。有人据此把有中国特色的社会主义新道路说成是"有

① 《毛泽东读社会主义政治经济学批注和谈话》（上），第 259 页。

② 《三中全会以来重要文献选编》（下），人民出版社 1982 年版，第 784 页。

中国特色的资本主义新道路”。这种来自“左”的对我国社会主义建设新道路社会历史依据的否定，必然带来人们对党在这一阶段的路线、纲领、方针、政策的曲解和执行中的动摇。

事实上，我国不但处于社会主义的初级阶段，而且在一部分地区实际上还处于这一阶段中的一个较低层次上。云南省委主要领导依据本省的省情，最先提出云南还处于“社会主义初级阶段低层次”的判断，这既符合云南实际，又对现阶段实际工作有着重要指导作用。这一判断的前提之一，是承认我国落后地区的经济社会发展程度同全国先进地区存在着巨大历史差距，必须采取符合这些地区实际的政策，尽快改变这一差距。这一判断的前提之二，是确信在社会主义条件下，我国落后地区的经济社会可以实现跨越式发展，出现渐进过程中的突变、跳跃和加速。在这里，必须明确的是，承认我国处于社会主义初级阶段，部分地区甚至处于这一阶段的低层次上，并不等于我们要改变社会主义的政策而实行资本主义的政策。社会主义由于其产生的社会历史条件，本身就是一个具有广阔社会经济发展层次的硕大包容体，因而也决定了社会主义的政策必然具有其广泛的适应空间和实践跨度。社会主义新道路要求的充满活力的政策，必将推进包括整个后进地区在内的中国经济社会的迅速前进，这也是已经和正在为实践所证明的。

三、社会主义社会矛盾及利益主体相互关系问题的新创造

在有中国特色的社会主义新道路探索、形成和完善过程中，中国共产党对社会主义社会矛盾及利益主体相互关系的分析，是对社会主义理论与实践的又一个重大创造。针对社会主义建设初期出现的问题和为党的八大召开做准备，同时鉴于苏联方面暴露出的“在建设社会主义过程中的一些缺点和错误”，即“走过的弯路”[①]，毛泽东提出了社会主义经济建设中的

① 《毛泽东著作选读》，人民出版社1986年版，第720－721页。

"十大关系"问题，包括重工业、轻工业、农业的关系（要求更多地发展农业和轻工业），沿海工业与内地工业的关系，经济建设与国防建设的关系，国家、生产单位和生产者个人的关系，中央和地方的关系（开始涉及中国的经济体制改革），汉族和少数民族的关系，党和非党的关系，革命和反革命的关系，是非关系，中国和外国的关系。这"十大关系"是我们党关于社会主义矛盾学说的一部分，也是社会主义建设新方针的一部分，其目的是调动国内外积极因素，为社会主义服务。它为同年召开的党的八大奠定了社会主义新路线的坚实基础。但是，社会主义经济建设的"十大关系"还不是社会主义社会矛盾学说本身。在党的八大分析中国阶级和社会矛盾的基础上，针对国内情况和国际上发生的问题，如波兰和匈牙利事件，以及八大确定的在全党开展整风的工作，毛泽东于 1957 年 2 月在《关于正确处理人民内部矛盾的问题》讲话中，提出了正确区分和处理社会主义社会两类矛盾的学说。回答了社会主义社会也同样充满着矛盾，正是这些矛盾推动社会主义社会向前发展；指出社会主义社会的基本矛盾仍然是生产力和生产关系、经济基础和上层建筑之间的矛盾，不过具有同旧社会根本不同的性质和情况，可以靠社会主义制度本身自我调节和完善来解决；提出了社会主义社会存在着敌我之间和人民内部两类性质根本不同的矛盾，前者要用强制的、专政的方法去解决，后者只能用民主的、说服教育的、"团结—批评—团结"的方法去解决；还指出现在"革命时期的大规模的急风暴雨式的群众阶级斗争已经基本结束，但是阶级斗争还没有完全结束"。从而，全面提出了关于社会主义社会矛盾的新学说，摒弃了斯大林和苏共党内那种不承认社会主义社会仍然存在矛盾，否定社会主义社会基本矛盾，一遇矛盾便作为外来的敌我矛盾处理的错误观点和做法。这一新理论及其各项政策的提出，以及整风和通过整风想要造成的生动活泼的政治局面的提出，是党的八大路线的继续和发展，是探索中国自己建设社会主义新道路的伟大成果。它对于在新的国际国内条件下，从整体上构建社会主义大厦，对于后来我国在新的历史时期提出和形成有中国特色的社会主义建设新道路，对于中国社会政治的长久稳定和经济的持久发展，对于在复杂情况下处理各种阶级和社会矛盾，都具有新的理论与实践意义。

但是，毛泽东和我们党后来曾一度离开过正确区分和处理两类不同性质矛盾学说的原则和精神，对阶级和政治形势作出了错误估量，造成了“反右”扩大化，发生了“反右倾”错误，最后导致“文化大革命”的十年内乱。党的十一届三中全会的召开和十一届六中全会《关于建国以来党的若干历史问题的决议》，严肃地纠正了这些错误，吸取了历史教训。在后来的社会主义建设实践中，党的第二代、第三代中央领导集体对我们党关于社会主义的矛盾学说有了新的丰富和发展。其内容包括对社会主义社会主要矛盾的概括，社会主义初级阶段阶级状况的分析，主体社会主义国家内允许部分地区资本主义制度长期存在的构想，社会主义国家与资本主义国家的相互关系，社会主义不同国家间的相互关系，国内各党派、各阶级、各阶层间的相互关系，社会主义现代化建设中的重大关系，以公有制为主体、多种所有制经济共同发展，以按劳分配为主体、多种分配形式并存，允许一部分人、一部分地区先富起来并带动另一部分人、一部分地区共同富裕的政策，实施沿海发展战略和正确处理东、中、西部关系及西部大开发战略，以及特定情况下处理国内大规模动乱等问题，都是社会主义社会矛盾学说的运用和发展。

我们应当坚持并善于应用这一学说，而不是背离这一学说。近年来，一些人偏离这一学说，偏离十一届三中全会以来的路线、方针、政策，脱离现实生活的实际，对社会主义社会的矛盾、阶级和社会情况作出了错误判断。其中一种观点认为，由于改革过程中多种所有制经济，特别是私营经济的发展，中国“已经产生了一个新的资产阶级”。提出这个观点的主要依据是：1956 年过渡时期实行公私合营时私营企业只有 16 万户，那时我们认为存在一个资产阶级，现在私营企业已达到 160 万户，也应该承认“产生了一个新的资产阶级”。并且提出，“私营企业主是新生的资产阶级”，如果让这些人入党，“共产党就成了社会民主党”。按照这种逻辑，现在我们党应当进行一次阶级清理，重新划定新生资产阶级的成分，重新考虑党的路线、方针和政策。这样，中国的社会政治走向将会是一个什么样子？中国社会将会发生怎样的震荡和变动？这样的观点当然是不能成立的：其一，两个时期私营企业的数量变化是一个量的比较问题，而且还不是包含整个国民经济要素变化的量的综合比较；特别是在质上前后有很大不同：前者是出现在社会主义制度未建立的情况下，后者是出现在社会主义制度建立近半个世纪，并且是由社会主义国家倡导并服务于这一社会制度本身的。无论从量上还是从质上分析，私人企业都没有构成新的资产阶级的现实基础。其二，从私人企业的地位和作用看，党的十五大指出："公有制为主体、多种所有制经济共同发展是我国社会主义初级阶段的一项基本经济制度。""非公有制经济是我国社会主义市场经济的重要组成部分。"因此，私人企业作为中国社会主义基本经济制度的构成部分和社会主义市场经济的重要组成部分，无疑是社会主义建设的参加者，不是反对社会主义的异己力量；是社会主义新道路的拥护者，不是走资本主义道路的异己力量。其三，社会主义条件下的私营企业主具有两重性，他们既是资本的所有者，其收入中有相当一部分是剥削而来的，同时又是企业的经营管理者，他们从事创业劳动、管理劳动、经营劳动、科技开发等复杂劳动，并担负企业风险，他们收入中含有高于工人和非主要管理人员的劳动收入和风险收入；在对待私营企业主的这种两重性中，社会主义国家对其剥削也是有着明确扼制倾向的。因此，不能简单地把私营企业主等同于剥削者或新生的资产阶级。他们既与过去我国的资产阶级、国外的资产阶级有着很大的不同，也不属于新生的资产阶级或资产阶级内部的一个阶层，而是既有剥削一面又有劳动者属性的中国特定条件下具有两重性的阶层。其四，私营企业主的财产支配倾向具有利于社会主义生产力发展的某些新特点。据"中国私营企业研究"课题组 2000 年对私营企业生产资料、生活资料和存款、现金的财产构成抽样调查，在企业总资产中属于企业主或主要投资人个人所有的中位数为 100 万元，生活资料的中位数为 28 万元，个人拥有企业证券及存款的中位数为 2 万元，就是说他们的资金绝大部分都投入到自己的企业生产中去；这对发展我国社会主义的生产力是有利的。其五，我们党是工人阶级的先锋队，是中国人民和中华民族的先锋队，这必须坚定不移，理论上、实践上都不能动摇。但是，我们党从来也没有把党的先进性同某一阶级的具体成员等同起来。中国共产党是中国工人阶级的先锋队，不意味着只有工人阶级出身的人可以入党。农民阶级和其他阶级、阶层的人，只要承认和遵守党的章程，符合党员的标准就可以申请加入。当然，对于私营企业主，由于他们有一定的剥削，必须经过长期考验，在审查、批准及数量上都应当慎重，但这同不允许他们入党是两回事。事实上，在具体工作中，私营企业主入党已经存在。从去年调查情况看，在非公有企业人士全国人大代表48人中，中共党员为14名，占29.2%，非公有企业人士全国政协委员46人中，中共党员为3名，占6.5%。从全国的情况看，我国私营企业主中的中共党员，多数是在私营企业开办前入党的，也有少数是私营企业开办后入党的。这一部分人的存在，不能说就影响到了这一时期党的性质。有的私营企业主严重腐蚀我们党的干部，特别是高级领导干部，问题的根子也主要在于我们党内少数人经不起执政与金钱的考验。现实情况说明，真正影响我们党的性质的主要危险，是来自党内和政府权力与资本的结合，权力与私利的结合，通过权力来改变党，即执政中出现的腐败问题和权力的异化。这是必须引起我们进一步高度重视的问题。那种一概而论，认为只要允许私营企业主入党，就会改变党的性质，党就会成为社会民主党的观点，既不符合实际，也没有抓住问题的实质，也是对党的先进性与阶级性关系的曲解。

上述问题，看似具体，实际是涉及坚持有中国特色社会主义新道路的所有制结构和阶级社会基础的重大问题，也是涉及我国社会政治走势的一个大问题，处理不好就会引起社会动荡，破坏社会主义社会的生产力。

四、有中国特色社会主义新道路的理论基石及其路线、纲领的历史性新贡献

中国共产党在总结社会主义历史经验、顺应时代发展要求的过程中，把马克思主义基本原理同中国社会主义建设的基本实践结合起来，创造性地作出了“走自己的路，建设有中国特色的社会主义”的基本结论。这条新道路的理论基石，就是邓小平的社会主义本质论、社会主义初级阶段论和社会主义市场经济论。这是为大家所熟悉的。邓小平关于“社会主义的本质，是解放生产力，发展生产力，消灭剥削，消除两极分化，最终达到共同富裕”的科学理论，集中回答了什么是社会主义的问题。它同社会主义初级阶段论、社会主义市场经济论以及其他许多重要理论观点，集中回

答了怎样建设社会主义的一系列基本问题。建设有中国特色社会主义的新道路及其路线、纲领和政策，就是这一历史主题在中国现实中的集中展现。邓小平的社会主义新理论，有中国特色的社会主义新道路，党在现阶段的基本路线和基本纲领，这些都是中国共产党对社会主义事业的伟大历史贡献。

因此，我们任何时候，都必须坚持这条新道路不动摇，坚持党的路线和纲领不动摇。以江泽民为核心的党的第三代中央领导集体，沿着邓小平开辟的新道路，按照党的基本路线的要求，制定了党在新时期的政治、经济、文化纲领，丰富和发展了中国共产党关于社会主义道路、路线、纲领的基本内容。同时，针对当前一些人淡化四项基本原则、否定党和社会主义、主张意识形态多元化等主张，重新强调必须全面贯彻执行党的基本路线，强调坚持四项基本原则，走建设有中国特色社会主义道路的极端重要性。江泽民指出：坚持社会主义道路的实质，就是全党和全国人民，要坚定不移地走建设有中国特色社会主义的道路，充满信心地为这个伟大事业而不懈奋斗，不管遇到什么困难和风浪都毫不动摇。坚持人民民主专政的实质，就是要不断发展社会主义民主，切实保护人民的利益，维护国家的主权、安全、统一与稳定。坚持党的领导的实质，就是要坚持党在建设有中国特色社会主义事业中的领导核心地位，发挥党总揽全局、协调各方的作用。这是坚持四项基本原则的核心。坚持马克思主义的实质，就是要坚持马克思主义的指导地位，并在实践中不断丰富和发展马克思主义。这些论述，当前具有极大的现实针对性。我们看到，在中国实行改革开放的政治大环境中，历来有少数人主张离开四项基本原则，走“西化”的资本主义道路，搞西方的“多党制”或“两党制”，提倡指导思想和意识形态的多元化；或者指责中国改革开放走偏了方向，搞了资本主义，制造改革失败的舆论。这从反面告诉我们：在中国，必须全面贯彻执行党的“一个中心、两个基本点”的基本路线，坚定地走自己的路，否则将危及整个社会主义现代化建设事业。

五、社会主义建设新道路与现代化建设目标的实现

研究中国共产党领导的社会主义建设新道路，不能不涉及中国的现代化问题。由于现代化在中国社会主义历史进程中的地位，有时人们也把“有中国特色的社会主义建设道路”简化为“中国的现代化道路”。尽管这一提法并不准确，但它突现了现代化建设的目标，因而不自觉地为人们所采用。现代化作为有中国特色社会主义建设新道路的内容和目标，是中国共产党适应中国和世界发展潮流的重要创造。一些社会主义国家对于现代化在其建设道路中的分量和作用的认识，在很长时间里是不够清醒和不够重视的，这在一定意义上也是国际社会主义运动中的一条重要教训。

中国共产党对现代化的认识，可以追溯到社会主义基本制度建立之前。在党的七大上，毛泽东明确提出，新民主主义革命胜利后，“必须采取切实的步骤，在若干年内逐步地建立重工业和轻工业，使中国由农业国变为工业国”。“中国工人阶级的任务，不但是为着建立新民主主义的国家而奋斗，而且为着中国的工业化和农业的近代化而斗争”[①]。在这里，毛泽东甚至把新民主主义国家的建设同现代化连接起来。新中国成立后，他提出应把工业化作为过渡时期总路线的“主体”。“准备在几个五年计划之内，将我们现在这样一个经济文化上落后的国家，建设成为一个工业化的具有高度现代文化程度的伟大国家。”[②] 社会主义基本制度建立之后，1959年底到1960年初，毛泽东在读苏联《政治经济学（教科书）》第三版时谈道：“建设社会主义，原本要求是工业现代化、农业现代化、科学文化现代化，现在要加上国防现代化。”“四个现代化”的思想，成为开创社会主义新道路的基本目标。邓小平把以经济建设为中心同实现中国的现代化统一起来，在确保社会主义现代化作为一切工作的中心的前提下，对我国社

① 《毛泽东选集》第3卷，人民出版社1991年版，第1081页。
② 《毛泽东选集》第5卷，人民出版社1977年版，第133页。

会主义现代化建设的发展战略进行了规划和部署，提出从20世纪80年代到21世纪中叶70年间分三步走实现中国现代化建设的发展战略。以江泽民为核心的第三代中央领导集体，为推进中国的现代化事业，始终坚持以经济建设为中心，促进社会全面进步，针对新的形势，提出了正确处理中国现代化建设中带全局性的12个重大问题，包括坚持改革、发展、稳定的相互协调，在改革和发展的推进中实现政治和社会的长期稳定；坚持物质文明和精神文明协调发展，任何情况下都不能以牺牲精神文明为代价换取经济的一时发展；坚持一、二、三产业的协调发展；坚持公有制经济和其他经济成分的协调发展；坚持东部地区和中西部地区的协调发展；等等。

中国共产党在中国现代化道路问题上，一条基本的经验就是始终把基点放在自力更生上，依靠自己的制度和人民，坚持改革和对外开放，既吸收发达国家的先进技术和经验，又独立地建设自己的现代工业、现代农业、现代科技、现代国防体系。中国没有走依附西方大国的道路，靠着自己的努力，在世界现代化道路上伫立起了自己的两座丰碑：一是开辟了以铲除不平等、消灭不公正和实现全社会共同富裕为目标的与资本主义迥然不同的现代化道路，二是确立了在当代条件下发展中国家进行现代化建设的范例。中国的现代化，既具有社会主义的一般的经典意义，又对第三世界国家具有重要的借鉴作用，在社会主义发展和世界现代化道路上是一个重要创建。有人曾提出，如果不把中国纳入西方的政治经济体系，就不能实现中国的现代化。事实证明，这样的论点也是站不住脚的。

（原载于《学术探索》2001年7月25日中国共产党建党八十周年专刊）

生态文明与民族边疆地区的跨越式发展

建设生态文明，促进民族边疆地区的跨越式发展，是中国西部全面建设小康社会，加快现代化建设的重大课题。在党的十六大召开前夕，深入研究和讨论这个问题，具有重要意义。

21世纪，是世界也是中国由工业文明步入生态文明的新世纪。在这一历史进程中，我国将在充分汲取和享受工业文明成果的同时，逐步走出工业化进程中在发展问题上带来的“非生态”困境。我国辽阔广大的民族边疆地区，是中国现代化进程中的后发地区，处于农业文明与工业文明交替的不发达状态，一些地区甚至是刚步入工业文明的边缘，且生态环境脆弱，生态保护和建设任务十分艰巨。在这种情况下，民族边疆地区在走入现代化和全面建设小康社会的时候，究竟应当选择一条什么样的发展路子，能否实现从农业文明与工业文明，甚至直接从农业文明到生态文明的跨越式发展？生态文明建设在民族边疆地区经济和社会的加速发展中处于什么位置？如何做好这一地区的生态文明建设工作？这些问题需要我们认真作出回答。

一、马克思主义生态文明理论是民族边疆地区实现跨越式发展的指南

生态文明是人们正确认识和处理人类社会与自然环境系统相互关系的理念、态度及生存和发展方式。它是对应于农业文明、工业文明并以其为实践基础的时代扬弃的产物，是人类社会在新世纪自觉追求和正在建立的人与自然和谐共处的新的文明形态。

马克思主义的生态文明理论，科学揭示了人与自然的关系及其对经济和社会发展的决定作用，是指导我们建设生态文明的强大思想武器。马克思主义认为，人是自然界的产物，是自然界的组成部分。自然是人生存发展的前提条件。正如马克思、恩格斯指出的："人直接地是自然存在物"[①]，"我们连同我们的肉、血和头脑都是属于自然界和存在于自然之中的"[②]。马克思、恩格斯把人与自然的关系纳入历史范畴，作为历史的现实基础来认识。马克思说："历史的每一阶段都遇到一定的物质结果，一定的生产力总和，人对自然以及个人之间历史地形成的关系"，但"迄今为止的一切历史观不是完全忽视了历史的这一现实基础，就是把它仅仅看成与历史过程没有任何联系的附带因素"。"这样，就把人对自然界的关系从历史中排除出去了，因而造成了自然界和历史之间的对立"[③]。同这一历史观相联系，他们强调，社会实践是人与自然联系的中介，是人与自然关系的实现形式。正如马克思所说："劳动首先是人和自然之间的过程，是人以自身的活动来引起、调整和控制人和自然之间的物质变换过程。"[④] 而且"人在生产中只能像自然本身那样发挥作用，就是说只能改变物质的形态"[⑤]，即人不能让自然无条件地服从，而只能根据人和自然都必须遵循的规律来"引起、调整和控制"这个物质变换过程。

正是从上述意义上，马克思、恩格斯对"统治"和"支配"自然的问题提出了最深刻的见解。马克思在《资本论》中指出："社会化的人，联合起来的生产者，将合理地调节他们和自然之间的物质变换，把它置于他们的共同控制之下，而不让它作为盲目的力量来统治自己；靠消耗最小的力量，在最无愧于和最适合于他们的人类本性的条件下来进行这种物质变换。"[⑥] 这里说的"最无愧"、"最适合"的物质变换，就是人与自然间的和谐变换。因此，必须对"统治"自然的观点重新作出解释。在马克思

① 马克思：《1844 年经济学哲学手稿》，人民出版社 2000 年第 3 版，第 105 页。
② 《马克思恩格斯选集》第 4 卷，人民出版社 1995 年第 2 版，第 384 页。
③ 《马克思恩格斯选集》第 1 卷，人民出版社 1995 年第 2 版，第 92 – 93 页。
④ 马克思：《资本论》第 1 卷，人民出版社 1975 年版，第 201 – 202 页。
⑤ 同上书，第 56 页。
⑥ 同上书，第 926 – 927 页。

看来，“统治”自然的任务应当是“控制”人的欲望的非理性和破坏性，不让人与自然的物质变换“作为盲目的力量”来统治人类本身。同样，恩格斯也对“支配”自然作出了全面的解释：人对自然的“支配”只意味着人类对自身与自然关系的有意识的控制，是以对自然的尊重、爱护为前提的利用，只有这样，才能消除自然对于人的“每一次胜利”报复的可能性。① 全面理解马克思、恩格斯关于“统治”、“支配”自然的本意，对澄清国外某些社会思潮和组织关于当代生态危机最深刻的根源是来自马克思、恩格斯“统治”、“支配”自然的观点，对澄清国内长期存在着的人与自然关系上的思想混乱，具有重大的理论与现实意义。

在马克思、恩格斯逝世后的一百多年间，随着世界工业化进程的加快，引发了人与自然关系的空前对立和全球性大规模的生态危机。20 世纪是人与自然关系扭曲和全球环境遭到严重破坏的世纪，也是人类遭到大自然严厉“报复”的世纪。蓬勃发展的工业实践、人口爆炸、资本血腥扩张，加剧了人与自然的冲突。以征服自然为目的、以经济增长欲望为动力的普遍的工业化运动，在一定程度上使人类改造自然的力量转化为毁害人类自身的力量。正是在这一历史的演进中，马克思主义关于人与自然相互关系及其对经济和社会发展决定作用的理论，显现出了普遍与长远的意义。也正是这一理论，部分地影响到了当代全球生态理论的发展及其实践。在当代一批先进生态社会学者发表的论著，如《寂静的春天》（1962 年）、《增长的极限》（1972 年）阐明的科学认识基础上，联合国于 1980 年向世界各国提出：“必须研究自然的、社会的、生态的、经济的以及利用自然资源过程中的基本关系，确保全球的可持续发展。”② 并且指出，可持续发展是“既满足当代人的需要，又不对后代人满足其需要的能力构成危害的发展”③。这些研究成果和实际步骤，是对当代全球生态理论与实践的创造性贡献。

马克思主义的生态文明理论，正是在汲取上述全球生态理论研究成果的过程中，不断丰富和发展自己的。从 20 世纪 80 年代以来，中国共产党

① 《马克思恩格斯选集》第 4 卷，人民出版社 1995 年第 2 版，第 383 页。
② 《中国基本国情与发展战略》，人民出版社 2001 年版，第 161 页。
③ 《我们共同的未来》，吉林人民出版社 1997 年版，第 52 页。

第二、三代中央领导集体，认真总结社会主义建设中发生的破坏生态环境的严重教训，吸收全球生态环境保护和建设的新理念、新经验，逐步形成有中国特色的社会主义可持续发展的思想、战略、方针和政策，发展了马克思主义的生态文明理论。1989 年，邓小平根据我国经济快速发展同资源、环境、人口等方面构成的矛盾，提出社会主义的发展必须“能够持续、有后劲”①。在党的十四届五中全会上，江泽民指出：“在现代化建设中，必须把实现可持续发展作为一个重大战略。”② 第一次把可持续发展确定为我国经济和社会发展的重要指导方针。随后，江泽民对可持续发展作出明确界定：“所谓可持续发展，就是既要考虑当前发展的需要，又要考虑未来发展的需要，不要以牺牲后代人的利益为代价来满足当代人的利益。”③ 在党的十五大报告中，江泽民指出：“我国是人口众多、资源相对不足的国家，在现代化建设中必须实施可持续发展战略。”④ 第一次把可持续发展写入了党的代表大会文件。随着新世纪的到来，江泽民进一步阐明了我国可持续发展的目标、重点、途径和措施，从生产力理论和社会主义发展道路的高度，丰富和发展了马克思主义的生态文明理论。他强调指出：“破坏资源环境就是破坏生产力，保护资源环境就是保护生产力，改善资源环境就是发展生产力。”⑤ “要促进人和自然的协调与和谐，使人们在优美的生态环境中工作和生活。坚持实施可持续发展战略，正确处理经济发展同人口、资源、环境的关系，改善生态环境和美化生活环境，改善公共设施和社会福利设施。努力开创生产发展、生活富裕和生态良好的文明发展道路。”⑥ 提出以“生产发展、生活富裕和生态良好”为三大目标的“文明发展道路”。这在社会主义发展史上也是第一次。它既赋予了生态文明理论以极高的实践价值，又丰富和发展了有中国特色社会主义道路的科学内涵。与此同时，江泽民还十分重视民族边疆地区集中的中国西部

① 《邓小平文选》第 3 卷，人民出版社 1993 年版，第 312 页。

② 《江泽民论有中国特色社会主义》（专题摘编），中央文献出版社 2002 年版，第 279 页。

③ 同上。

④ 同上书，第 280 页。

⑤ 同上书，第 282 页。

⑥ 同上书，第 282 – 283 页。

生态保护和环境建设，指出：中国西部要“为实现山川秀美而不懈努力”①。这些重要思想和观点，对于我国民族边疆地区走生态文明之路，实现民族边疆地区生态文明与经济、社会的跨越式发展，具有极为重要的指导作用。

我国民族边疆地区是生态建设与经济社会的后发展区域，社会发育程度和生产力水平低，生态建设滞后，总体上处于社会主义初级阶段中一个较低的发展层次上。其大部分地区处在农业文明与工业文明交织的状态，商品经济不发达，市场发育程度低；一部分山区、边疆和民族聚居区，甚至没有工业，生产“日出而作”，交换“草皮（街）为市”，是典型的自然经济。从总体上看，都属于我国现代化进程中和小康社会建设的后发地区。在这种特殊背景下，我国民族边疆地区，一方面将因其经济社会发展的滞后性而有可能延缓其现代化建设的进程，另一方面也就使这一地区有可能利用自身的后发优势，避免传统工业化进程中带来的畸形伤害，突破“先污染、后治理”的被动发展模式，从农业文明和工业文明的胶着期，甚至从农业文明直接过渡到生态文明的发展期，实现生态文明与经济和社会现代化的跨越式发展。

事实上，社会与文明的进步，在同一个国家的不同地区或同一个地区的不同阶段，发展的程度和前进的速度都是不同的，也是多变的，其不平衡性既是客观的，又具有正向与逆向的变动性。民族边疆地区只要在后发过程中始终持有良好的生态条件，即拥有生态环境这一巨大的潜在生产力优势，就有可能朝着正向加速发展，实现跨越式前进。经验证明，后发地区暂时的落后并不可怕，可怕的是生态环境条件的恶化。任何后发性地区，只要具备良好的生态环境，都是有机会赶上先进地区的。同时，应当看到，民族边疆地区不但以往，而且现在始终经历着传统农业文明与工业文明对生态环境的现实破坏，即使是在最不发达的边远的单一农业文明区，生态环境的破坏也是严重的，一些未曾开发的地区同样有因垦殖和掠夺而发生严重破坏生态的问题。恩格斯在《自然辩证法》中曾以“美索不

① 《江泽民论有中国特色社会主义》（专题摘编），中央文献出版社2002年版，第296页。

达米亚、希腊、小亚细亚以及其他各地的居民，为了得到耕地，毁灭了森林，但是他们做梦也想不到，这些地方今天竟因此而成为不毛之地”① 为例，对农业社会发展中出现的环境问题作过生动的描述。类似的例证，在中国、在民族边疆地区，比比皆是。它说明，在农业文明的形态下，同样会造成对环境的巨大伤害。只是这种伤害，同工业化进程对环境的污染和破坏，其表现和特点有所不同罢了。因此，在民族边疆地区，除了防止工业污染和破坏外，必须重视防止传统农业对生态环境的危害。总之，建设生态文明，再造秀美山川，实现民族边疆地区的跨越式发展，是在我国当代历史条件下有可能做到又极为紧迫的大事，它是可能性与必要性的统一，长远发展与现实需要的统一。从这两个方面认识出发，我们就能牢固树立以生态文明为依托的民族边疆地区跨越式发展的思想，并用以指导、影响这一地区的经济和社会实践。

二、民族边疆地区的源头性生态建设是加速我国和该地区经济社会发展的前提和基础

民族边疆地区的生态环境是我国和这一地区现实生产力的一部分，是民族边疆地区实现跨越式发展的最重要的物质条件；民族边疆地区的生态环境具有源头性要素的特征，与全国生态环境的现实关联度大，后发制约性极强；它在很大程度上是难以再生的资源，具有非人为的天然宝贵价值。随着我国和世界经济发展，其所处地位和可比价值将呈相对无限上升的趋势。因此，这一地区的生态环境状况，对全国、对民族边疆地区都具有关键意义。

民族边疆地区处于全国生态资源要素的源头区域，是全国经济和社会发展的生态屏障。据统计，全国森林覆盖率为16.6%，其中覆盖面的80%是在民族边疆地区；仅内蒙古和新疆两个自治区，就拥有我国草地资源的84%；享有“三江源”美誉的青藏高原，聚集着我国大部分的冰川，是长

① 《马克思恩格斯选集》第4卷，人民出版社1995年第2版，第383－384页。

江、黄河、澜沧江的源头和上游；被誉为“绿色香格里拉”的我国西南地区，是水、清洁空气和独特动植物的富集区，仅云南一省，就拥有17000多种高等植物，6550多种药材，1700多种脊椎动物，其种类占全国一半以上。总体上看，我国民族边疆的多数地区，具有生态环境的相对优势和拓展生态文明发展道路的良好条件。但是必须看到，这一地区也是生态环境十分脆弱的地区。改革开放以来的20多年间，由于采取了各种保护和整治措施，使这一地区的生态环境建设取得了举世瞩目的成就。但由于历史原因和工业化进程引起的破坏以及大气环境变化等因素的影响，使该地区自然环境的逆向改变趋势日益严重。生态环境的逆向变化不仅对该地区的经济和社会发展构成威胁，而且导致和加剧了全国性生态危机的出现。

以水土流失和土地沙化这两个突出的环境问题为例，据遥感解译和现有数据综合分析，目前我国西部地区水土流失面积已达10436.9万公顷，占全国水土流失面积的62.5%。大面积的水土流失，危及整个长江流域和黄河流域。水土流失的结果之一是石漠化，现已成为西南地区突出的环境问题。特别是土地的荒漠化，到1999年，仅内蒙古、甘肃、青海、宁夏、陕西、西藏和新疆7省区，沙化土地面积就达16255万公顷，占全国沙化土地面积的90%以上。而且，土地的荒漠化还在以每年数千平方公里的速度扩展。

正是由于生态环境条件恶化的积累，造成我国1997年创历史纪录全年226天的黄河断流，1998年长江大水灾和2000年北京等地区空前频繁的强沙尘暴。这3件震撼国人的大事，标志着我国生态环境史上一个新的时期已经来临，中国西部包括广大的民族边疆地区的源头生态状况，已经上升为中国环境的首要问题。它提示人们：生态环境的因果链联系是无情的自然法则和铁的规律；地区间环境问题宏观要素的联系已经到了一损俱损、一荣俱荣的地步。因此，必须从全局和战略的高度来认识、解决民族边疆地区的生态环境问题，以确保我国经济和社会发展的持久与安全。

民族边疆地区的生态环境状况，同时更是制约民族边疆地区自身发展的关键性物质条件，是这一地区脱贫致富、全面建设小康社会和实现现代化的最基本的物质保证。

（一）良好的生态环境是民族边疆地区改善生存条件、实现脱贫致富的根本的物质性要素

贫穷不是社会主义，社会主义就是要实现全体人民的共同富裕，这是社会主义的最大优越性。但是，由于社会历史原因和受到区位与自然条件的限制，我国民族边疆地区的贫困问题一直难以解决。统计资料表明：在我国贫困人口分布中，55 种少数民族 90% 以上的人口居住在相对贫困的地区。1999 年，国家对 5000 多万贫困人口统计分析的结果显示：西部地区贫困人口发生率达到 16.8%，远远超过中部（7.8%）和东部（5%）。据云南省扶贫开发办公室资料显示：2001 年，按农民年人均纯收入 825 元标准计算，全省尚有贫困人口 1005 万，其中年人均纯收入不足 625 元的特困人口有 405 万。这些贫困人口主要集中在少数民族聚居区、边境沿线和生态环境恶化的地区。分布于高寒冷凉、环境恶劣、人口与土地资源矛盾突出的滇东北地区，高山峡谷相间、相对高差大、地势险峻、泥石流多发的滇西北地区，石漠化严重、干旱缺水的滇东南地区，开发利用滞后、耕作方式落后、民族跨境而居的边境一线地区。以金沙江沿岸，小江、龙川江、大盈江流域等民族聚居地生态条件为例，从 1951 年至 1995 年，具有一定规模的山体滑坡和泥石流累计达 1400 余次。对人民的生产、生活和生命财产构成了严重威胁。正是这些环境要素的恶化，加深了民族边疆地区的贫困程度。这从反面告诉我们，民族边疆地区要想脱贫致富，必须从根本上改善生态环境条件。

（二）良好的生态环境是民族边疆地区经济和社会发展最基本的生产力要素条件。生态环境是特殊的生产力

生态环境是财富的体现和象征，又蕴藏着无限的发展机会。我国民族边疆地区地域辽阔，最大的资源和财富是土地，而由于这一地区多年来土壤大量流失，使土地和耕地锐减，这在很大程度上危及这一地区的发展。民族边疆地区最具优势的是水能、森林、草场和浩繁珍稀的生物种群，而这些资源也在弱化和衰减之中。20 世纪 50 年代以来，由于原始森林遭到破坏，西双版纳地区已有 500～800 种植物消失或处于濒危状态。西北地区原本可以放牧的草场其退化面积已超过90%，新疆商品羊胴体重量现只为60年代的0.65，藏羊为50年代的0.68。1997年、1998年、1999年，新疆维吾尔自治区因草原植被等被破坏引发的灾害造成的直接经济损失分别为50.5亿元、59.18亿元、64.44亿元，占当年国内生产总值的3.76%、4.35%和5%。这说明，民族边疆地区生态环境恶化，已构成该地区经济增长的重大制约因素。

（三）良好的生态环境是民族边疆地区迈向现代化的纽带和桥梁

在新的历史条件下，民族边疆地区只有走以生态文明和新的资源观为主导的可持续发展之路，才有可能实现发展模式的根本性转变，即由提供资源型初级产品向提供生态型加工产品转变，由损害环境型发展模式向经济与环境协调发展模式转变，由技术落后型发展模式向科技先进型发展模式转变，从而加快民族边疆地区的现代化建设步伐。而实现这些转变，离开良好的生态环境条件都是不可能的。良好的生态环境，是民族边疆地区转变经济发展模式的前提，也是这一地区加速现代化和实现跨越式发展的前提。

三、大力加强民族边疆地区生态文明理念的培育和发展机制的建立及生态产业建设

那么，怎样加快民族边疆地区的生态文明建设呢？从近年来一些省区的实践看，民族边疆地区的生态文明建设，首先要在培育人的生态文明理念上下功夫。生态文明理念是先进文化的重要构成部分。它以广泛的生态意识为基础，是对自发性和一般生态意识的理性升华，包括对生态保护和建设规律的把握，因而对生态文明实践活动起着普遍的指导作用。

生态文明理念的培育，必须从基础抓起。一方面，要立足于民族边疆地区广泛存在的生态保护的自发性基础，把生态保护的各种感知、习俗上升为自觉的思想认识和行为习惯，包括把少数民族中本来就存在的对于森林、山峦、江河、湖海、植物、动物等的自发性保护，吸纳到人与自然和

谐关系的范畴中来，上升为尊重自然、保护自然的自觉意识。另一方面，要在民族边疆地区进行最广泛的生态、环境、人口知识和可持续发展思想的教育，诱发各民族干部群众强烈的生态意识，使之理性化，并内化为自身的文化观念，用以约束自己的行为和指导生产、工作。从这些基础性认识抓起，才能打牢生态文明的认识基础。

生态文明理念的培育，要从基层抓起。基层是生态环境保护的第一守护神。在长期生产、生活实践过程中，我国民族边疆地区创造了丰富的环境文化，积累了成功的生态建设经验。基层生态文明理念的培育，就是要把这些环境文化和成功经验总结起来，用以教育群众并在群众中坚持下去。比如，在我国众多的少数民族中，藏族有“天人祥瑞”的思想、“老大当家”的做法（男女都可执掌门户，不会因子嗣性别问题而多生子女），傣族有种黑荆树为柴、轮闲耕地保护地力和自愿少生优育、男女一样（傣族妇女普遍主张生1胎或2胎）的传统，以及流行于蒙古族的“划片轮牧”、傈僳族的“禁山期”、纳西族的“敬栎树”、白族的“绕山林”、彝族的“风水林”等，都是值得提倡的生态文化。此外，对于资源保护极有意义的新疆的“坎儿井”、云南的“洗澡革命”（由城镇直至乡村的太阳能广泛利用），以及各地积极推行的“沼气池”、“节能灶”、“节能炉”（适合于栽种烤烟地区）、“生食养猪”等，对于生态环境保护都有极重要和直接的作用。据调查，西南地区森林资源较好的地方，在通常情况下，山区农户每天烧柴不下15公斤，一年大约要烧掉5000公斤以上的木柴，造成森林资源的巨大耗损。在这种情况下，依靠乡村基层普遍推行各种节能措施，能对保护森林资源起到良好而广泛的作用。为了保护环境和资源，许多省区的乡、村还普遍订立了各种形式的乡规民约。这些有利于生态环境保护的观念和做法，是各基层单位进行生态文明教育的鲜活材料，而且极易为群众所接受，在实践中能起到长远作用。

生态文明理念的培育，重点是提高和解决领导干部的认识。江泽民指出，生态环境问题要“坚持党政一把手亲自抓、负总责”①。领导干部，特

① 《江泽民论有中国特色社会主义》（专题摘编），中央文献出版社2002年版，第284页。

别是党政一把手，在生态环境问题上，要做到认识到位、工作到位。要从实现中国现代化和加快民族边疆地区发展的全局出发，从维护最广大人民群众的根本利益出发，把建设生态文明作为全面建设小康社会的重要任务，作为强国富民的大事抓实、抓好。

民族边疆地区的生态文明建设，必须依靠健全的制约与发展机制，用政策和法律法规进行严格规范和强制约束。当前，要运用法律和政策，重点解决好保护森林草原，实施退耕还林还草，禁伐天然林，搞好水土保持，防止沙漠化、石漠化，治理城镇和工业污染等问题。要实行资源有偿使用制度。通过税收、价格、贷款等扶持政策，鼓励绿色产业的开发。云南省一些地区制定了允许人工造林活立木按规定进入市场交易的政策，改变了造林绿化回收周期长、难以扩大再生产的状况，加快了荒山绿化步伐。一些地州对生态环境特别恶劣的民族聚居地，还分别实施分散与成建制的“异地搬迁”，由政府给予优惠政策，解决资金、土地、住房等问题，实现了“搬得走，留得住，受欢迎，富起来”的要求，减缓了生态恶化地区的环境压力。民族边疆各省区，还结合国家有关法律的贯彻，制定实施细则，颁布相关条例，有效地保护了森林、湖泊、草场、湿地、自然保护区和珍稀资源、珍稀物种，使生态文明建设走上了依法保护、依法建设的轨道。这些经验都值得认真总结。

保护和建设生态环境，目的是要在人与自然的和谐发展中使自然造福人类。因此，在保护生态环境的同时，必须加快生态产业建设步伐。生态产业是先进生产力的重要构成部分。建设和发展生态产业，首先要把保护宏观性环境资源作为公共产业和共有性生产力来对待、规划和发展。同时，要结合当地资源情况，依靠多种经济力量，大力发展绿色生态产业群体。云南省为实现建设绿色经济强省的目标，于1995年确定了18项生物工程，包括现代生物技术产品、天然药物、保健药物、农化产品、微生物产品、特种水产养殖产品、香料产品、花卉产品、无公害产品、食用菌产品、果类产品、软饮料系列产品、硬饮料系列产品、特种经济植物产品、特种经济动物产品、畜产品、林木系列产品、传统农产品深加工开发。经过7年努力，取得了明显成效。文山无公害三七产业，施普瑞螺旋藻产业，元江芦荟产品产业，昭通天麻产业，昆明花卉产业、无公害绿色蔬菜产业等，都已成了生态效益、经济效益俱佳的规模化产业。

在发展生态产业过程中，民族边疆地区尤其要立足各地独特的生态人文资源优势，大力发展旅游业，特别是生态旅游和文化旅游业。随着新世纪的到来，我国民族边疆地区的自然与人文景观，成为国内外不同层次人群共同追求和消费的重要对象。必须抓住这一难得机遇，形成以生态、文化旅游为特色的旅游支柱产业。

总之，建设生态文明，走有自己特色的民族边疆地区的跨越式发展道路，必将造就中国西部一个生机蓬勃的文明与富裕的小康社会，为推进中国的现代化和实现中华民族的伟大复兴做出时代性的贡献。

（原载于《云南日报》2002年10月30日理论纵横版。本书作者系该课题组组长和论文全文撰写人。参与研究和初稿部分起草工作的课题组成员有：李卫宁、向翔、李士文、张建庆、张丽、何梅、粟岚）

香格里拉生态、经济、社会和谐发展的新道路

如果说，认定香格里拉在迪庆，使迪庆有了香格里拉这一世界级的品牌，是迪庆州前进道路上的一件大事，对云南建设、发展有重要意义的话，那么，抓住机遇对“香格里拉发展之路”进行有深度的总结和创新性探索，对于把迪庆建成真正的香格里拉和全国最好的藏区之一，也将具有长远的与现实的意义。

20 世纪 30 年代初，英国作家詹姆斯·希尔顿在旷日持久的世界性资本主义大危机的后期，把他的社会理想深深地寄托在《失去的地平线》（该书所写主要事件时间为 1931 年，出版时间为 1933 年）描述的香格里拉原野上，那是作者面对世界战争的恐惧、空前危机的灾难、看不到头的工业污染和极度紧张的现代生活而作出的一种超制度、超现实的企求脱离已经和正在到来的种种苦难与无穷迷惘的社会反思。希尔顿一方面深陷于对资本主义的经济政治危机和新的世界规模战争狂飙的极度不安之中，另一方面又无法摒弃他所置身其间的社会制度而作出新的社会道路的选择。从 1929 年开始的长达几十个月的资本主义世界大危机，吞噬了希尔顿的祖国——英国的海洋和土地，使英国的总体生产水平倒退到了 1897 年；美国的工业水平下降一半以上，总体上退回到 1905 年的水平。危机使 1/3 以上的人失去工作，上万家银行倒闭，美元贬值 1/2。用当时美国总统胡佛的话说：资本主义的自由市场经济制度“已经山穷水尽，再也没有别的办法了”。与此形成鲜明对照的是蓬勃发展的苏联社会主义经济。从 1932 年到 1937 年的 5 年间，苏联工业平均增长 17% 以上；城市人口比重由 1926 年的 17.9% 上升到 1941 年的 31.5%。20 年代末和 30 年代初期呈现

的资本主义的深重灾难与社会主义的繁荣进步，使一大批英国人、美国人、德国人、法国人、日本人、奥地利人、丹麦人、卢森堡人等等，都想寻求一条既摆脱资本主义的苦难与战乱，又不触及其生存的政治经济基础的兼容道路。希尔顿的《失去的地平线》正是这一时代特征和社会心理需求的客观写照。

那么，可以寄托这一社会理想的地方在哪里呢？希尔顿回答：在东方，在藏区，在香格里拉。他认为，在那里，没有危机，没有战乱，没有欺诈，没有污染，没有紧张的现代生活。在那里，美奂绝伦的生态、闲适宁静的生活、和谐中庸的人际甚至可以使人的寿命延长至数倍。书中描述的卢森堡人佩罗 1734 年 53 岁时住进了蓝月谷里的香格里拉喇嘛寺内，到他 1931 年接见书中主人公康威时，已经活了整整 250 岁。这当然是作者设计的社会理想的一部分，但它同时也赋予了香格里拉之地极佳生态与延长生命关系的新意义。现在的人们当然很少追问希尔顿笔下的香格里拉的社会背景及其内容的真实意义，但作为流行概念中的香格里拉，当代人依旧是部分地把它作为生态文明与社会文明的理想模式来理解和追求的，至少是作为自然归依的环境文化与民族文化来加以鉴赏的。这也是香格里拉吸引全世界人们的地方。可宝贵的是，这种理解、追求和鉴赏与全球人类现实的社会理想目标有许多是相近或相同的。在今天中国与全球的社会发展中，太多的需要这种以香格里拉为原型的生态文明和社会文明及其所体现的强烈的环境意识与和谐意识。一个生态型的、和谐的、富有的社会，正在成为全球人类追求的共同目标。我们探求的香格里拉发展之路，有藏区特色的社会主义发展道路，也应包含这些重要内容。

香格里拉之路，必须是生态型的。生态问题应成为香格里拉发展之路社会领域结构中的第一领域，因为它是我们发展的前提，也是我们发展的难题。发展才是硬道理，发展是我们的第一要务，而发展的第一条件就是生态。生态出问题，人类和社会的生存与发展就会出问题。在世界工业化进程和工业文明的几个世纪中，生态问题曾长期地被忽视、被遗忘。直到 20 世纪 70 年代，全世界的学者、政治家们回首历史和环顾全球时才同时发现，人类正在被自己引入一个可怕的循环圈内：索取—破坏—报复，更多的索取—更大的破坏—更大的报复。人们越来越预感到，这一索取与破坏的继续，将危及人类社会直至使它不复存在。所以，“增长极限”和“可持续发展”理论迅速为全世界所接受。由生态、经济、政治、文化构成的“四领域结构”和谐发展的思想把传统的领域结构学说一再推向前进。生态不仅成为相对独立的一个领域，而且甚至成为社会经济发展的首要领域。这不仅是对一般社会领域结构理论的突破，而且也是对马克思主义社会领域结构理论的发展。依据这一理论或多少受到这一理论的影响，许多发达国家纷纷制定了由生态、经济、社会三部分组成的社会发展规划，中国及大多数发展中国家也制定了可持续发展战略。中国还在1994年由国务院公布了《中国21世纪议程——中国人口、资源、环境白皮书》。这是中国也是世界环境史和发展史上的一件大事。

但是，从那时起到现在的8年间，中国生态环境的状况究竟发生了怎样的变化呢？答案是：水污染程度继续恶化，主要河流湖泊仅有不到30%的断面可供人体接触或做饮用水源；城市工业废水排放量下降，但生活污水上升为占1/2比重的主要污染源；固体和白色废弃物迅速增加；森林覆盖率上升，而天然林受到破坏，森林质量持续下降；湖泊萎缩，河流减少，湿地破坏加剧；冰川后退，雪线上升；土地沙化、退化严重。20世纪最后几年，在生态问题上发生了震撼国人的3件大事，这就是：1997年创纪录全年226天黄河断流；1998年的长江大水灾；2000年波及北京等地的空前频繁的沙尘暴。长期沉默的、远离中心城市的西部生态破坏积累的后果终于以危机形式爆发出来，成为全国性生态危机到来的信号。

在云南，生态状况同样令人担忧。一些地方环境条件恶化速度不减，并延伸殃及边远和尚未开发的地区。在一向作为昆明标识的高原明珠滇池发生重度污染之后，举世闻名的抚仙湖也出现了轻度污染，湖中的抗浪鱼几乎荡然无存。最近，我考察了丽江地区宁蒗县摩梭人生活的泸沽湖，看到了在中国唯一保存母系氏族文化和阿夏婚姻的地方，在最原始的“猪槽船”（木船）激起的浪花下面，同样也发生了水污染。其原因有两条：一是放养了银鱼，二是生活污水渗入。在数年前滇池、抚仙湖放养银鱼发生水体污染事件的教训之后，1998年，泸沽湖所在乡的一些机构“通过专家论证”，又决定在湖内放养银鱼，并规定低价统一收购，引起当地群众不满。放养银鱼的次年，除捕捞上部分银鱼外，还有大批银鱼死后漂浮水面。“猪槽船”上的摩梭村民对我说：“这样下去，再过几十年，我们留给子孙的泸沽湖，只怕会是一潭臭水了。”

除水体污染外，森林的保护也存在不容忽视的问题。1999 年春节、2000 年腊月、2001 年冬月，我曾 3 次考察了作为云南森林之冠的滇南景谷林海，并 3 次抵达人迹罕至被誉为“绿色香格里拉”自然保护区的麻黑等彝族村寨。我既为这里美丽浩瀚的绿海而自豪，也为它的远去而忧虑。我看到就在这绿海之中，威远江的上游，耸立着每年要吞噬掉 20 万方木材的纸浆厂。它犹如“铜瓶里放出的魔鬼”，一面啃噬着大片的森林，一面污秽着清澈的江水，年复一年，停不下、关不了。我第一、二次从纸厂沿威远江而下经过长达 90 公里的中碧林区路时，可谓是大树参天、遮日蔽月，去年沿途砍去 8 万方木材后，第三次再走时，大段的路途已是阳光灿烂、尘土飞扬。再加上各村各户开地、盖房、烤烟、煮饭、熬猪食，都要砍伐树林，在这种情况下，即使大面积人工造林不乏其效，也难补天然林逝去的损失。这样下去，我们的绿海究竟还能生存多少年？再过 50 年、100 年，这南中国的“绿色香格里拉”可否还会有它美丽浩瀚的身影呢？

审视全国和云南的生态现状，都给我们一个警示：大规模生态环境的保护已经成为当前最具迫切意义的全局性、战略性问题。因此，迪庆香格里拉发展之路必须高度重视生态环境的保护与建设。迪庆之所以成为希尔顿笔下的香格里拉，最重要的一条也是因为它具有得天独厚、不可再生的最佳自然生态环境。这是香格里拉的价值与生命所在。没有最好的生态环境，就没有香格里拉。因此，迪庆香格里拉之路必须把生态环境的保护和建设上升为发展的首要的基本问题。

第一，要保护好香格里拉自然资源的原创性与天然性。香格里拉的 100 多个高原湖泊，200 多条高山河流，三山夹两江（怒山山脉、云岭雪山山脉、中甸大雪山，澜沧江、金沙江）的自然景观，未曾被人类征服的梅里雪山主峰，数千种动物、植物，近千种名贵药材和药用植物，覆盖一半以上土地的森林和全省最大的天然牧场，是迪庆最宝贵的天然财富。保护这些资源的原创性和天然性，就是保护香格里拉的个性和财富，就是保护香格里拉。原创性与天然性具有不可再生的性质，是自然资源中的核心价值部分。开发和建设都要服从于自然资源的原创性与天然性的保护要求。保护本身就是发展，这应成为香格里拉发展之路总的指导原则。

第二，要防止工业化污染在藏区重演。迪庆是受工业化伤害最轻的地方，但伴随着现代化、市场化的演进及旅游业的兴起，工业、商业、旅游污染，水源、土地、大气污染，也会不同程度地接踵而至。因此，必须采取一切措施，防止和把可能发生的污染减少到最低限度。

第三，要建设新的生态环境屏障，包括建成百万亩长江上游生态防护林。由于历史的原因和特殊的区位，必须对历史上和工业化进程中遭受破坏的地方进行恢复性环境建设，同时开展保护江河下游防护工程的建设。通过努力，使迪庆藏区的生态型个性特征得以保持和发扬。

香格里拉之路同时应是和谐型的。这是香格里拉发展之路的又一重要特征。这一和谐型要求的内容，至少包括两个大的方面：一是经济、政治、文化、生态的和谐统一，二是人与自然、人与社会、人与人之间的和谐统一。经济、政治、文化、生态“四个领域”的和谐统一，是我国社会发展的需要，更是迪庆藏区社会发展的要求，必须纳入全局性决策和总体性战略的框架中加以重视和解决。人与自然、人与社会和人们之间的“三个和谐”，是生态文明与社会文明的基本目标和整体要求。实现人与自然、人与社会和人们之间关系的和谐发展，是马克思主义的一贯思想。马克思主义从来认为，人是自然的产物、是自然的一部分；人是社会关系总和。因此，它主张尊重自然、尊重人，致力于改变剥削制度对自然的掠夺和对人的剥夺。马克思主义的阶级斗争学说，其目的也是要在经过“多数人的统治”，最终实现人们关系的完全平等、充分自由和人的全面发展。因此，不仅是人与自然的和谐，而且是人与社会、人与人的和谐，始终是社会主义、共产主义追求的崇高目标。

希尔顿笔下的香格里拉和现实中的迪庆藏区，具有相对充分的人与自然、人与社会和人们相互关系的和谐传统，这是和谐型社会目标得以实现的重要基础。我们要发扬这一优良传统，倡导藏民族和其他民族与自然、天地共处共存的意识，与社会与人和合相生相依的观念。同时，把和谐纳入社会与思想教育的范畴，成为社会主义精神文明观念培育的重要内容。要在群众中进行广泛的和谐生态文明观、社会文明观和人际文明观的思想道德教育，进一步形成藏民族内部和各民族间良好的人际关系和民族关系，促进人与社会与自然及人们之间亲和关系的改善和发展。

香格里拉之路既是生态型、和谐型的，同时也是富裕型的。这也是香格里拉之路一个十分重要的特征。富裕是不同社会制度下人们共同追求的生活目标。社会主义社会的基本目标之一是要实现全社会的共同富裕，让全体人民过上好生活。香格里拉之路的发展目标也是要使全体藏族群众和各族人民富裕起来。流行概念中的香格里拉被赋予的富裕、富有成分是不充分的，似乎香格里拉的人间仙境和世外桃源般的生活是温饱与俭朴型的。这不仅是东方人，而且也是西方人文化观念中特有的误区。希尔顿的进步，恰恰是同这种观念保持了应有的距离，他描绘的香格里拉不愁吃穿，用度宽裕，当然也还不是典型的富有的社会。因此，现实的香格里拉之路，必须摆脱流行概念中的误区，回到切实地建设富裕的香格里拉的社会现实要求上来。

实现迪庆藏区的社会富裕是有基础的。建设生态型的、和谐的、富有的香格里拉，是建设有藏区特色的香格里拉之路要实现的主要目标。我们应当为此作出不懈的努力。

（原载于《香格里拉之路——有藏区特色社会主义发展道路新探索》，云南民族出版社 2002 年版）

云南小康社会建设的现实基础及阶段性、层次性

党的十六大在我国人民生活总体上达到小康水平的基础上，提出了全面建设小康社会的历史任务。这标志着我们党对中国特色社会主义的建设规律、发展阶段、发展道路和发展战略认识的进一步深化，是新世纪我们党对当代马克思主义的新发展。"全面建设小康社会"作为马克思主义和科学社会主义的新的概念、新的实践形式，丰富和发展了社会主义建设的理论和实践。这一新创造，将为中国和世界社会主义事业的进步和成功，提供新的经验，展示新的前景。当然，必须看到，由于我国正处于并将长期处于社会主义初级阶段，"我们现在达到的小康还是低水平的、不全面的、发展很不平衡的"，"巩固和提高目前达到的小康水平，还需要进行长时期的艰苦奋斗"。

学习十六大报告，联系云南实际，我们应当怎样来推进云南小康社会建设呢？应如何看待云南小康社会建设所处发展阶段和发展层次？怎样以求实创新的态度和高昂向上的精神风貌做好小康社会建设的各项工作？这些问题需要我们进行认真研究。

一、正确认识我国小康社会建设的阶段性与分步走问题

在科学实践和科学预测的基础上，十六大为我国确定了直至21世纪中叶的发展战略目标。这是对邓小平小康思想和"三步走"战略的新发展，也是对社会主义初级阶段理论和社会主义建设学说的新发展。在20

世纪80年代，邓小平依据我国经济社会发展的实际，提出了到21世纪中叶70年间分“三步走”的现代化建设目标：“第一步是达到温饱水平”，“第二步是在20世纪末达到小康水平”，“第三步是下个世纪再花五十年时间，达到中等发达国家水平”。当时他说的小康水平，从国民生产总值来看，就是人均GDP达到800美元。这是从当时的实际情况出发提出的标准，这是一个低标准的小康。经过全党、全国人民20年的努力，我国胜利实现了第一步和第二步战略目标，完成了从温饱到总体小康的过渡，“人民生活总体上达到小康水平”。十六大报告称之为“历史性跨越”。

在邓小平提出“三步走”发展战略的基础上，党的第三代中央领导集体把其中的第三步，即从20世纪末到21世纪中叶这50年，又分为三个阶段，提出了新的“三步走”发展战略，使我国在21世纪全面建设小康社会呈现出鲜明的阶段性。这就是：第一个阶段，到2010年，全面完成“十五”计划和2010年奋斗目标，国内生产总值比2000年翻一番，由2000年的人均850美元，到2010年达到人均1700美元；第二个阶段，到2020年，也就是建党100年时，国内生产总值比2000年翻两番，人均超过3000美元（3400美元）；第三个阶段，到20世纪中叶，也就是新中国成立100年的时候，基本实现现代化。根据世界银行《1990年世界发展报告》的分类，人均国内生产总值545美元为低收入国家，545～2200美元为中下收入国家，2200～5999美元为中上收入国家，6000美元以上为高收入国家。按照这个标准，到2020年，我国人均国内生产总值超过3000美元，将达到中上收入国家的水平，并开始向实现基本现代化和高收入国家迈进。

回溯改革开放以来经济社会发展的实践，我国在前后两个10年中经历了解决温饱和总体小康两个阶段，现在正经历着新世纪头20年全面建设小康社会的发展阶段，并按分步走的要求，争取前10年翻一番，后10年再翻一番，经过这样两个小的发展阶段，再用30年时间完成基本现代化阶段的历史任务。这前后70年间我国经历和将要经历的四个阶段中（不含全面建设小康社会阶段中的两个小的发展阶段），小康建设占了两个阶段，是由温饱阶段迈入基本现代化阶段之间的宏伟桥梁。充分认识上述我国经济社会发展阶段和小康社会建设的阶段性，以及全面建设小康社会进程中的分阶段、分步走问题，对于我们把握社会主义建设的具体规律、发展步骤和指导实际工作，具有十分重要的意义。

当然，上述概括和分析是就全国而言的。在西部省区，由于受社会历史条件和现实诸多因素的制约，总体上说来，生产力水平还比较低，经济社会发展相对滞后，无论是由温饱向总体小康的跨越，还是全面建设小康社会各个阶段之间的跨越，所需要的时间将会更长，不同的地区所呈现的阶段性、层次性特征和历经的时间跨度也将不一样。对此，我们必须根据实际情况，进行具体的分析和研究。

二、云南发展现状决定向总体小康目标跨越的过渡性阶段特征

不同省区经济社会发展现状与全国及其小康社会建设各主要指标的对应关系，是其小康社会建设阶段定位和规划决策的现实基础，也是做好各项工作的认识基础，必须客观地慎重地作出分析。那么，总体看来，云南目前究竟处于小康社会建设的什么阶段呢？依据有关部门确定的衡量小康水平的主要指标进行综合分析，我们认为，云南目前正处在建设总体小康并向全面建设小康迈进的过渡阶段，其过渡性特征十分明显。

（一）云南经济社会发展状况及其同全国的比较

首先，让我们来看一组云南人均国内生产总值与全国比较的对应分析材料。据国家统计局公布的最新材料，2001 年云南国内生产总值为 2074 亿元，人均国内生产总值为 4866 元。人均国内生产总值在 31 个省、市、自治区中排第 27 位，仅高于广西、甘肃、贵州，即居倒数第 4 位。同年，全国人均国内生产总值超过两万元的是上海、北京、天津；超过万元的是浙江、广东、江苏、福建、辽宁、山东；超过 6000 元的是黑龙江、河北、新疆、湖北、吉林、海南、内蒙古、湖南；另有河南、青海、重庆、山西、宁夏、西藏、四川、安徽、江西、陕西都超过云南。

其次，从占我国人口绝大多数的农村居民人均纯收入看，2001 年，云南仅为 1533 元（比上年增加 55.14 元），远远低于全国平均水平（2366

元），相当于全国平均水平的64%，居全国倒数第5位，仅高于甘肃、陕西、贵州、西藏。同年，全国在5000元以上的有上海、北京；在4000元以上的有浙江；在3000元以上的有天津、江苏、广东、福建；在2000元以上的有山东、河北、辽宁、湖北、湖南、黑龙江、江西、海南、吉林、河南、安徽；接近2000元的有四川、内蒙古、重庆、山西、广西；其他如宁夏、新疆、青海也都高于云南。

这两组关键的数字说明：第一，云南的经济实力和发展状况远远落后于全国平均水平，居全国后列；第二，作为制约云南小康社会建设的关键性要素，农村发展问题尤为突出，小康社会建设任务尤为艰巨。云南要赶上全国平均水平，需要做长时期的艰苦努力。

（二）云南在若干年内将处于向实现总体小康目标跨越的过渡阶段

十六大后，有关部门参照国际上常用的衡量现代化的指标体系，考虑我国国情，从10个方面提出了全面建设小康社会的起点标准和建成标准。对应这10个方面，云南在近几年内还将处于向实现总体小康目标，即向全面建设小康社会起点迈进的发展阶段。在这10项标准中，前三项是主要的，对小康发展水平具有根本的估量价值。

第一项：人均国内生产总值。达到总体小康，即全面建设小康社会的起点标准是：2000年全国的人均国内生产总值为854美元（概数为850美元）。而云南2000年人均国内生产总值仅为4637元人民币，合561美元，相距起点标准289美元，差距大于1/3。全面建成小康社会的标准是：按照国内生产总值翻两番计算，到2020年，全国人均国内生产总值超过3000美元（3400美元），即达到当时中上收入国家的水平。云南到2020年人均国内生产总值翻两番，仅为2244美元，与3000美元相比差了756美元，与3400美元相比差了1156美元。这就是说，在20年内，云南人均国内生产总值翻两番，是达不到全面小康标准的。按照省社科院任佳研究员的计算，云南至少要翻两番半（3366美元/人），才能达到2020年全国人均国内生产总值的水平。

第二项：城镇居民收入。2000年全国全面建设小康的起点标准为6279元，2020年建成达到18840元。云南2000年为6324元，是唯一达到起点标准的一项主要指标。

第三项：农村居民人均纯收入。2000 年全国起点标准为 2253 元，云南为 1478 元，相差 775 元，差了近 1/3。2020 年全国将达到 7210 元，云南要达到这个标准也要翻两番半（7390 元/人）。在 20 年间，云南农村居民人均纯收入翻两番半，是十分困难的。近年来，云南省农村居民人均纯收入增幅大体上只相当于国内生产总值增幅的一半。据统计，1998—2002 年云南省国内生产总值平均增幅为 7.4%，其中 2002 年增幅为 8.1%，而 1998—2002 年农村居民人均纯收入平均增幅仅为 3.1%，低 4.3 个百分点，2002 年增幅为 5%，低 3.1 个百分点。所以，实现农村居民人均纯收入的超常规稳定增长，是云南建设小康社会最不易做到又最为关键之所在。不解决这个问题，云南实现全面小康就没有指望。

另外，其他 7 项指标分别为：恩格尔系数要求低于 40%；城镇人均居住面积达到 30 平方米；城镇化率达到 50%；居民家庭计算机普及率为 20%；大学入学率为 20%；每千人医生 2.8 人；城镇最低生活保障率在 95% 以上。

综合来看，特别是用人均国内生产总值和农村居民人均纯收入这两项主要指标来衡量，云南全省不但目前处在向实现总体小康目标，即向全面小康起点标准过渡的阶段，而且今后几年还将处在这一阶段上。特别是农村过渡的时间将会更长。云南省委、省政府提出，要在 2005 年完成这一过渡，我们应当竭尽全力为此而努力。

至于要在 2020 年实现全面小康的目标，云南必须以超常规的速度发展，在实现人口控制目标的前提下，经济发展速度必须保持在两位数以上。这里我们要注意的是，2001 年云南国内生产总值增幅仅为 6.5%，2002 年为 8.1%，这给今后 18 年的发展速度增加了更大的压力。尤其是农村居民人均纯收入增长过慢，将会严重制约甚至会延缓全省小康建设的进程，使云南实现总体小康和向全面小康目标迈进需要更长时间。

（三）云南目前向实现总体小康目标过渡的阶段性特征及困难

第一，经济总量小，人均占有量少，增长速度不快，发展后劲不足。由于社会历史原因，云南经济发展基础差，目前生产力积累远不及发达省份。21世纪初云南的经济总量（2001年国内生产总值2074亿元），不及广东、江苏、山东的1/4，不及浙江的1/3，不及河南、河北、辽宁、湖北、四川、福建的1/2，也远远低于湖南、黑龙江、安徽，甚至低于广西、江西，仅高于吉林、陕西、山西、重庆、内蒙古、新疆、贵州、甘肃、海南、青海、宁夏、西藏，居全国第19位。特别是人均占有量少，增长速度慢，作为支撑云南经济的两烟产业下滑，使云南实现总体小康和向全面小康跨越后劲不足。

第二，农村经济发展水平低，农民增收难，城乡收入差距极为突出，农村向总体小康迈进难度大。据国家统计部门最近公布的材料，2001年，云南城镇居民可支配收入已经达到6797元，高于新疆、青海、宁夏、甘肃、陕西、贵州，甚至高于四川、重庆、海南、广西、湖南、湖北、河南、江西、安徽、黑龙江、吉林、辽宁、内蒙古、山西、河北，仅低于上海、北京、浙江、广东、天津、福建、西藏、江苏、山东，居全国第10位。但农村居民纯收入却居全国第26位。我们从分析中看到一个现象，就是城镇居民的可支配收入低于甚至是远远低于云南的21个省、市、自治区中，有17个省、市、自治区农村居民纯收入却高于甚至远远高于云南。这一高一低在云南形成了特别大的反差。它说明，云南农村经济发展不但十分滞后，而且是全国城乡发展差距最突出的省份之一，建设农村小康比全国多数省份面临更大困难。

第三，小康指标实现程度差异大，不同发展阶段指标相互交错，全面达到各项指标需要付出极大努力。用全面建设小康社会起点的标志性指标衡量，云南存在三种情况，并分属于温饱阶段、总体小康阶段和全面小康阶段。如在城镇化率方面，我国近10年城镇化率年均提高1个百分点，2000年已达到36.2%，到2020年，可望达到56%。而云南，2000年的城镇化率仅为23.4%，低于同期全国平均水平近10个百分点，即相当于全国2000年前10年的水平，大体上对应于温饱阶段后期和向总体小康迈进初期的水平；如果现在按每年提高1个百分点的速度计算，云南在10年后也只能达到2000年全国城镇化的水平。再如，在高等教育事业方面，目前我国的大学入学率为11%，到2005年全国可达到15%，2020年超过20%，达到25%。而2001年云南高等教育毛入学率仅为6.1%，比全国低近5个百分点。这一水平，充其量处于全国总体小康建设阶段中期的水平。其他指标如前面所述，多数处在建设总体小康的阶段，也有少数指标达到全面建设小康起点标准的要求。这就造成云南在建设小康社会过程中各项指标实现的时间不同，要求也不同。了解和把握这一情况及特点，对于我们研究问题和做好工作，加强小康建设中的薄弱环节，解决发展中的关键性问题极为重要。

三、云南地域性非均衡发展与小康社会建设的多层次性

同上述云南目前所处过渡性阶段的特征相联系，云南省小康社会建设还呈现出以地域性非均衡发展为主要表现的多层次性特征，即同处于建设总体小康阶段上的各地、县、乡之间，发展层次是不同的；在同一地区内的不同地方、不同民族间，发展也是不平衡的。云南小康社会建设，犹如云南的立体气候一样，既呈现出历史纵向即阶段性发展的不平衡性，又呈现出现实横向即层次性发展的不平衡性。对此，我们应当有足够的清醒认识。

（一）云南地域性非均衡发展现状及比较

2000年，云南16个州市的人均国内生产总值的层次分类是这样的：人均国内生产总值在1万元以上的有玉溪（14698元）、昆明（13000元），这是云南的“第一世界”；人均国内生产总值在5000元以上的有西双版纳（5416元），4000元以上的有楚雄（4149元）、大理（4098元），3000元以上的有曲靖（3946元）、红河（3647元）、德宏（3631元）、保山（3003元），可以算云南的“第二世界”；人均国内生产总值在2000元以上不足3000元的有丽江（2802元）、迪庆（2611元）、临沧（2471元）、怒江（2241元）、文山（2199元）、思茅（今普洱）（2163元）、昭通（2140元），算是云南的“第三世界”。上述州市中，有7个州市人均国内生产总值不及昆明万元以上的零头部分；有13个州市人均国内生产总值不及玉溪万元以上的零头部分。其他指标的差距也很大。如玉溪城镇居民

人均可支配收入和农村居民人均纯收入已分别达到 7413 元和 2337 元，分别高于全省平均水平 994 元和 849 元。农村居民人均纯收入高出全省的部分，超过了文山（710 元）、临沧（757 元），相当于怒江（857 元），接近昭通（922 元）。此外，玉溪城镇和农村人均住房面积分别达到 20.5 平方米和 32.5 平方米，高于全省平均水平 8.5 平方米和 12.7 平方米。昆明市城镇居民人均纯收入为 7563 元，略高于玉溪，农民人均纯收入为 2220 元，略低于玉溪。但都远远高于全省其他州市。上述情况说明，云南地区性发展层次的比较差异很大。

（二）云南小康社会建设中的三种发展层次

第一种层次，即已达到和超过总体小康水平、开展全面建设小康社会的昆明和玉溪地区。这两个相对发达地区，面积（36396 平方公里）不足全省的 1/10，人口（700 万）约为全省的 1/6，经济总量（2000 年昆明为 626.29 亿元，玉溪为 294.55 亿元，合计 920 亿元以上）占全省的 46% 以上。这两个地区应作为目前全面建设小康社会，争取率先实现基本现代化的地区。昆明市提出，将用 8 年时间实现全面小康的目标，按照经济与人口增长分别为 8% 和 9‰计算，到 2010 年，国内生产总值达到 1351 亿元，人均国内生产总值达到 3110 美元，提前进入基本现代化的发展阶段。昆明、玉溪将成为云南率先实现全面小康和基本现代化的地区。

第二种层次，即加快向总体小康目标跨越、全面实现总体小康目标的地区，包括西双版纳、楚雄、大理、曲靖、红河、德宏、保山 7 个州市。这部分地区除西双版纳人均国内生产总值接近全国总体小康目标外，另外 6 个地区人均国内生产总值只相当于总体小康目标要求的 2/3 ~ 3/4。这 7 个地区均应作为尽快实现总体小康的重点地区，并在此基础上加快全面建设小康社会的步伐。这片地区人口多、面积大，对云南全面建设小康社会具有关键意义。

第三种层次，即解决温饱与向总体小康目标迈进的地区，包括丽江、迪庆、临沧、怒江、昭通、文山、思茅（今普洱）7 个州市。这一部分地区人均国内生产总值只相当于总体小康目标要求的 1/3 左右。这些地区应在继续解决温饱的基础上加快向总体小康目标迈进的步伐。这些地方是云南实现总体小康的难点地区，更是全面建设小康的难点地区。

（三）云南建设小康社会发展极的层次带动架构

云南小康社会建设中的多层次性，客观上要求我们运用发展极理论来构建全省性以地区和城市带动为主要特点的发展极层次架构。从目前全省和各地的情况及未来发展预期考虑，云南在加快小康社会建设过程中，拟建立以“双元、多极”为重点的发展极层次结构。“双元”，指昆明、玉溪及其城市主体，这是中心区一级发展极的顶端部分。“多极”有两个层面，第一个层面为西双版纳、楚雄、大理、曲靖、红河、德宏、保山及其城市主体；第二个层面为丽江、迪庆、临沧、怒江、昭通、文山、思茅（今普洱）及其城市主体。实行“双元、多极”的地区性及城市带动多层互动发展极战略，有利于云南经济整体实力的增强和科技生产力水平的提升，缩小地区间和城乡间的发展差距，确保相对发达地区的发展速度，带动后进地区加速发展。确立发展极多层架构，应逐步打破原有行政区划的束缚。行政区划的确定和变动要有利于生产力的发展和社会稳定。随着昆明经济区、国际大通道的建设和中国—东盟自由贸易区的建立，要充分发挥昆明、玉溪的辐射能力，增强西双版纳、德宏、红河、保山等州市的内外辐射能力，充分发挥曲靖、大理、楚雄等州市的经济带动作用，以更好地把握机遇，加快发展。

四、坚持务实创新的科学态度，发扬进取向上的奋斗精神，加快小康社会建设

我们研究全面建设云南小康社会及其阶段性和层次性问题，分析存在的问题和困难，是为了更好、更快、更扎实有效地加快云南经济社会发展，加快小康社会建设的步伐，缩小云南同全国发展的差距，力争在2020年实现全面建设小康社会的基本目标，包括经济建设、政治建设、文化建设、生态建设四个方面的目标及其规定的各项指标。为了完成这一重大历史任务，我们一定要以务实创新的态度、进取向上的精神、科学的思想和

工作方法，投入小康社会的建设实践，以加速云南经济社会的发展。

（一）坚持务实创新的科学态度是加快云南小康社会建设的思想前提

解放思想，实事求是，与时俱进，是我们党的思想路线。解放思想，与时俱进，就是实事求是，一切从实际出发，二者是一致的、统一的，都是要使思想和实际相符合，使主观和客观相符合，敢想、敢做、敢为，敢于创造，敢于前进。坚持这样的态度，必须打破旧的、僵化思想的束缚，纠正从本本出发、从主观意志出发、从狭隘经验出发，克服脱离实际的教条主义、经验主义和形式主义，做到切实地依据实际生活的现状、变化和发展来确定我们的政策、计划和工作步骤。这是我们取得以往各项工作、各项事业胜利的思想源泉，也是最重要、最根本的经验，建设小康社会必须加以坚持。有了这样一种彻底的唯物主义态度，彻底的务实创新态度，我们的小康社会建设就会扎实推进，卓有成效。

（二）发扬进取向上的奋斗精神是我们加快小康社会建设步伐的强大精神力量

坚持彻底的务实创新的科学态度，同发扬顽强的进取拼搏的精神是相互联系的辩证统一的整体，是一个问题的两个方面，是马克思主义优良品格在两个方面的展开。它统一于小康社会建设的实践，并推动着这一实践在更高水平上不断向前发展。因此，我们要努力把这两个方面的要求结合起来，内化为我们思想的一部分，并运用于指导实际工作。

如同我们历经的各个历史时期中党和人民的伟大事业一样，在全面建设小康社会进程中，我们也必然会遇到各种预想不到的问题和困难。尤其是在云南，全面建设小康社会面临的问题和困难会更多，更需要我们发扬进取向上、顽强拼搏的精神，争取以超常的发展速度推进云南小康社会建设。在这个问题上，信心问题尤其重要。就发展速度上看，云南一段时间虽然落后于全国，甚至连续两年处于全国末位，但只要我们努力，困难总是可以克服的。云南经济发展经过2002年的恢复性增长，继续努力下去，今后仍然有高速增长的希望。从“八五”、“九五”10年经济发展的情况看，云南省国内生产总值“八五”期间增长速度曾达到过10.2%，“九五”期间增长速度为8.4%。1991年至2001年，10年平均增速为9.3%，达到了较高的发展速度。“八五”期间，1991年的速度也曾低到过6.6%，以后各年迅速上升为10.9%、10.6%、11.6%、11.2%。同时，全国各省、市、自治区近年来也是在高速增长中前进的。以2001年为例，全国各省、市、自治区经济增长速度在10%以上的有8个省、市、自治区，包括西藏、天津、青海、北京、浙江、上海、山东、宁夏；在9%以上的有广东、内蒙古、甘肃、吉林、黑龙江、四川、河南、陕西、湖北、辽宁、福建、湖南、重庆13个省、市、自治区。在高速增长的一些省、市、自治区中，有些条件不一定比云南好。别的省能够做到的，我们也应当争取做到。只要我们正视困难，树立信心，充分利用有利条件，把工作做好，思路、政策、办法对头，调动全省干部群众的积极性、创造性，一定可以实现云南未来经济的超常发展。

（三）实行分类指导的科学方法是加快云南小康社会建设的正确途径

由于云南小康社会建设面临着与全国比较的巨大差距和省内不同地域之间、城乡之间的非均衡发展状况，以及必然带来的明显的阶段性与多层次性特点，我们在推进全省和各地小康社会建设过程中，必须实行分类指导的原则，采取“一地一县一乡一厂一办法”，切不能搞“一种模式”、“一刀切”。对已经进入全面建设小康阶段的地区，应引导其向建设更高水平的小康社会和基本实现现代化的目标迈进；对于有可能尽快全面实现总体小康目标的地区和对于实现这一目标有较多困难的地区，都应有不同的要求、不同的政策和不同的措施。就是在同一类发展水平的地区、县市内，对不同行业、企业、单位，对有不同历史文化、生产交往、居住环境的各少数民族，都要采取不同的工作方法和工作步骤。在以往的经济建设和改革实践中，云南省曾形成了丰富的关于分类指导的经验。运用这些经验并在小康社会建设实践中丰富这些经验，用以指导工作，非常必要。通过分类指导，深入实际，调查研究，还能促进工作作风的转变，实现党和政府工作的科学化、具体化、实际化，以真正提高我们建设小康社会的工作水平和领导水平。

（原载于《云南社会科学》2004年第4期）

中国特色社会主义理论创立的两个思想条件

“什么叫社会主义，什么叫马克思主义？我们过去对这个问题的认识不是完全清醒的。”① 这既是我们党发生全局性错误的两大思想理论根源，也是中国特色社会主义理论创立的两大思想理论条件。

一、我们在相当长的一段时间里，没有用马克思主义的态度对待马克思主义理论本身，在指导思想上发生了很大的偏差。邓小平的第一个功绩就是解决了这个关乎中国共产党和社会主义历史命运的大问题

（一）他解决了用马克思主义的态度对待毛泽东思想本身这一重大问题

在中国历史大转折、党和国家面临兴衰存亡的重大关头，有人提出，不能也不允许用实事求是和一分为二的观点来对待毛泽东思想和毛泽东本人，对毛泽东说过的、决定了的只能是“两个凡是”。邓小平以无产阶级革命家的政治勇气和马克思主义的科学态度，领导全党首先从思想上进行拨乱反正，实事求是地评价了毛泽东的历史地位，把他的正确思想、理论

① 《邓小平文选》第3卷，人民出版社1993年版，第63、3页。

观点（这是主要的），同错误的思想、理论观点加以区别，对毛泽东思想重新作出了科学界定。他指出，毛泽东思想是马克思列宁主义在中国的运用和发展，是被实践证明了的关于中国革命和建设的正确理论原则和经验总结，是中国共产党集体智慧的结晶，从而把原来或习惯意义上的毛泽东思想所包含的错误理论从毛泽东思想中剔了出去，恢复了毛泽东思想的本来面目，重新统一了全党思想，并运用它来指导中国特色社会主义的建设实践。而且，随着社会主义建设实践的深入，在邓小平的带领下，我们党在对待马克思、恩格斯、列宁、斯大林的思想、理论观点上，也作出了两个方面的区分：一个是基本观点、基本理论（这是主要的），一个是个别观点、个别结论。对马克思主义的基本观点、基本理论，必须坚持；对个别观点、个别结论，经过实践检验是不正确或过时的，必须放弃。由于真正用马克思主义的态度来对待马克思主义理论本身，中国共产党和中国人民从教条主义、本本主义束缚中彻底解放出来，思想得到了空前的大解放。

（二）他用马克思主义的态度解决了马克思主义基本原理同当代中国实际结合的问题

在社会主义建设的长时期中，我们在马克思主义与中国实际相结合的问题上，常常违背马克思主义关于一般寓于个别、共性寓于个性，生产力决定生产关系、经济基础决定上层建筑的原理，不是从现阶段生产力落后的中国实际出发，而是从经典作家和苏联模式的一般原则和别国经验出发，用观念去套现实，要现实服从观念，使官僚主义、形式主义长期弥漫于党和国家工作的认识过程与决策过程中，严重束缚了生产力的发展。邓小平以马克思主义的敏锐眼光，一改往日之风气，从中国的人口现状、资源现状、经济积累现状、科技教育现状、生产力落后的现状出发，领导全党正确总结历史经验，迅速确立了我国正处于社会主义初级阶段的历史定位，提出了一切都要从我国社会主义初级阶段的实际出发的著名论断，使中国社会主义建设实现了马克思主义原理指导下的共性与个性、一般与特殊的结合。在个性化的过程中，进一步推进了马克思主义的中国化，形成了全新的有中国特色的社会主义发展道路。他说："走自己的道路，建设有中国特色的社会主义，这就是我们总结长期历史经验得出的基本结论。”[①] 中国式的社会主义、建设有中国特色的社会主义、中国特色的社会主义道路，这就是邓小平为我们找到的马克思主义与当代中国实际相结合的根本点。从而，也就从总体上、根本上解决了社会主义制度建立之后马克思主义的中国化问题。

（三）他用马克思主义的态度解决了马克思主义在当代中国的继承与发展问题

邓小平讲继承而不教条，讲发展而不离开原则，把继承发展作为一个过程的两个侧面，统一于中国特色社会主义的实践。如最近出版的《邓小平年谱》公布的文献指出的那样，他在对待马克思列宁主义和它的创始人，对待毛泽东思想和毛泽东本人时，从来采取实事求是的科学态度，既坚持、继承，又发展、创新，把继承与发展作为马克思主义形成、存在与前进的两个不可分割的条件。他在主持“历史决议”起草的谈话中曾指出，如果离开实事求是来评价毛泽东思想和毛泽东的历史地位，这样的决议宁肯不作。他在后来进行新的理论创造时，也采取了这种态度。他在强调作为发展了的马克思主义的社会主义市场经济理论时，从不忘记坚持马克思主义和社会主义原则。他说：社会主义市场经济的优越性在哪里？就在四个坚持。他首先提出允许一部分人、一部分地区先富起来，同时强调必须把共同富裕作为社会主义的根本目标。为此，他特别指出：分配问题很大。少数人那么富，多数人那么穷，分配不公，不解决这些问题，总有一天会出问题。中国有 10 亿人口，1/10 的人富裕，90% 的人就要革命。所以，不能搞两极分化。正是他用马克思主义的态度来对待继承和发展，才形成了体现马克思主义基本原理同当代中国实际与时代特征相结合的科学理论，既坚持了马克思主义，又发展了马克思主义。

① 《邓小平文选》第 3 卷，人民出版社 1993 年版，第 63、3 页。

二、同上述问题相联系，我们的另一个教训，就是在相当长的时间里，没有用科学社会主义的态度对待社会主义本身，没有搞清楚“什么是社会主义，怎样建设社会主义”的问题。邓小平最重大的历史功绩就是创造性地回答了社会主义的一系列基本问题

我们知道，社会主义从空想到科学，经历了300多年（从1516年莫尔出版《乌托邦》一书到1848年《共产党宣言》，共332年）；科学社会主义从创立到一国胜利，经历了近70年（从1848年《共产党宣言》到1917年俄国十月社会主义革命）。我国社会主义制度的建立，离莫尔的《乌托邦》整整440年（离现在是488年），距马克思、恩格斯的《共产党宣言》108年（离现在有156年），但距第一个社会主义国家诞生仅39年。在苏联社会主义直接实践不到40年的情况下，我国社会主义制度在1956年建立后，只经过短短的10年社会主义建设时期，就遭遇了“文化大革命”，加上我们这样的国家非常容易受空想主张，包括我国历史上以封建小农经济为社会背景、以平均主义思想为内核的空想主张的影响，使我们对科学社会主义的研究和实践，不能不受到历史与社会环境的极大限制。特别是长期受传统思维模式的束缚，不能用实践的科学精神来对待实践中的社会主义。对于社会主义，我们只普遍地把它一般地归结为公有制、计划经济和按劳分配。我们概念中的社会主义和实践中的社会主义，是相互打架、相互矛盾的；概念中的社会主义目标（比资本主义优越，生产力高度发达，经济增长速度快，人民生活富裕等），同社会主义建设的方法（“大跃进”，“人民公社”，“三级所有、队为基础”，“国营”包打天下，平均分配，“四清”，“文化大革命”等）也是矛盾的、打架的。在许多情况下，我们是用实践来服从概念。所以，怎么也搞不清什么是真正意义上

的社会主义。在不短的时间里，我们建设的实际上是一种概念型的社会主义，是同社会主义根本目标相悖的社会主义。从一个长过程看，即从社会主义制度建立到改革开放的新时期，用邓小平的话说，我们建设的是一个自己“没有完全搞清楚”的社会主义。有些问题搞清楚了，有些问题没有搞清楚；不少基本问题搞清楚了，还有一些基本问题没有搞清楚。所以，他提出，对于社会主义，一定要在实践中去探索，甚至“摸着石头过河”。而探索、摸索的标准就是“三个有利于”。只要是有利于发展社会主义社会的生产力，有利于增强社会主义国家的综合国力，有利于提高人民的生活水平，就是社会主义的，就应当坚持。

正是这一“三个有利于”的标准，从根本上回答了什么是真正意义上的社会主义，深刻揭示了社会主义本身内蕴着的实践性、科学性与“人本”目标等重要特征。它是邓小平留给我们的认识、指导与探索社会主义的最重要的一份精神遗产。它告诉我们在社会主义问题上必须坚持以下几点真理性认识：

其一，社会主义必须是以实践为基础、通过实践检验和在实践中不断修正的社会。

实践是社会主义活的灵魂，是推动社会主义制度和社会生产力发展的不竭动力。社会主义既是在实践中产生的一种新形态的社会，又是在实践中变化着的一种具体形态的社会。它总是发生、成长和展开于一个国家的一定社会历史条件和一定历史发展阶段的。离开具体的实践而仅凭书本、别国经验和固有概念来判断、指导社会主义，都是违背社会主义自身发展要求的。邓小平把社会主义看作是实践中的活生生的社会主义，这一科学社会主义的实践观，为正确观察、认识社会主义本身，开启了一道最重要的真理之门。

其二，社会主义必须是以科学为指南、遵循客观规律并受其支配的按自身内在要求发展的社会。

科学是社会主义的脊梁，也是社会主义区别于任何空想主张的试金石。社会主义信奉的是科学，而不是迷信和教条。它要求以科学社会主义理论为指导，遵循辩证唯物主义与历史唯物主义原理，承认生产力对社会发展的决定作用，承认人民群众是推动社会前进的决定力量，严格按客观规律办事。违反科学，即离开科学理论的指导和违背客观规律的要求，必然要危害社会主义事业。邓小平在社会主义问题上的一个重要贡献，就是使社会主义重新回到科学轨道上来，用科学的观点来认识和构建社会主义，使社会主义在改革中不断完善、不断前进。

其三，社会主义必须是把阶级性与“人本”目标统一起来的、致力于人的解放和全面发展的社会。

在马克思主义看来，社会主义和共产主义革命，就是要实现阶级的解放和人的解放的统一。正如《共产党宣言》所指出的：“代替那存在着阶级和阶级对立的资产阶级旧社会的，将是这样一个联合体，在那里，每个人的自由发展是一切人的自由发展的条件。”① 社会主义作为运动，在致力于阶级解放的时候，其目的就在于使绝大多数的人上升为统治阶级，实现被压迫阶级的人的解放。社会主义制度建立之后，阶级的解放与人的解放在政治上达到了前所未有的一致；即使“一定范围内还存在着阶级和阶级斗争”，还有剥削，还有犯罪，但人民与人、民本与人本，仍然获得了前所未有的统一。从这个意义上说，社会主义制度下的以人为本，亦即以民为本。它摆脱了用阶级斗争来解释社会主义条件下的人、关系和一切事物的桎梏，恢复了马克思主义关于人和人们相互关系观点的本来面目。以人为本是对用“以阶级斗争为纲”来处理社会主义社会中各种关系和问题的否定。以人为本源于马克思主义关于人的全面发展理论，其科学内涵是指社会主义必须为人的全面发展、富裕与幸福创造一切必要的条件，这正是马克思主义的出发点和归宿，也只有社会主义和共产主义能够做到这一点。这同从生物学意义上来解释人，主张“抽象的人”、“脱离社会的人”的人本主义有着根本的、原则的区别。列宁说：人本主义“是狭隘的”，它“只是关于唯物主义的不确切的肤浅的表述”②。而以人为本则体现了共产主义学说所内蕴的崇高目的。这两者之间是完全不同的。正是在邓小平的领导下，中国社会主义在不断改革和完善自身的过程中，实现了最大范围内的民本与人本的结合，使以人为本、人的全面发展具有了最宽广、最

① 《共产党宣言》单行本，人民出版社 1964 年版，第 46 页。
② 《列宁全集》第 38 卷，人民出版社 1986 年版，第 78 页。

厚实的现实基础。邓小平也因此成为中国社会主义建设史上最具实践精神、科学精神与人本精神的领导人。

循着实践、科学和一切为着人这一思路，邓小平提出社会主义应当是一种把科学社会主义基本原理同本国实际和所处时代结合起来的社会主义，是一种摆脱人为国际化僵死模式的社会主义，在中国就是中国特色的社会主义。这样的社会主义，是在实践中不断探索自己发展道路的社会主义；是以解放和发展生产力，消灭剥削，消除两极分化，最终达到共同富裕为其本质的社会主义；是坚持“一个中心、两个基本点”的基本路线的社会主义；是现在和今后很长时期还处于社会主义初级阶段的社会主义；是实行社会主义市场经济的社会主义；是重视科学教育，把科学技术作为第一生产力的社会主义；是民主与法制健全的社会主义；是两个文明建设都发展、以人民物质文化生活水平不断提高为目的的社会主义；是全面与可持续发展的社会主义；是“一国两制”的社会主义；是以和平与发展为时代主题的社会主义。党的十四大把邓小平对中国特色社会主义理论的创造，概括为9条。中共中央宣传部在《邓小平理论学习纲要》中将它全面地概括为16条。上述中国特色社会主义理论的框架体系，是邓小平领导全党用科学社会主义的态度来对待社会主义本身，进行理论创造的伟大成果。它使社会主义走向了科学实践与创新的形态，形成了一种有中国特色的新形态的社会主义。这种新形态的社会主义在中国的创立，是邓小平对马克思主义和社会主义，对中国人民和世界人民的不朽的历史贡献。

实践证明，上述两个“对待”，即把马克思主义和科学社会主义用于对待马克思主义本身和社会主义本身，是中国特色社会主义理论创立的最重要、最根本的思想条件。有了这两个条件，中国特色社会主义在理论上与实践上就获得了空前强大的生命力。

（原载于《云南省纪念邓小平诞辰100周年论文选》，云南民族出版社2004年版）

中国特色社会主义理论是党长期执政和实现现代化与民族复兴的指南

在中国国际共产主义运动史学会举行“社会主义基本理论与当今社会主义实践”学术研讨会的时候，回顾中国共产党从20世纪50年代中期社会主义制度的建立，到全面建设社会主义时期、改革开放新时期和新世纪新阶段的历史，从理论层面上来研究中国特色社会主义理论及其科学体系，把中国特色社会主义理论作为继新民主主义革命理论后的又一伟大理论创造，作为中国共产党长期执政和胜利实现现代化与中华民族振兴的指南，有着十分重要的意义。

一、两种中国命运决战中诞生的两大科学理论

在中国近现代历史上，有三次两种中国命运的决战。第一次是共和制的孙中山与封建制的清王朝的较量，它所要解决的问题是推翻封建王朝，这是孙中山的伟大历史功绩；第二次是主张新民主主义和社会主义的以毛泽东为代表的中国共产党人，同帝国主义在中国的殖民统治和实行法西斯独裁的蒋介石反动派的较量，它要解决的问题是推翻三座大山，建立社会主义的新中国，让中国人民站起来，这是毛泽东领导中国共产党完成的伟业，是毛泽东的伟大历史功绩；第三次是主张民主、改革、发展，走中国特色社会主义之路的以邓小平为代表的中国共产党人，同几乎断送党和国家前途的“文化大革命”中“两个反革命集团”的较量，它所要解决的问题是在社会主义制度建立之后，中国共产党长期执政和确立社会主义的

正确发展道路，实现中国的现代化。在总结历史经验基础上，邓小平领导全党开辟了中国特色社会主义的道路，开创了中国现代化的新的历史进程，这是邓小平的伟大历史功绩。

这三次两种中国命运的决战，有两次是在中国共产党成立之后进行的。一次主要是在中国共产党和外部反动势力之间进行的，一次是集中在中国共产党内进行的。这两次两种中国命运的决战，呼唤和产生了两大理论，即新民主主义革命理论和中国特色社会主义理论。毛泽东和邓小平是这两大理论的主要创立者。这两大理论分别解决了在一个东方半殖民地半封建社会的落后的中国走新民主主义革命发展道路、建立人民政权和确立社会主义制度的问题，解决了在社会主义制度确立后处于社会主义初级阶段的不发达的中国，走有自己特色的社会主义发展道路和建设社会主义现代化问题，即开创了中国特色社会主义的新道路和开辟了现代化建设的新前景。

中国新民主主义革命理论和中国特色社会主义理论这两大理论，是以上述不同历史阶段、理论内涵和发展道路为其标志来加以命名的。这是中国共产党人在党的理论命名上突破传统、与时俱进的卓越表现。在马克思主义思想史、发展史上，有着以个人名字命名理论的传统。借鉴这一传统，我们党同时把对马克思主义的伟大理论创造，以个人名字分别命名为毛泽东思想和邓小平理论。上述两种概括，即中国新民主主义革命理论和中国特色社会主义理论（两大理论），毛泽东思想、邓小平理论，都是在一定的政治历史环境中形成的，相互间具有一致性与互补性；但在时间范畴和内容范围上，既是相同的，又有一定的区别。

这种相同与区别主要表现为：第一，中国特色社会主义理论在其内容上，既以邓小平理论为主体，同时又包含了毛泽东在我国社会主义制度建立初期对社会主义基本矛盾、主要矛盾、基本关系、建设规律及路线方针等的成功探索，即毛泽东思想中关于社会主义建设的重要内容。第二，中国特色社会主义理论的时间范畴更长。邓小平理论的起点是十一届三中全会前后。按照江泽民在纪念党的十一届三中全会20周年大会上的讲话，“当代中国的马克思主义——邓小平理论，是在这次全会前后开始逐步形成和发展起来的”。因此，邓小平理论同中国特色社会主义理论的起点

（社会主义制度的建立）是有时间差异的。而且，中国特色社会主义理论的时间向后将移至更加久远，是与中国共产党长期执政同在的历史过程。1994年12月22日，薄一波曾在《人民日报》撰文指出：建设中国特色社会主义，这个我们“党的认识史上的‘第二次飞跃’”，是“始于毛、成于邓，继往开来的探索过程”。这用在理论形态的表述上也应当如此：中国特色社会主义理论是“始于毛、成于邓”，后人作了丰富和发展，是一个继往开来的创造与探索过程。

对于上述两种理论命名及其概括，无论采用哪一种，或两种同时使用，都是允许的。它们都是中国共产党成立以来，两次两种中国命运决战的产物。新民主主义革命理论是中国共产党领导中国人民反对帝国主义、封建主义、官僚资本主义的新民主主义革命实践的产物；中国特色社会主义理论是中国共产党领导中国人民建设社会主义，探索什么是社会主义、怎样建设社会主义，建设一个什么样的党、怎样建设党，即建设中国特色社会主义实践的产物。中国特色社会主义，无论是作为实践形态，还是作为理论形态，现在都正处于展开的状态之中，它将为中国特色社会主义理论的进一步丰富、发展和完善，留下巨大的实践空间与历史空间。而且这一理论，既产生于当代中国命运决战的历史土壤之中，也必将长期影响和决定当代中国的命运。这种对中国长远与未来命运的决定与影响，体现了中国特色社会主义理论在科学内涵与历史内涵上的巨大包容性，使其可以成为中国社会主义百年以上长期实践中自由翱翔的理论，成为被一代又一代的中国人接受的发展形态中的理论。正所谓“生于斯，亦将长久于斯”。

二、中国特色社会主义理论创立的两个思想条件及其理论框架体系

中国特色社会主义的起点范畴是中国社会主义制度的建立，这是没有问题的。在中国社会主义制度建立到全面建设社会主义期间，毛泽东曾领导我们党对社会主义社会的基本矛盾，正确处理社会主义社会中敌我矛盾和人民内部矛盾两类不同性质的矛盾，正确认识和处理社会主义经济社会发展中的

基本关系，正确认识社会主义所处发展阶段，正确对待苏联发展模式、结合中国实际进行社会主义建设，正确认识和分析世界形势与发展格局等，进行了重大而艰难的探索，在很多重大理论和实践问题上，取得了成功，并且形成具有开创性历史意义的党的第八次全国代表大会“决议”及其所概括的基本路线。这些无疑都是中国特色社会主义理论的起始部分和重要内容，需要充分加以肯定。但是，为什么后来会中断了这些探索，并且走向了“左”的极端错误的方向，甚至发生了像“文化大革命”那样的全局性的严重错误。在1956年至1978年十一届三中全会前长达20多年的时间里，作为执政党的中国共产党，作为善于从中国实际出发的中国共产党，竟然没有能够形成对中国社会主义建设稳定的、正确的、全面的指导，这不能不说是最重大的失误。它使我们丧失了加入世界经济高速发展的宝贵机遇，其损失是难以估量的。所以发生这样的问题，其原因固然是多方面的，但有两条是最根本的教训：一条就是没有用马克思主义的态度对待马克思主义本身；一条就是没有用科学社会主义的态度对待社会主义本身。所以，后来邓小平说：“什么叫社会主义，什么叫马克思主义？我们过去对这个问题的认识不是完全清醒的。”[①] 这既是我们党发生全局性错误的两大思想理论根源，也是中国特色社会主义理论创立的两大思想理论条件。

当然，对于整个中国特色社会主义理论科学体系的概括，理论界正在研究之中。这样的概括既要反映这一理论“始于毛、成于邓”，后人作了丰富和发展的纵向的历史逻辑，更要反映历史进程中形成的基本理论的横向架构，包括这一理论架构中的逻辑起点、基本范畴和层次分列等问题。深入、系统地研究这一问题，是我们社会科学工作者的重大历史责任。

三、中国共产党长久执政和中国稳定快速发展的理论标识

到现在，中国共产党执政已经55年，中国也已经高度发展（GDP年

① 《邓小平文选》第3卷，人民出版社1993年版，第63页。

递增 9%以上）了 24 年（今年上半年 GDP 增长速度 9.7%）。我们党能不能再继续执政 50 年以上，执政时间长过百年，稳定发展长过百年，这是中国特色社会主义理论和实践要研究回答的一个最重大的问题。实现这“两个百年”、长过这“两个百年”，是中国共产党和中国人民的最大愿望。而要实现这样的愿望和目标，最重要的就是党的理论、路线、宗旨、方针、政策要正确；党的领导核心、党和国家权力机关、党的各级干部要经得起执政的考验；党要能领导中国实现经济的稳定快速增长，实现中国的现代化和中华民族复兴的伟业。

首先是党的理论要正确。理论正确，路线、方针才可能正确。而实现党百年执政、长久执政的理论，就是已经为我国改革开放 24 年实践证明是正确的中国特色社会主义理论。这一理论的上限，包括了从 1956 年开始的近 50 年间几代党的领导人和领导集体的理论创造，也包括了以胡锦涛为总书记的党中央在理论上的新建树。上限时段大致为 50 年。再经过 50 年左右，即下限时段，通过中国共产党新的一代又一代人的努力，中国特色社会主义理论将会更加丰富和完善，成为指导中国特色社会主义事业百年不衰的思想指南与理论标识。可以预见，在中国，这一理论将贯穿社会主义的全过程，统领全党和全国人民，指导我们党和国家不断前进。因此，我们必须以极大的热情和坚定的信念来研究这一理论，来实践它、丰富它、完善它。而要研究、实践、丰富和完善这一理论，当前最为重要的是要高度重视这一理论着重涉及的事关“两个百年”的关键问题，即执政与发展两大问题的研究。高度重视对共产党执政理论与实践的研究，高度重视中国经济社会稳定快速发展理论与实践的研究，真正解决好这两个方面的问题，是摆在我们党面前的重大历史课题。

世界各国政党执政的历史表明，任何一个政党，其执政的期限，都是由其所在国的内部条件和这个党自身的性质、状况所决定的。一旦党自身发生蜕变，必然要丢失掉政权，迅速走向死亡。尤其是连续执政的党，更是如此。考察世界上连续执政的党，时间最长的是苏联共产党，达 74 年。其次是墨西哥革命制度党，为 71 年。苏共党作为长期执政的一个大党，虽然在后期暴露出了党和国家政治生活中的许多问题，但谁也不曾想到，包括美国也不曾想到，这样一个党竟然会在顷刻之间覆亡，第一个社会主义国家竟然会在顷刻之间灰飞烟灭。苏共党的覆亡，被西方世界称之为世纪之谜。许许多多的社会主义者和资产阶级学者都来破解这一世纪之谜，其得出的结论有两条：一是认为苏共是自然死亡；二是认为苏共是集体自杀。这两个相联系的结论的共同点，就是强调苏共覆亡根源的内部性与上层性。苏共党内尤其是上层，从官僚主义弥漫，到形成特殊阶层、食利者阶级，到成为党的掘墓人，反映了执政党异化与自然死亡的一般规律。一旦执政党上层核心握取的权力由为人民变成为个人，发生权力异化，这个党必然走向覆亡。有统计材料认为，苏联在解体过程中，有2/3的财富被苏联上层人士所窃取。所以，美国学者说，苏共党是在自己的葬礼上致富的阶级。这是很有深刻见地的。

这一令全世界社会主义者和共产党人惊骇和恐惧的历史教训，会不会在另外一些共产党执政国家重演呢？这是值得我们深思的。深思之一，按照规律的条件性，任何一个执政的共产党，如果出现了像苏共党内和上层后期那种状况，权力不再代表人民，那么，其衰落和覆亡就是不可避免的；深思之二，我们的任务就是要为消除发生在党内和上层危及党，亦即使执政党发生异化的各种条件而斗争。而在消除使党发生异化的条件中，当前最为重要的就是要建设民主和遏制腐败。腐败是民主制的对立物，尤其是权力腐败、制度腐败，必须依靠彻底的民主制才能从根本上加以克服。而实行民主制的关键，是要解决好党和国家机关上层及各级执政官员的问题。因为他们手中握有重权，权力与利益很容易连接、结合、结构起来。因此，必须在执政党内和国家机关，在各级官员中，建立起民主制所要求的义务本位的制约机制。你是党员、党的领导干部，你是国家公务员、行政领导人，你的权力就要受到义务本位的约束，就不能特殊，不能食利，就要按“两个务必”行事。这样，共产党才能得到人民的真心的、长久的拥护。从这个意义上说，我们必须把民主制的建设问题作为共产党执政理论与实践研究的核心内容，加以重视，并用以指导实践。

在重视执政党理论与实践研究的同时，要进一步重视对我国经济社会稳定快速发展的研究。这个问题是十一届三中全会以来，我们党最重视、也是解决得相当好的一个问题。改革开放以来，中国经济持续高速增长，创造了世界经济发展的奇迹，相对于苏联解体，被西方世界称之为又一个世界之谜——中国之谜。一个被美国人宣布在20世纪末行将从世界上消失的社会主义制度，为什么会在中国有如此蓬勃生机与强劲势头？这是许多西方人想不通的。但是在高度发展20多年后，我们能否继续按比较高的速度再增长几十年、增长半个世纪，就有许许多多的问题需要研究和解决。特别是要看到，我们现在的高速增长，在很大程度上是建立在劳动力价格的低成本之上的。我们的高积累率、高利润率，是以干部、工人，特别是农民的低收入为代价的。而这种总体上低收入的状况，现在正急剧发生分化。我们现在可以明显地看到，一是不同行业、职业人员（如私营企业家与广大的工资收入者）之间，收入差距迅速拉大（可至几十倍、上百倍）；二是地区间和各地之间的同等岗位、同等劳动，差距迅速拉大。这种情况反映了我国目前收入分配的不合理性，甚至是一定程度上存在的两极分化。对于这种状况，如果要加以改变，增加广大低收入者的收入，就意味着整个劳动力成本的上升，再加上国内外资源价格上涨，必然会影响到国家积累率、利润率的下降；如果按现在这种状况继续下去，广大干部、人民群众必然不满意，难于调动各方面的积极性，也必定会影响经济社会的稳定发展。因此，怎样处理好社会分配与经济稳定快速发展的关系，将成为今后中国经济社会发展的一大难题。此外，还有国际竞争问题、生态环境问题、社会管理问题等，都会成为今后我国稳定快速发展面临的新的重大理论和实践问题。

（原载于《社会主义基本理论与当今世界研究》，云南民族出版社2005年版）

社会主义和谐社会：当代中国进步的一面旗帜

构建社会主义和谐社会，是我国社会主义发展历史进程中的一件大事，也是我国现代化建设及其架构变动升华过程中的一件大事，同时也是牵动海内外每一个中国人的心和每一个普通百姓生活的一件大事。它的提出具有极高的理论与实践价值，标志着我国社会、思想、文化变革达到了一个新的高度，理政治国达到了一个新的水平。构建社会主义和谐社会成为当代中国进步的一面旗帜，它犹如朝阳，照射到我国社会生活的每一个角落，影响到我国经济变革、制度提升、观念培育、社会改造和人的发展。

一、社会主义和谐社会在理论层面上的创新与进步

首先，社会主义和谐社会的提出，是对马克思主义未来和谐社会设想的突破。和谐社会作为一种社会理想和社会构建样式，在中国、在欧洲、在一切古文明国家，千百年来一直是人们的不懈追求。古希腊思想家柏拉图提出了“公正即和谐”的“理想国”。近代空想社会主义者圣西门、傅立叶把他们的理想制度称为“和谐制度”，欧文为其进行了长期实验。当然，他们的“和谐制度”，主要是从伦理道德和理性原则出发来设计的。马克思、恩格斯剔除了空想社会主义者的“空壳”，指出只有在革除资本主义制度基础上，在生产力高度发达和社会财富充分涌流的共产主义社

会，才能真正实现社会和谐和人的自由全面发展。马克思、恩格斯关于未来和谐社会的设想，是建立在制度变革与创新的现实基础之上的，这同空想社会主义的设想和以往各种关于社会和谐的设想，都有着本质的区别；当然另一方面，他们没有能够回答在社会主义制度建立后，在共产主义社会到来之前，能否实现社会和谐的问题。在社会主义社会，尤其是在社会主义初级阶段，能不能建设和谐社会，能不能逐步实现社会和谐？这是一个重大的理论和现实问题。中国共产党依据本国半个世纪以来社会主义的丰富实践，提出在社会主义初级阶段，通过努力能够构建社会主义和谐社会，并逐步实现社会和谐。这不仅在理论上，而且在实践上解决了和谐社会与社会主义、和谐社会与社会主义初级阶段的相互衔接问题，使我们可以把建设社会主义的过程同时作为建设和谐社会的过程，使两个过程同一、统一起来。这是我们党提出构建社会主义和谐社会在理论上的最大创新和进步。

其次，社会主义和谐社会的提出，同时也是对我国社会主义建设理论和现代化架构的突破。我国的社会主义建设理论，是以马克思主义为指导，以否定阶级斗争为纲，正确认识和处理社会矛盾和各种重大关系为前提，以人民当家作主的政治制度为保障，以社会主义改革为动力，以社会主义市场经济为机制的。我国的现代化建设架构，也是以经济、政治、文化，富强、民主、文明为其内容和目标的。社会主义和谐社会的提出，丰富了我国的社会主义建设理论和现代化建设思想。我国的社会主义建设是在社会主义革命基础上展开的，它首先重视解决的是政治制度问题，比较早地形成了中国特色社会主义的基本政治架构，确立了社会主义政治治理的合法性和有效性；接着相继解决的是经济制度问题，在经过计划经济的过渡之后，进行社会主义市场经济体制的设计，形成了中国特色的社会主义市场经济体制，解决了社会主义经济的内在动力和发展机制问题；与此同时，贯穿解决的是思想文化导向问题，进行社会主义文化建设，形成了中国特色社会主义的核心价值理念及其指导思想，解决了意识形态的科学定位和社会发展的前进方向问题。而社会主义和谐社会的提出，所要解决的是社会主义社会发展的全面性、公平性与持久性问题，它从中国社会性状、社会公正、社会动力、社会进步、社会稳定和人的全面发展，从社会关系、社会环境、社会管理等层面上，丰富、发展了中国特色社会主义的建设理论。同时，也使我国的现代化建设架构从经济、政治、文化三位一体，发展到经济、政治、文化、社会四位一体，使现代化建设目标从富强、民主、文明三位一体，发展为富强、民主、文明、和谐四位一体。这四位一体的新架构，更加集中地体现了我国现代化建设和经济社会发展的全面性、科学性与前瞻性，标志着我们对社会主义现代化的认识达到了一个新的高度。事实上，一个国家的富强，民主程度的提高，文明程度的上升，并不等于就实现了整个社会的和谐。经济、政治、文化、社会，富强、民主、文明、和谐，对于一个先进的成熟的社会制度，对于社会主义现代化的成功建设来说，都是不可或缺的。它们是互为条件、相互作用、彼此贯穿的，缺少了一条，另外几条就很难实现，社会进步就会受到严重损害。

最后，社会主义和谐社会的提出，也是对中国传统文化和谐思想的丰富和提升。中国传统文化中关于和谐思想、和谐理论的论述很多。中国社会可以说是一座和谐思想、和谐理论的巨大文化宝库。从远古社会的“中和”思想及其“太极图”，到诸子百家儒、墨、道、法的“中庸”、“非乐”、“天地人并生”，孔子“礼运”中所提“天下为公”、“大同社会”及其发展而来的“太平盛世”、“小康社会”等，无不充满了和谐的理念、理论。比如，与古希腊哲学家毕达哥拉斯同时期的孔子提倡的中庸之道，主张“人不独亲其亲，不独子其子。使老有所终，幼有所长，矜（鳏）寡孤独废疾者皆有所养。男有分，女有归”，夜不闭户，路不拾遗等，其主张就是地地道道的社会和谐论。又如，道家关于人与自然合一的思想：“天地与我并生，而万物与我为一”；关于变数和谐、变化和谐的思想：老子在《道德经》中说“道生一。一生二。二生三。三生万物。万物负阴而抱阳，冲气以为和”。他主张事物相互关系变化中的和谐。又说，“道大、天大、地大、人亦大。域中有大，而人居其一焉。人法地，地法天，天法道，道法自然”。他主张人、地、天、道、自然相互遵从与和谐发展。这方面可举的人物、论述还有很多很多。如果同西方比，中国的和谐思想、和谐理论发生发育要更早、更充分。但是，在中国，无论是学者，还是统治者，都没有从社会整体层面上提出建立和谐制度、和谐社会的问题。中国共产党在跨入21世纪不久，鲜明地提出了构建社会主义和谐社会。社会和谐不仅作为一种思想、一种理论受到高度重视和推崇，而且作为一种社会性状、社会架构、社会机制、社会目标和理政治国的实践战略提了出来，作为中国共产党执政能力建设的一件大事提了出来。这在中外思想文化发展史和执政史上，在社会主义发展史上，都是没有的。它既继承了中国传统文化和谐思想的精华，又提升、丰富、发展了中国传统文化中的和谐思想，在社会构建层面上实现了和谐思想继承与创新的统一。

二、社会主义和谐社会的核心概念：富裕、公平与永续发展

党的十六届四中全会《决定》指出，社会主义和谐社会是“全体人民各尽其能、各得其所而又和谐相处的社会”。这是对社会主义和谐社会内涵的界定，也是对社会主义和谐社会本质特征的揭示。胡锦涛在省部级主要领导干部提高构建社会主义和谐社会能力专题研讨班上发展了这一思想，指出：“我们所要建设的社会主义和谐社会，应该是民主法治、公平正义、诚信友爱、充满活力、安定有序、人与自然和谐相处的社会。”并且把这几条作为社会主义和谐社会的基本特征。研究这两方面的表述，我们可以看到，建设和谐社会，核心的问题就是要按照科学发展观的要求，实现全体社会成员的有序富裕，权利、机会、利益的公平，保持整个社会的永续发展。富裕、公平和永续发展，是社会主义和谐社会的三块基石，是社会主义和谐社会的核心概念，也是建设社会主义和谐社会的真正目的。

（一）实现社会的富裕和由此需要的加快发展，是社会主义和谐社会的基本目标

中国一切问题的关键在于经济的不发达，中国一切问题的症结在于人多而穷。我们知道，在相同条件下，经济因素是构成一切社会矛盾、一切社会问题的总根源。不解决发展问题、人民生活富裕问题，就不可能真正

实现社会和谐。历朝历代任何一个成功的执政者，都是以富民治天下。不岗难为其能，不得难安其所，不富难兴其邦。如老子所说："不贵难得之货，使民不为盗。"衣、食、住、行，物价、房价、工资问题，下岗工人生活问题，农民收入问题等，都事关民心向背，事关国家稳定。我国现在已迈过温饱阶段，从2000年起进入了全面小康时期，但这不等于全国，特别是农村和每一个地区都进入了全面小康，更不等于我国社会的全面富裕。2000年全国人均国民生产总值850美元的全面小康起点标准，直到现在云南还尚未达到。今年1月21日徐荣凯在《政府工作报告》中说，云南人均国民生产总值已到800美元。即使这样，离全面小康起点标准也还差50美元。至于农村，问题就更大了。2001年，云南农村农民人均纯收入仅为1533元，相当于全国平均水平的64%，即不足200美元，而且仅比上年增加55元。按这种速度，云南农村至少还要花几十年来解决全面进入小康的问题。这种经济发展水平和人民生活状况，是令人担忧的。因此，构建和谐社会，首要的任务仍当是发展经济，改善人民生活，增加农民收入。从这个意义上说，和谐之道首先必是发展之道、富国之道、富民之道。和谐社会从根本上说，就是富民社会。

（二）构建和谐社会的核心是要实现社会公平

实现社会公平，是构建社会主义和谐社会的又一基石。社会公平是社会政治利益、经济利益和其他利益在全体社会成员之间的合理分配，它意味着权利的平等、分配的合理、机会的均等和司法的公正。按照马克思主义的观点，社会主义和谐社会，是既体现公平又促进效率的社会。没有效率就没有社会的发展，没有公平就没有社会的和谐。社会公平体现了社会主义本质的要求，是社会主义和谐社会的核心价值，也是衡量社会正义、社会公正、社会进步的重要尺度。

随着我国改革的深入和社会主义市场经济的发展，社会公平越来越成为全社会关注和十分敏感甚至是相当尖锐的问题。这些问题从不同层面上日渐凸显出来。

首先是社会各阶层和社会成员间分配差距过大而凸显出来的分配不公。反映居民收入分配状况的基尼系数，我国在2000年已经超过0.4的国际警戒线，而且以后每年都有所上升。一般认为，基尼系数低于0.2为高度平均；低于0.3为相对平均；0.3～0.4比较合理；0.4为贫富差距警戒线；0.6为动乱线。我国政府财政部门负责人金人庆报告称，我国基尼系数已达到0.434，学者认为已到0.5。与此相对应的是，中国社科院《中国城乡收入差距调查》指出，中国目前城乡收入差距已居“世界最高”。经济发展水平同我国大体相同的国家，城乡居民收入差距一般是1.7倍，而我国已达到3倍以上（我国城乡收入比例：1978年是2.6∶1，1985年是1.9∶1，1988年是2.1∶1，1994年是2.9∶1，2002年是3.1∶1，2003年达3.33∶1。有关专家估计，实际已达到6∶1）。而世界大多数国家的比例为1.5∶1。这种收入与分配上的差距不仅反映在不同行业、不同职业之间，而且反映在同一职业、同种岗位之间。例如，同是公务员工资，广东就是云南的数倍。广东一个科级干部的工资，比云南厅级干部的工资还要高。同是省部级干部，在云南、吉林这些地方，一年平均收入就是三四万元，在北京是十多万元，上海要到十六七万元。至于企业之间和企业内部，那更不用说。有的企业工人只能拿到几百元的工资，而有的大企业老总年薪能达到170万元。在城镇，家庭20%的最高收入户与20%的最低收入户年人均收入的比例，也由1990年的4.2∶1上升到1993年的6.9∶1，到1998年达到9.6∶1。所以中央提出，要“注重社会公平，合理调整国民收入分配格局，切实采取有力措施解决地区之间和部分社会成员之间收入差距过大的问题，逐步实现全体人民的共同富裕”。实现扩大社会中间层，增加就业，缩小低收入和困难群体，缩小地区间收入差距，完善收入分配制度，严厉打击腐败和非法致富，加大政府转移支付能力，改善社会关系和劳动关系等项社会和谐目标和要求。

其次是农民、工人等社会群体为改革发展所承担的代价与得到的补偿不对称。在工业化初期，我国农民因农产品价格剪刀差而长期失去价格利益；在工业化中期，工业反哺农业、城市支持和带动农村又十分不足。从而，导致农民人均收入很低，农民负担很重。同时，在城市，由于推行经济体制改革和进行经济结构调整，国有企业特别是制造业系统出现了一支庞大的下岗失业工人队伍。这批产业工人、广大农民曾经为我国的改革发展付出了相当大份额的成本代价，这一成本代价理应由全社会负担，但是直到现在实际上仍主要由农民、工人，尤其是其中一部分人，比如很少享受工业化及交通、通信、旅游发展成果的边远山区农民、失地农民和下岗失业工人承担。而应由全社会共享的改革成果，又被一部分人主要享受，一些阶层和企业主成了最大的受益者。他们同广大的工人、农民、干部相比，享受到的改革开放成果可以说有天壤之别。这方面的问题，应引起我们的足够重视。

最后是东、中、西部依次发展、投资倾斜、效益分享不对等引起的地区发展及贫富差距拉大。据统计，自20世纪80年代以来，国家基本建设投资及贷款投资总额，60%以上放在东部，西部地区不足20%。以1995年社会固定资产投资为例，全国人均投资1670元，东部地区为2835元，西部地区仅为770元，相当于东部的1/4。从投资结构看，国家投资东部是西部的3.8倍，外资投资是18.9倍。从教育投资上看，东部一般占到全国投入的60%，而西部仅为16%。这种国家和社会投资的严重倾斜是导致东西部差距逐步拉大的重要原因。改革开放初期，我国西北5省区的人均国民生产总值均高于福建，其中青海高于广东。到2001年，广东人均国民生产总值为13730元，福建为12362元，远远高于西北5省区，其中广东人均国民生产总值是青海（5735元）的2.4倍。而且，现在东西部发展差距仍在拉大。20世纪末以来，中国实施西部大开发战略，成效是显著的。但是，发展差距拉大的势头，仍未得到改变。

上述这些问题不解决，社会公平就无法实现。问题是在我国现阶段，特别是在社会主义市场经济条件下，能否解决这些问题。有人说，发展市场经济就必然带来社会不公、贫富悬殊，甚至两极分化。按照这一逻辑，在我国社会主义初级阶段，在发展市场经济的条件下，构建社会主义和谐社会就没有可能。应当怎样看这个问题呢？我们都知道，市场经济的本质是按市场要求合理配置资源，它是社会化大生产和生产力发展到一定阶段的产物，为每一个市场主体提供发展的机遇，因而是一种平等的经济。市场经济是天生的平等派，成熟的市场经济给予人人平等的权利。这是一方面。另一方面，市场经济的资源配置是靠人去运作、去实现的，而人的智力、知识、经验是不同的。所以，市场经济作为智力经济、知识经济，在平等的人人面前，又必然给出“不平等”的结果，即平等地进入，“不平等”地走出。这就是市场经济的特质。所以，市场经济必然产生收益、收入上的大不同，这就需要社会主义国家运用分配、再分配的政策杠杆，对收益、收入结果进行调节。

在构建和谐社会中，处理好发展市场经济和实施国家宏观分配调控政策的关系，运用好构建和谐社会的这两把钥匙非常重要。一把钥匙是建立成熟的市场经济体制，发展成熟的市场经济，让社会财富在市场经济体制、机制下充分涌流。构建和谐社会，不但不能怕市场经济，而且要大力发展市场经济。没有市场经济的充分发展，就没有和谐社会的巨大物质基础。另一把钥匙是建立国家成熟的社会分配调节机制，在规范财产制度、税收制度，完善监督机制的基础上，建立和形成“各尽其能、各得其所”的社会主义的一、二、三次社会分配制度和机制。做到一次分配按市场经济要求配置社会资源，建立市场主体间互补双赢的关系，体现效益为主的原则。二次分配通过税收调节和财政转移支付解决社会公平问题。一些欧洲国家实行对企业主征收60%～70%的个人所得税而对企业员工只收很少的个人所得税的政策，另外还有一整套健全的社会福利政策。目前，我们在这方面存在的问题还比较多。除了在纳税问题上调控机制、监督机制不健全外，国家在教育、文化、卫生等公共事业、公共服务上的投入也十分不足。以群众反映最为强烈的医疗卫生事业投入为例，从各国卫生投入占国民经济总产值的比例来看：美国13.7%，德国10.5%，法国9.8%，巴西6.5%，古巴6.3%，印度5.2%，中国2.7%。我国有近1亿人口没有获得医疗服务，近20%的农村县未达到“2000年人人享有初级卫生保健”规划目标的标准。在卫生负担公平性方面，中国排到世界的188位，即倒数第四。这些问题都要通过二次分配中的财政转移支付等措施来解决。三次分配是实行社会收入的转移支付，即从支出上进行调节，在一些社会生活领域里，让富人多出钱，穷人少出钱。比如，通过引导、鼓励富人捐资建立各种社会基金，资助公益性事业或慈善事业，发挥社团、社会关系网络“第三域”作用，实现部分社会收入转移回归社会，以发展社会、文化、教育、研究、医疗、卫生等项事业。建立这样的基金，国际上通行的办法是免除捐款的所得税，并以个人或企业名字命名基金。这三次分配，一次分配讲市场效益，二次分配重社会公平，三次分配改变个人社会资源配置流程，引导过富层社会资源部分回归社会，实现市场、国家、社会“三域”分配效应良性循环。当然，这三次分配在空间上要坚守各自的边界，在时间上要依次展开，在政策上要逐步推进，以便既保持社会活力，又促进社会公平。

（三）构建和谐社会还要解决永续发展的问题

永续发展是社会主义和谐社会的保障，是社会和谐的第三块基石。社会主义和谐社会的核心概念，不应只是富裕和公平。因为，富裕、公平并不能涵盖对自然资源的永续保护和利用。如果搞短期行为，竭泽而渔，资源条件和环境被破坏了，即使一个时期社会富裕了，下一个时期也必然要走向贫穷。

永续发展是中国式的可持续发展概念。它在中国古今社会中有着丰富、厚实的思想文化积淀，其基本内涵就是：不违天地自然，不耻竭泽而渔，不唯足其我，而顾足其后，以续天时、地利、人和。这同可持续发展思想本质上是一致的，都是立足于“既满足当代人的需要，又不对后代人满足其需要的能力构成危害”。当然，中国人没有用这样的现代语言准确表述出一个世界性的可持续发展战略。这是20世纪80年代联合国对可持续发展核心思想作出的一个科学界定。在这方面，联合国的多次决议和决策将惠及整个人类社会和全球的长远发展。

问题不在于用中国式的或国际社会通行的概念。这里之所以要谈及这个问题，是想把中国传统文化中的永续发展思想同可持续发展思想和战略连接起来。现在的问题在于，实现永续发展或可持续发展我们面临的问题和怎样解决这些问题。总括起来，问题何其大哉，解决又何其难哉！

据1972年罗马俱乐部和麻省理工学院发表的《增长的极限》报告，按当代工业发展的规模和速度，全球工业许多传统资源将在几十年到100年内耗尽。如铝的可利用时间为31年，由于储量增加了5倍而延长到55年；铜的利用只有36年的寿命，如果储量增加5倍，可利用时间为48年。报告还指出，地球适合于农业生产的土地最多有32亿公顷，目前用来生产粮食的已占总数的一半。如果不计高额成本费用来开发另一半土地，按世界平均每人0.4公顷土地测算，地球最多能养活80亿人（按美国0.9公顷养活一人计算，则只能养活36亿人）。所以，报告提出世界工业和人口的“0”增长理论。这个结论虽然消极，但也实出于无奈。在我国，资源短缺和耗损也是严重和巨大的。一方面是资源短缺。我国淡水、耕地、森林和草地等自然资源人均水平，分别为世界平均水平的28.1%、32.3%、14.3%和32.3%。矿产资源人均占有量仅为世界平均水平的58%。我国45种主要矿产资源，到2010年，国内保障供给的只有11种；到2020年，只有9种；到2030年，可能只有3种。铁矿、铝矿等重要矿产更是短缺。我国煤炭消费现在已达15亿吨，占世界的30%，2020年将需煤炭60亿吨。缺水也是一个很大的问题。我国七大水系五类劣质水占30%，有3.6亿人喝不上清洁水。全国600多个城市中，400多个缺水，110个严重缺水。昆明市最近公布，全市水资源人均拥有量为300立方米，仅为全国人均值的28.9%。整个滇中都是缺水的地方，如果不及早实施金沙江上游虎跳峡调水工程，滇中缺水和滇池污染问题很难解决。另一方面，资源耗损又十分严重。2003年我国资本形成占GDP的比重高达到42.7%，大大高于美国、法国、德国，甚至印度等20%的水平。其中，每万元GDP消耗钢材是世界先进水平的5.6倍；工业万元产值用水量为100立方米，是世界先进水平的10倍；每单位GDP废水排放量比发达国家高4倍，每单位工业产值生产的固体废弃物比发达国家高10倍以上。这些问题不解决，发展绝无可能持久，社会和谐也绝难实现。

因此，中央提出必须走新型工业化道路和实施可持续发展战略。首先要大力发展循环经济，抓好资源节约和综合开发利用。坚持资源开发与节约并重，把节约放在首位的方针。以节约利用资源和提高资源综合利用效率为核心，形成有利于节约、减少污染的生产模式和消费模式，构建资源节约型的国民经济体系和资源节约型社会。

同时，要加强对环境污染的治理，抓好生态环境建设。从源头上控制污染，严格清理高污染项目，淘汰高污染行业，彻底改变以破坏资源和环境为代价的粗放型增长方式。当然，这些问题，说说容易，真正解决起来就很难。我曾在1999、2000、2001年三年中，连续三次到云南森林覆盖率最高的思茅（今普洱）景谷县作调查，三次走过90多公里的景云森林长廊，深入人迹罕至的云中麻黑原始林区考察，发现靠景谷县城附近的威远江边的纸厂每年要吃掉景谷县20万方以上的木材，是危及这片南中国林海的一个污染源产业。2001年，由于这个厂造纸的需要，仅森林长廊两边就被砍去8万多方木材，这条路上原本是树木遮天蔽日，一下子变得阳光灿烂、尘土飞扬。所以，我在省政协常委会上提了意见，并以“远去的绿海明珠”为题写了文章，在《云南日报》、《春城晚报》、《东陆时报》、《生活新报》、《都市时报》等各报发表，还送了材料给县上的领导，但丝毫没有遏制住这个纸厂砍树造纸的势头。2001年后，这个纸厂又注入了外资，生产规模更大，砍伐森林更甚。似此下去，资源保护和污染治理，有何盼头?!

再一个措施，就是要继续严格控制人口增长，提高人口素质，确保人口和计划生育工作目标，实现人口、资源和环境相协调。这方面的任务也十分艰巨和繁重。

总之，构建和谐社会，既要加快发展，解决分配不公的问题，又要全面实施可持续发展战略，走富裕、公平和永续发展的道路。抓住了这三条，就抓住了构建和谐社会的重点，就能带动构建和谐社会的全局性工作。

三、构建和谐社会要处理好的几重关系

（一）人与自然、人与社会、人与人、人与自身的和谐关系

1. 第一层关系

人首先是自然的人。人是自然界的产物，是自然界的组成部分。正如马克思、恩格斯所说：“人直接地是自然存在物。”“我们连同我们的肉、血和头脑都是属于自然界和存在于自然之中的。”他们认为，人不能让自然来服从人类，而只能根据人和自然都必须遵从的规律来“引起、调整和控制”人与自然的物质变换。在马克思、恩格斯逝世后的一百多年间，由于传统工业化进程加快，迅速加剧了人与自然的矛盾和冲突。20世纪是人

与自然关系扭曲和全球环境遭受严重破坏的世纪，同时也是人类遭到大自然严厉报复的世纪。中国 1997 年创历史纪录的全年 226 天黄河断流，1998 年长江大水灾和 2002 年北京地区空前频繁的强沙尘暴，就是生态环境破坏、人类遭受大自然惩罚的一个历史性标志。这三件震撼国人的大事，标志着我国生态环境史上一个新的时期已经来临：解决人与自然的不和谐即矛盾和冲突，已经成为我国经济社会发展的首要问题。当然，同时也成为构建和谐社会要解决的重大问题。

2. **第二层关系**

人同时又是社会的人。按照马克思的观点，人是社会关系的总和。人只有在一定的社会物质生产条件下，结成一定的社会关系和联系，才能从事社会实践活动。人一刻也离不开社会、离不开群体、离不开特定的社会组织。社会及其群体和各种组织，要为人的生存、发展提供必要条件。构建和谐社会就是要为作为社会的人创造“各尽其能、各得其所”的条件，以实现社会的平等、正义和人与社会的和谐交融。

3. **第三层关系**

在自然界和人类社会中，人又总是作为个体的人，即特定关系中的自然人与社会人而出现的。在这里，社会关系被具体化为不同个体的各个人之间的关系，即人与人的关系，阶级、阶层的关系，从而产生人们之间的依存、和谐与矛盾、冲突。在社会主义和谐社会中，人与人之间的依存、和谐，上升到了主导地位，但矛盾、冲突依然存在。构建和谐社会，就是要正确对待和处理人们之间的相互关系，做到我为人人、人人亦为我，诚信友爱，礼让尊重，互助与共。

4. **第四层关系**

上述人与自然、人与社会、人与人之间的关系，必然地要反映为人外部世界与内心世界的相互联系，构成人与自身的关系。人与自身的和谐是社会和谐的重要内容和重要标志。这一和谐的标识，就是康德所说的愉悦。他说，这应当成为人的最高认识价值目标。愉悦，也就是我们通常所说的快乐。人与自身和谐，乃至整个社会的和谐，都应以快乐为衡量的重要尺度。在当代，许多国家都把它作为衡量国家发展的综合指标。例如，英国提出：衡量一个国家相对成功的最佳指数是快乐，而不是 GDP。不丹从 20 世纪 60 年代起，就以“全国快乐指数”来度量国家的发展。但是，目前在许多发达国家和不发达国家中，最重视的依然是人均 GDP 的增长。在世界大多数国家中，经济的发展同和谐程度即快乐和幸福的实现程度，不但不是同步的，甚至是相悖的。在美国，从 1950 年到 2000 年，人均 GDP 增加了 3 倍，但患抑郁症的人也由 1950 年的 2% 发展到 2000 年的 14%，增加了 7 倍。世界上最庞大的垄断企业——美国标准石油公司总裁老约翰·洛克菲勒，38 岁赚到了第一个 100 万美元，在巨大压力、紧张、惊恐与无休止地追求金钱的煎熬中活到 53 岁时，因极度忧虑和劳累摧毁了全身健康，毛发脱落，身体僵直。他每周可以收入数万元美金，但每天却吃不下不到 2 美元的酸奶和苏打饼干。在世界卫生组织公布的目前负担最重的 10 种疾病中，抑郁症占到了第二位。目前，全球患有抑郁症障碍的人高达 3.4 亿，占患病率的 5%，总耗费负担为 6000 亿美元。在环境、社会、文化冲突等压力下，我国实际上有 20% ~40% 的人精神上处于亚健康状态，即人和自身处于不和谐的状态。卫生部负责人公布，我国每年有 28.7 万人死于自杀，占死亡人数的 3.6%，居 1995—1999 年人口死因的第五位。2003 年，全国因非典死亡 349 人，同年全国自杀 28 万人，平均每天 700 多人，而且 1 人死亡，还有 8 人未遂（北京大学精神卫生研究所：我国每年至少有 25 万人自杀，还有 200 万人自杀未遂）。中国已经成为世界上自杀率最高的国家之一，自杀率为 23/10 万人，是国际上其他国家平均值的 2 倍以上。究其自杀原因，无非是不快乐到了极点，人与自身不和谐到了极点。这里，有一个问题值得研究，为什么不同的人，遇到同样的困难和压力，有的人放得下，有的人会走上不归路？其中，人与自身关系的调节起着关键的作用。所以，构建和谐社会，不仅要重视人与自然、人与社会、人与人关系和谐的研究，而且要重视人与自身和谐的研究。处理好这四层关系，是从环境层面、政策层面、人际层面、内心层面构建和谐社会的深层要求。

（二）经济与社会、政府与社会的和谐关系

构建和谐社会，首先要摆正经济发展与社会发展的关系。不能“重经济增长，轻社会发展”；不能认为“经济指标硬，社会指标软”。其实，社会指标，诸如控制环境污染，提高城市化水平，扩大社会保障覆盖面，推进教育卫生科技文化发展，以及增加人均寿命，控制失业率、贫困发生率等，都是实实在在的硬指标。经济和社会，有如社会主义和谐社会的两翼，一只硬、一只软，就会偏离方向，远离航程。我国现在的情况是，一方面是经济快速增长，另一方面是社会矛盾凸显，经济与社会发展不协调、不和谐。其中，一个主要表现就是公共财政对经济的投入和对社会事业的投入比例不合理。改变这一状况，不仅有利于社会发展，有利于改善收入分配格局，而且也有利于经济发展本身。

构建和谐社会，同时要处理好政府与社会的关系。在计划经济条件下，政府不仅要负责一切行政事务，而且几乎包揽了一切社会事务，现在这种情况已经有很大改变。但是，随之而来的是政府对社会的宏观协调和公共服务职能弱化。在我国，相对来说，比较发达的是政治国家，比较瘦弱的是市民社会，政府、社会一胖、一瘦，也不对称，走起路来常常是歪歪倒倒。所以，政府要加强对社会的培育和建设。在社会事业发展上要担当起主导的责任。随着市场经济的日趋发展，政府要把工作的重点转移到社会发展领域，尤其要转移到不能完全依靠市场调节的公共产品和公共服务领域上来。同时，政府和社会都要依法办事，相互尊重彼此权利，不断完善和加强政府工作的社会监督机制，让社会放心、市民放心。再就是要合理分配、整合、调动、引导社会资源，形成政府与社会互动的有利于和谐社会发展的社会资源架构、社会资源流向。在构建和谐社会中，政府和社会之间，政府始终是矛盾的主要方面，只有政府的认识和工作问题解决好了，才能实现经济、社会之间的和谐，既确保经济发展，又确保社会发展。

（三）构建和谐社会与全面建设小康社会、与树立和落实科学发展观的关系

社会主义和谐社会既是一种价值目标，又是一个不断推进的社会历史

进程。从这个角度看，构建和谐社会与全面建设小康社会的现实起点、实践过程和发展目标是相一致的。和谐是一种社会性状，是小康社会建设追求的理想目标。一方面，和谐社会的提出，是对全面小康的坚持和发展，深化了小康社会建设思想的内涵，丰富了小康社会建设的发展战略，使全面建设小康社会在理论形态和实践基础方面更加完善和系统。另一方面，建设社会主义和谐社会，将是一个比全面小康更长的历史过程，它将贯穿于新世纪新阶段社会主义发展的全过程，不仅在社会主义初级阶段，而且在社会主义高级阶段上，社会主义和谐社会的建设都不会止歇。我们今天建设和谐社会，既是为小康社会建设所要求，又是为未来社会主义的发展创造和谐的社会基础。

构建和谐社会是我国社会主义建设的全局性重大社会发展战略，必须在科学发展观的指导下进行。科学发展观的本质和核心，是坚持以人为本、全面协调可持续发展。其基本要求是：统筹城乡发展、统筹区域发展、统筹经济社会发展、统筹人与自然和谐发展、统筹国内发展和对外开放。科学发展观的内涵和“五个统筹”本身，正是和谐社会的要求。从这个意义上说，科学发展观也是和谐发展观。科学发展观与和谐社会，是指导层面和目标与社会架构层面上的两个问题，既有依存的关系，又有依托的关系。和谐社会的提出，是落实科学发展观的必然要求；而建设和谐社会，则是科学发展观在社会领域的重大实践。社会主义和谐社会的建设有赖于科学发展观的指导，而科学发展观的落实也有待于社会主义和谐社会的构建，二者都统一于中国特色社会主义建设的理论与实践中。

（原载于《学术探索》2005 年第 5 期）

实现富裕、公平和可持续发展

——学习胡锦涛总书记在滇考察重要讲话精神的体会

胡锦涛今年5月考察云南时指出：要扎实推进社会主义和谐社会建设，保持社会安定和谐，强调“要高度重视解决好人民群众最关心、最直接、最现实的利益问题”，“抓住同人民群众生产生活息息相关的突出问题”。从构建云南和谐社会的角度看，云南人民最关心、最直接、最现实的利益问题和与生产生活息息相关的突出问题，主要就是：富裕、公平和可持续发展。富裕、公平和可持续发展，既是社会主义和谐社会的三块基石，又是云南建设和谐社会需要从根本上解决的问题。

实现人民的富裕和由此需要的又快又好发展，为加快构建社会主义和谐社会，建设和谐云南提供牢固基础。中国一切问题的关键在于经济的不发达，云南更是如此。这是构成我国和云南一切社会矛盾、一切社会问题的总根源。不解决发展问题、人民生活富裕问题，就不可能实现真正的社会和谐。因此，云南构建和谐社会，首要的任务还是发展经济，实现云南经济又快又好发展。

实现社会公平，让全国人民和云南各族群众能够共享改革开放和经济发展的成果。实现社会公平，是构建社会主义和谐社会的又一基石，也是实现云南经济社会长期稳定健康发展的重大政治任务。社会公平是社会政治利益、经济利益和其他利益在全体社会成员之间的合理分配，它意味着权利的平等、分配的合理、机会的均等和司法的公正。按照马克思主义的观点，社会主义和谐社会，是既体现公平又促进效率的社会。没有效率就没有社会的发展，没有公平就没有社会的和谐。社会公平体现了社会主义本质的要求，是社会主义和谐社会的核心价值，也是衡量社会正义、社会公正、社会进步的重要尺度。

随着我国改革的深入和社会主义市场经济的发展，无论是在全国还是在云南，社会公平方面存在的一些突出问题，越来越受到全社会的关注。怎样解决这些问题？学习胡锦涛视察云南的讲话，最为重要的是要处理好发展市场经济和实施国家宏观分配调控政策的关系，运用好构建和谐社会的“两把钥匙”。一是建立成熟的市场经济体制，发展成熟的市场经济，让社会财富在市场经济体制、机制下充分涌流。构建和谐社会，就要大力发展市场经济。没有市场经济的充分发展，就没有和谐社会的巨大物质基础。二是建立国家成熟的社会分配调节机制，在规范财产制度、税收制度，完善监督机制的基础上，建立和形成“各尽其能、各得其所”的社会主义的一、二、三次社会分配制度和机制。做到一次分配按市场经济要求配置社会资源，建立市场主体间互补双赢的关系，体现效益为主的原则。二次分配通过税收调节和财政转移支付解决社会公平问题。三次分配是实行社会收入的转移支付，即从支出上进行调节。比如，通过引导、鼓励先富起来的人捐资建立各种社会基金，资助公益性事业或慈善事业，发挥社团、社会关系网络“第三域”作用，实现部分社会收入转移回归社会，以发展社会、文化、教育、研究、医疗、卫生等项事业。通过健全和完善三次分配，促进社会公平的逐步实现。

全面实施可持续发展战略，解决好自然资源的永续保护和利用问题。可持续发展是实现社会和谐的第三块基石。构建社会主义和谐社会不仅要解决富裕和公平问题，而且要解决好自然资源的永续保护和利用问题。如果搞短期行为，竭泽而渔，资源条件和环境被破坏了，即使一个时期社会富裕了，下一个时期也必然要走向贫穷。胡锦涛这次在云南的讲话特别强调了“要着力加强生态环境保护和建设”。指出，云南要加倍珍惜良好的生态条件，“坚持保护优先、开发有序的原则”。这对云南构建和谐社会，实现永续发展非常重要。

在云南，要实现永续发展，必须走新型工业化道路，全面实施可持续发展战略。首先，要大力发展循环经济，抓好资源节约和综合开发利用。坚持资源开发与节约并重，把节约放在首位的方针。以节约利用资源和提高资源综合利用效率为核心，形成有利于节约、减少污染的生产模式和消费模式，构建资源节约型的国民经济体系和资源节约型社会。其次，加强对环境污染的治理，抓好生态环境建设，从源头上控制污染，严格清理高污染项目，淘汰高污染行业，彻底改变以破坏资源和环境为代价的粗放型增长方式。最后，要继续严格控制人口增长，提高人口素质，确保人口和计划生育工作目标，实现人口、资源和环境相协调。

总之，构建和谐社会，建设和谐云南，既要加快发展，解决分配不公的问题，又要全面实施可持续发展战略，走富裕、公平和可持续发展的道路。抓住了这三条，就抓住了构建和谐社会的重点，就能带动云南经济社会发展的全局工作。

（原载于《社会主义论坛》2006 年第 8 期）

用科学理论引领和谐社会建设的新抉择

——对临沧市“三村”建设的调查与思考

2006 年 5 月 11 日至 16 日，我随赴临沧南线调研组的同志，相继考察了双江、沧源、耿马、临翔 4 个县区和千福、翁丁、芒等、芒团、弄么、坝胡 5 个村及勐库茶厂、耿马糖厂、勐定胶厂、临沧高岭土厂，参观了沧源崖画、司岗里溶洞等，听取了县区、乡镇、村、企业的介绍，走访了农户、村民，也阅读了赴临沧北线调研组的部分“三村”建设调查材料，所见所闻所得颇多，学习收获很大。我再次感受到了临沧的巨大变化，学到了临沧加快发展的经验，也思考了临沧和云南发展要解决的一些问题。特别是临沧市实施“三村”建设工程，加快社会主义新农村建设的经验，值得云南全省各地学习和借鉴。用一些干部群众的话来说，临沧“三村”建设的成效叫作“翻天覆地”，临沧“三村”建设的经验叫作“上天入地”。“上天”，就是临沧经验上符合中央精神，受到了中央有关部门的肯定和重视；“入地”，就是临沧做法为群众所接受、所拥护，并在群众中生根、开花、结果。一届领导，以功绩而论，工作能“入地”，我看大莫过于此。

我这次下临沧调研，接触最多的自然是临沧“三村”建设问题。我看到的除调研时的四五十份材料外，还有市“三村”办送给我的十几份材料和文件。这几年，我想得最多的也是农村问题，最近研究得多一点的，是怎样用科学发展观引领云南的和谐社会建设。但是，如何才能破解这个题目？下来前，我没有想得太清楚。通过这次调研，我越来越感到这个问题同新农村建设、同“三村”建设关系实在太大。可以说，在很大一个层面上，简直就是同一个问题，是同一个问题在整体层面和基础层面上的展开：整体上是和谐社会建设问题；而基础就是新农村建设，在临沧就是

“三村”建设。“三村”建设是用科学理论引领和谐社会建设的重大战略抉择，它给我们带来的启迪和思考是多方面的。

以科学发展观为指导，构建社会主义和谐社会，从战略上说，从社会整体层面上说，从根基上说，究竟应当从哪里做起？临沧市的回答是：从新农村建设做起，走“三村”建设和谐发展道路，即用15年左右的时间，有计划、大规模地把全市952个建制村建设成“小康村、生态村、文明村”。临沧市是在2003年提出“三村”建设这一重大历史任务的。他们为什么要这样做，这样早地提出这个问题？其基本的指导思想是什么？如今取得的成效和经验应当怎样评价？在成功实践的后面，还有一些什么问题需要研究和注意？下面，我就这几个方面的问题谈一些认识。

一、以“三村”建设思想为核心的整体和谐发展观

在中国改革和发展的战略性转变中，临沧市委、市政府比较早地认识到，一场新的农村变革和社会整体变革的浪潮正在逼近。如果说，新中国成立后的中国农村土地改革是农村的第一次革命，十一届三中全会后推行家庭联产承包责任制是农村的第二次革命，那么，在新世纪初从根本上解决“三农”问题，建设社会主义新农村，则是农村的第三次革命。既然是革命，就要站在解放人和解放与发展生产力的战略高度上来认识问题、解决问题。所以，当“建设社会主义新农村”这个概念还没有在中央文件中出现的时候，临沧市委、市政府就在实际上应用这一新概念所内蕴的科学思想，来解决自己的问题。这就是2003年临沧市委主要领导提出的“三个三”：动员全市干部群众“提一个批评意见，出一个好主意，推一个好项目”；“农民增收的文章从企业做起，农村致富的文章从城市做起，不发达地区建设的文章从发达地区做起”；“建设生态村、文明村、小康村”。这是一个从解决思想制约到解决机制制约，再到解决基础制约的一个完整的符合临沧实际的科学抉择。它的科学性在于：第一是思想先行，集众智于决策层，依靠群众智慧解决问题；第二是站在逆向立场（农民的立场）重新审视工业化、城市化、现

代化进程中的农民与企业、农村与城市、西部与东部的关系，把反哺农民、农业、农村的文章做大做强，落到实处；第三是以建设新农村为战略平台，构建和谐发展的农村载体，通过实施“三村”建设，使广大农村走上“生产发展、生活富裕、生态良好的文明发展道路”。

这里，我要特别说两句临沧市委、市政府提出的“以生态村为发展前提，以文明村为发展动力，以小康村为发展目标”的“三村”定位思想。这三句话，把生态、经济、社会问题作为一个整体来规划和解决，不仅是对传统的农村建设思想的突破，而且充分体现了和谐社会建设核心理念的要求。和谐社会建设的核心理念是富裕、公平和可持续发展。临沧“三村”建设的内容，把新农村建设与和谐社会建设有机统一起来，并且具有了规划指向与操作要求的严格意义。这对县以上的建设思想和建设规划，将带来不可估量的影响。现在，国外的多数建设规划，早已包括了生态、经济、社会相对独立的三个部分，但在中国，直到目前，还没有一个县、市、省制定过这样的规划。我们现在看到的规划，差不多都是把生态作为经济部分中的一个问题、一个或几个条目来写的，但在临沧的“三村”建设中，成文和不成文的村级发展规划，都包括了生态、经济、社会三个部分。这一重要思想和重要实践，其战略创新意义和巨大影响力不可低估，它将引发一场发生于基层的具有科学意义的社会发展领域三重结构的重大变革，并逐步演变成区域性和全国性的社会发展领域三重结构的普遍变革，从整体上影响和改变我国的建设思想与建设规划。

因此，中央党校省部级新农村建设研讨班把临沧市的“三个三”写入教材，作为经验，是有理论缘由和实践依据的。这个缘由和依据，就是这“三个三”体现了科学发展观指导下的社会整体和谐发展的新思想。

二、对“三村”建设成效和经验的评判

在这次调研中，我实地看了和研究了20多个建设村的情况，归纳起来，我认为临沧“三村”建设的成效至少有“七个新”：一是农民经济收入上了新台阶，二是农村建设资金投入达到了新水平，三是特色产业迈出了新步伐，四

是基础设施建设实现了新突破，五是群众生活条件得到了新改善，六是生态环境保护和建设取得了新进展，七是群众的文明与法律素质得到了新提高。

临沧市“三村”建设最重要的经验，我认为至少有这样六条：

第一，把发展经济、增加农民收入放在首位。这是“三村”建设的核心和主轴，也是“三村”建设成败的关键。临沧市在“三村”建设中，抓住这个问题不放，促进了农民收入的大幅增加。2004 年，全市 100 个建设村的农民人均纯收入达到 1371 元，比 2003 年增加 265 元，增幅高出全市平均水平 5 个百分点；2005 年，全市建设村的农民人均纯收入达到 1608 元，比 2004 年增加 237 元，增幅高出全市平均水平 7.1 个百分点。我看了刘明市长的政府工作报告，报告提出 100 个建设村的农民人均纯收入年递增要达到 12%，并要带动全市农民人均纯收入增长 6%。两年来的成功实践，完全达到了这个要求。有的增幅还要更高。如，双江县的 8 个行政村实施“三村”建设，2005 年农民人均纯收入达到 1290 元，比 2004 年底的 966 元增加 324 元，增幅为 33.5%。沧源、耿马、临翔和临沧北部各县的所有建设村，无论是农村经济总收入，还是农民人均纯收入，增幅都远远高于县区平均水平。目前，全国和云南的农民人均纯收入增幅多年来一直是在 5% 左右，而且基数很低，一年增加几十块钱。就是一年增加 100 块钱，我们算了一笔账，再过几十年，云南农村也还是难以达到全面小康的起点标准。所以，临沧市把增加农民收入放在第一位、大幅度增加农民人均收入的经验，对全省具有重要借鉴价值。

第二，以调整产业结构，培植特色产业为“三村”建设的重点。要增加农民收入，最重要的一条就是要发展特色产业、优势产业，增强农村经济发展的后劲。如，凤庆县发挥茶叶种植优势，突出规模效益，从 2006 年起，在“云凤”公路沿线连片实施万亩高优生态茶园建设，建成后年产量可达 2000 吨、产值 4000 万元，茶农年人均收入可增加 300 元以上。永德县 2005 年末建成高优蔗园 9.87 万亩，高优生态茶园 2.21 万亩，高优泡核桃基地 12 万亩，在“三村”产业建设上取得显著成效。我们到临翔区坝胡村考察，他们的经验集中到一点，就是大力培育特色产业，包括政府提供土地扩建普洱茶厂，提高高岭土矿品质并扩大生产规模，组织农户大规模种植核桃、茶叶。坝胡村共有 1012 户 4342 人，“三村”建设两年来，组织农户用荒山荒坡、轮歇地、坡耕地和少量雷响田种植泡核桃5400亩，平均一人一亩多，既享受了退耕还林政策的扶持，又发展了特色产业。区长杨光雄为我们算了一笔账：以一亩22株核桃计算，早的5年、晚的8年挂果，盛产期每株收入为1000元，每亩产值可到2.2万元，仅这5400亩核桃，年产值就可到亿元以上。现在，临沧有的核桃树一株可产1600公斤，产值达5000～6000元。所以，在临沧适宜地区大力发展核桃产业，是“三村”建设中一本万利的事情。

第三，以统筹、整合和捆绑使用的方式解决建设资金难点。“三村”建设难，难在没有钱，也难在体制不顺，渠道不畅。全省如此，临沧市更是如此。临沧最大的市情是穷，在穷的情况下，临沧市如何解决这个问题？用耿马县一些同志的话说，叫作“狡兔有三窟”，穷有穷的办法。如芒等村的建设就有这样“三招”：一是用农户住房作抵押，以5户联保的方式向银行申请贷款。国土、城建部门对农户住房、宅基地作资产评估，办理土地证、房产证，获得贷款抵押资质；信用联社以5户为一组，用农户核定资产作抵押，向银行申请贷款，监督贷款资金用于“三村”建设，并督促贷款责任人按期还贷。二是机关干部和挂钩单位同农户联手，签订协议，明确投资额度、利益分配和双方责、权、利，用社会资金帮助农民发展产业。三是“放大”补助资金，既补又贷，政府贴息，补、贷共同发挥作用。一方面由政府按规定使用“三村”建设补助款，另一方面，由政府负责农户贷款贴息（3年），广泛动员农户，以土地使用权和预期收入作抵押，由农民向金融部门承贷还贷，获得项目发展资金。耿马县委书记郭志德说，运用此种办法，耿马县把市、县给“三村”建设捆绑使用的300万元补助资金，运作放大到3200万元，大大增加了“三村”建设资金投入额度，创新了“三村”建设的融资模式，部分地解决了农民建设资金困难的问题。

第四，以保护和建设良好的生态环境为“三村”建设的前提。大力推进生态建设工程和沼气建设工程，是“三村”建设的世纪标识和时代亮点。在“三村”建设中，保护生态环境和建设清洁能源成了临沧市各级关注的热点。通过“三村”建设，各县区、乡镇、村在这方面都取得明显成效。如沧源县的帕良村，历史上是有名的“砍穷村”，多年来，全村靠砍树做饭、煮猪食、炼火塘，“越砍越穷，越穷越砍”。“三村”建设以来，全村统一思想，建沼气池 172 口，占农户总数的 90.6%，使佤族同胞用上了清洁能源。帕良的山保住了，庭院卫生改善了。沧源的同志说，现在的帕良是“屋外不冒烟，屋内热饭添。不消砍柴火，笑看水烧开”。位于大朝山电站附近的晓街乡月牙村，2004 年以来对 520 户农户进行了安居房改造，全村建成沼气池 431 口，农户洁净能源使用率达 96%。耿马县“三村”建设中建起沼气池 409 口，每年可节约薪柴 1227 吨。在芒等村，我们专门看了农户沼气建设和使用的情况。乡村的同志对我们说，这个村 49 户人，过去每户一年至少要烧 10“排”柴，现在用上沼气，只用一“排”柴就够了。我们看的一家农户，三年前砍的一“排”柴还没有烧完。这是一件十分令人欣慰、十分了不起的事。它标志着一场农村能源革命正在悄然进行，其意义不亚于农村住房改造和农田基本建设，值得我们以更大的投入和更多的精力来加以推动。

第五，全面规划，统一要求，因地制宜，分步实施，既从大处着眼，又从细部入手，用科学方法推进“三村”建设。临沧市各级党委、政府按照新农村建设的要求和“细节决定成败”的理念，在调查研究的基础上，确定了“十四个一”的“三村”建设内容，即人均一亩基本农田；人均一亩特色经济林木（作物）；每户一院安居房；各户用上以沼气为主的清洁能源和安全饮用水；一户有一个科技明白人；每户有一个致富好项目；每村都有可支撑“普九”的教育网络；每村都有一个卫生室；每村至少有一个专业协会；村村都有一条进村入户的硬板路；每村都有一个党员电教室和群众文化室；每村都有一套维护和实现群众利益的好制度；每村都有一套禁毒、防艾的工作制度，无新增吸毒人员；每村都有一个团结干事的好班子。这十四条，都是人民群众生产和生活，生存和发展的需要，是寓大事于细部的一个庞大系统工程。我们在考察时看到了一批批“三村”建设中改造过的民居房，既美观又实用。但是，市委领导仍然认为现在还不能松懈。我手中有一本“三村”建设民居通用图，上面共设计了 23 种不同类型的民居房，但直到前几天，临沧市市委书记李国伟还下村一户一户听取意见，又增加了一种水泥平顶加四周装饰琉璃瓦的户型。这就是重视统一性中的多样性，共性要求中的个性需要。特别是民居住房，它既是私产，又是文化，政府只能引导提倡，作主的还是各族群众、各位住户。我在想，现在市委、市政府领着大家干的这件事，后人看了后至少会有这样一句评说：这些房子是共产党新农村建设时代留下来的。如果我们建得好，成为一种具有重要价值的历史文化，人们将会像我们考察美国旧金山时说的：这些房子是维多利亚时代的文化的象征，过去美丽，现在更美丽。所以，精心设计、精心引导，责任重大。

第六，各级领导、广大干部和各单位挂钩建设“三村”，这是整个“三村”建设成功的保证。没有这条，“三村”建设就难落到实处。这两三年来，临沧市共派出100名干部吃住在村，帮助工作，市级30位领导分别挂钩到30个建制村联系指导工作，市直各单位分别挂钩到100个建制村帮助清理发展思路，每个市直单位挂钩3～30户民居房改造，县区挂钩2～15户民居房改造。同时，实行挂钩绩效考核。这使“三村”建设获得了从未有过的政策资源、项目资源、人才资源和资金资源。调研后期，市委常委、市委宣传部部长告诉我一个数字，使我大吃一惊，就是仅市委宣传部通过与各文明单位协商，两年一共筹集了760万元资金，市委宣传部还拿出了73万元，直接用于“三村”建设，这在过去是根本无法做到的。市委宣传部如此，别的单位又何尝不是这样。

临沧市“三村”建设的经验很多，也很系统，特别是贯穿在这些经验中的整体和谐发展思想，对全省新农村建设、和谐社会建设，具有普遍的借鉴作用。

三、学习“三村”建设成功实践引发的几点思考

第一，“三村”建设是临沧新农村建设的主体，也是临沧和谐社会建设的重要载体。必须把“三村”建设上升到和谐社会建设的高度来认识。按照十六届五中全会精神，和谐社会建设是要实现“全体人民各尽所能、各得其所而又和谐相处的社会”。生态村、文明村、小康村“三村”建设正是和谐社会建设核心层次的内在要求。“三村”建设是解决富裕、公平和可持续发展的基石，其受益者不止是农村，而且也是城市和全社会。因

此，全社会都要高度重视新农村建设，把“三村”建设作为和谐社会建设的重大战略，不断加以推进。

第二，要始终坚持分类指导、分层推进，正确处理统一性与多样化的关系。我们既要把“三村”建设作为重大的政治任务和现实的重大经济社会问题来认识，同时又要把它作为影响深远的文化问题来认识，从而不断打造、重塑“三村”建设中具有长远标识意义的精神文化品牌。要注重增加“三村”建设中的文化内涵。在民居改造和新建时，要特别注意保护和张扬民族个性，保存和完善具有民族特色的建筑群落。在“三村”建设的速度和质量上，既要讲快，更要讲好。在工作指导上，既要重视同一，又要尊重个别，一切从实际出发，不搞“一刀切”。

第三，对一些难以解决的问题，要敢于触动、敢于实验，同时积极向上争取政策支持。例如，耿马县在“三村”建设中，遇到的用土地经营权和预期收入作抵押向银行贷款的问题，只有从国家层面上来运作，才能获得银行的有力支持，也才能解决银行间的不同利率问题。这些问题，我们建议省和中央有关部门、专业银行能组织力量，作深入的专题调研，切实解决农民贷款难的问题。我们在调研中深切地感受到，现在可以构成农民财富的，除了少量流动资金和畜禽之外，最重要的就是房屋及宅基地，土地经营权及其预期收入。现在农民用房屋及宅基地作抵押向银行贷款就很难，用土地经营权及其预期收入作抵押向银行贷款就更难。然而，无论是从理论层面上说，还是从实践层面上看，房屋、宅基地和土地经营权及其预期收入，都具有使用价值和交换价值。农民现在自由转包土地时，也可以收到相当的租金，转包出去的土地越好、越多，收到的租金也就越高，证明了土地经营权确实具有家庭财产的性质，应当允许用于抵押向银行贷款。至于采取什么具体办法，是可以通过调研、实验来解决的。现在关键的问题是，要从国家层面上组织力量进行广泛的调查，作出允许并指定专业银行（也可通过中介机构）让农民用土地承包经营权及其预期收入作抵押向银行贷款。这样做，有利于社会主义新农村建设，有利于社会主义和谐社会建设，有利于社会主义现代化建设。我们希望这一建议能引起有关方面的高度重视。

（原载于《社会科学专家话临沧》，云南大学出版社2006年版）

用科学发展观研究解决经济社会全面发展问题*

一、科学发展观是指导我国全面发展的根本指针

科学发展观是我们党在深刻总结我国长期以来社会主义建设的经验教训基础上提出来的。科学发展观既是对我国社会主义制度建立以来长期建设、改革和发展经验的精辟概括，又是对我国建立和完善社会主义市场经济体制实践的深刻总结。我们党在领导社会主义建设的长期实践中，对社会主义建设的发展规律、指导原则和战略、方针、政策、方法，进行了艰辛探索，积累了丰富经验，取得了巨大成就。进入新世纪后，我国跨入了全面建设小康社会、加快推进社会主义现代化的新阶段，经济社会发展迈入了人均国民生产总值从1000美元向3000美元过渡的关键时期。这既是一个新的发展机遇期，又是一个矛盾凸显期，经济社会发展呈现出一系列新问题：城乡区域发展不平衡，粗放型经济增长方式没有根本改变，经济结构不够合理，自主创新能力不强，经济社会发展与资源环境的矛盾日益突出，解决“三农”问题的任务相当艰巨，就业压力依然很大，收入分配中的矛盾较多，影响发展的体制机制问题亟待解决，处理好社会利益关系的难度加大。科学发展观正是在总结我国社会主义建设经验的基础上，为

* 该文收入本书时题目和内容作了修改和节选。

了正确解决我国现阶段经济社会发展面临的新问题，使中国特色社会主义事业沿着正确轨道又快又好向前发展而提出来的。它是植根于我国长期社会实践的科学认识，完全符合我国社会主义初级阶段的发展实际。

科学发展观同时也是汲取世界现代文明进步新成果的思想结晶。人类社会自工业革命以来，尤其是20世纪六七十年代以来，发展观念发生了急剧的深刻变化。人们在经济社会实践中不断提升自己的发展观念，经历了“工业=发展”或者“经济=发展”、“经济+自然=发展”、“经济+自然+社会=发展”、“经济+自然+社会+人=发展”等不同认识阶段。我们党正是吸收了现代发展思想中的进步观念，根据全球和本国发展的实际，提出了以人为本、全面协调可持续的科学发展观。这一发展观，科学、全面揭示了人、经济、社会、自然的基本关系，体现了以人为本为核心的全面协调可持续发展的思想，是对人类现代科学发展思想的总结和提升。

科学发展观的提出，丰富和提升了我国社会主义现代化建设的指导思想，是对中国特色社会主义理论的重大发展。科学发展观围绕发展这个当代中国的主题，对“什么是发展”作出了新的科学回答，揭示了中国特色社会主义现代化的本质内容；科学发展观把以人为本作为核心理念，对“为谁发展”、“靠谁发展”作出了新的科学回答，阐明了社会主义现代化建设的根本动力和宗旨；科学发展观强调了全面协调可持续的发展，对“怎样发展”作出了新的科学回答，为又快又好地推进社会主义现代化建设确立了方向、原则、路径和方法。因此，它是对我国现代化建设思想的一个新的重大发展。科学发展观的提出，同时也是对中国特色社会主义理论的丰富和发展，是对科学社会主义理论的丰富和发展，是对马克思主义理论的丰富和发展。它运用马克思主义立场、观点和方法分析、解决当代我国的发展问题，创新了马克思主义的发展理论。科学发展观对于指导我国的社会主义现代化建设，对于推进中国特色社会主义的伟大事业，具有根本的指导作用。

我们一定要将科学发展观作为党和国家发展的长期指导方针，准确把握世界发展趋势，深入分析我国不同发展阶段的特征和任务，深化对我国经济社会发展规律、发展道路、发展模式、发展战略、发展目标和发展手段的认识，用科学发展观正确评价经济社会发展各项工作及其成效的问题，又快又好地做好各项工作，推进经济建设、政治建设、文化建设、社会建设全面发展。

二、全面把握科学发展观的要义和实质，促进经济社会又快又好发展

科学发展观首先是解放和发展生产力的发展观。科学发展观的第一要义是发展。它强调要始终坚持以经济建设为中心，坚持用发展和改革的办法解决前进中的问题，大力解放和发展生产力，不断增强综合国力，为实现社会全面进步和人的全面发展打下坚实的物质基础。马克思主义历史唯物主义认为，生产力是社会发展的最终决定力量。党的十一届三中全会以来，我们党坚持解放思想、实事求是，把发展生产力作为根本任务，坚持发展是硬道理，实行改革开放，为解放和发展生产力扫清了障碍，极大地推动了我国经济社会的全面发展，实现了由温饱向小康的历史性跨越。坚持科学发展观，也必将进一步推进新世纪新阶段我国生产力的更大发展，为全面建设小康社会、实现现代化奠定更加强大的物质基础。

科学发展观是以人为本、造福人民的发展观。科学发展观的核心要义是以人为本。它强调要以实现人的全面发展为目的，从最广大人民的根本利益出发谋发展、促发展，不断满足人民群众日益增长的物质文化需求，确实保障人民群众的基本权益，让发展的成果惠及全体人民。发展先进生产力、建设高度物质文明，目的是不断满足广大人民日益增长的物质生活需要，使全体人民逐步走向共同富裕；发展民主法治、建设高度政治文明，目的是切实保障人民的民主权利；发展先进文化、建设高度精神文明，目的是不断满足广大人民日益增长的精神文化生活需要；构建和谐社会、加强社会建设，目的是要形成全体人民各尽其能、各得其所而又和谐相处的社会，实现好、维护好、发展好最广大人民的根本利益，正确处理社会矛盾，实现人的全面发展。坚持科学发展观，反映了我们党在新世纪新阶段对践行全心全意为人民服务宗旨认识的深化和拓展，必将更好地造

福于广大人民群众。

科学发展观是全面协调可持续的发展观。科学发展观的基本要义是实现经济社会全面、协调和可持续发展。全面发展，就是要以经济建设为中心，全面推进经济、政治、文化、社会建设，实现经济发展和社会全面进步。协调发展，就是要统筹城乡发展、统筹区域发展、统筹经济社会发展、统筹人与自然和谐发展、统筹国内发展和对外开放，推进生产力和生产关系、经济基础和上层建筑相协调，推进经济、政治、文化、社会建设的各个环节、各个方面相协调。可持续发展，就是要促进人与自然的和谐，实现经济发展和人口、资源、环境相协调，坚持走生产发展、生活富裕、生态良好的文明发展道路，保证一代接一代地永续发展。全面、协调、可持续是相辅相成、互为条件的，既相互促进，也相互制约。只有这三方面都坚持好，才能确保我国经济社会始终沿着科学发展的轨道前进。

科学发展观是经济、政治、文化和社会建设整体推进的发展观。这也是科学发展观不可或缺的具有创新性的要义之一。科学发展观的重要贡献是把我国现代化建设的总体布局由社会主义经济、政治、文化建设“三位一体”发展为包括社会建设在内的“四位一体”，它强调要全面推进经济、政治、文化和社会建设，努力使生产力和生产关系、经济基础与上层建筑相互协调，使社会主义物质文明、政治文明、精神文明与和谐社会共同发展。我们要把物质文明、政治文明、精神文明这三大文明建设同和谐社会建设统一起来，通过发展社会主义社会的生产力不断增强和谐社会的物质基础，通过发展社会主义民主政治不断加强和谐社会建设的政治保障，通过发展社会主义先进文化不断巩固和谐社会的精神支撑。同时，通过和谐社会建设，为社会主义物质文明、政治文明、精神文明建设创造更好的社会条件。

科学发展观是坚持和平发展的发展观。科学发展观的要义包括了和平与发展这一世界主题。科学发展观重要特征之一是坚持和平发展。它强调要奉行独立自主的和平外交政策，主要依靠自己的力量实现发展目标，坚定不移地高举和平、发展、合作的旗帜，坚定不移地走和平发展的道路，坚定不移地维护国家的主权和安全，同世界各国一道努力建设持久和平、共同繁荣的和谐世界。坚持科学发展观，对推进我国的和平发展，对促进世界的和平、发展、合作，都具有深远意义。

科学发展观的精神实质，是以科学的思想、科学的态度、科学的方法指导中国特色社会主义事业，实现又快又好地发展。实践证明，解决我国一切问题的关键在于发展。要满足人民群众日益增长的物质文化需求，缓解就业的巨大压力和处理好各种社会矛盾，没有经济持续较快的发展是做不到的。我们必须充分利用各种有利条件努力促进发展。坚持发展是硬道理，坚持抓好发展这个党执政兴国的第一要务，坚持以经济建设为中心，坚持用发展和改革的办法解决前进中的问题。同时，发展必须是科学的发展，注重提高经济增长的质量和效益，注重资源的节约和环境的保护。如果忽视增长质量和效益，不惜浪费资源和破坏环境，片面追求发展的高速度，盲目扩大固定资产投资规模，这种发展是不能持续的，势必会导致大起大落。我们要正确把握经济发展趋势的变化，及时采取有力措施，妥善解决可能妨碍经济平稳较快发展的各种问题，实现经济社会又快又好发展的目标。

（原载于《科学发展观与云南经济社会问题研究》，云南民族出版社 2006 年版）

科学社会主义理论研究面临的新任务

一、认识科学社会主义理论研究的新条件

20 世纪以来，社会主义经历了“在批判旧世界中发现新世界”[①] 的巨大革命风暴，踏上了建设新世界、创造新世界的漫长征程。同这一征程相联系的是这样两种极不对称的情况：既有社会主义国家在长期建设后走向衰亡，又有社会主义国家在长期建设中走向繁荣。同时，资本主义世界也在发生深刻而重大的变化。在全球范围发生的这两种和两个方面的变化，大大改变了科学社会主义的实践条件。在中国，这一条件的变化曾经于 20 世纪后期在国内掀起过狂潮，让人们感到犹如秋去冬来、冬去春来那样，所经、所历，其感受、感动乃至震撼都特别明显。我们每一个人，包括每一个社会科学工作者，差不多都成了这种条件变化中的一粒雨雪、一片枝叶，去留依兮，荣枯依兮，感慨万千，思绪万千。不仅是学者，甚至是普通人，都差不多像一位政治家、至少像一名战士那样，重新审视自己所处的现存制度、发展环境和未来前景。可以说，条件的变化牵动着中国的一切，牵动着我们每一个人和每一个阶层及其全部的认知过程。

正是这一世界的与中国的条件的深刻变化，成为马克思主义理论创新的源泉、科学社会主义理论创新的源泉。我们知道，任何一种科学的理论，都不过是它所处条件的产物。条件的变化和新条件的出现，是新的理论产生并不断向前发展的依据。科学社会主义理论也同样如此。因此，研

① 《马克思恩格斯全集》第 1 卷，人民出版社 1995 年版，第 416 页。

究我们所处条件的变化及其产生的影响和后果，应当成为我们科学社会主义理论工作者的首要责任。

同任何一个科学理论一样，科学发展观和与之相联系的社会主义和谐社会的提出，也应看作是时代和中国条件变化的结果。从 20 世纪以来的一百多年间，世界工业变革的快速推进和工业经济的蓬勃发展，它创造了人类历史上前所未有的巨大社会生产力，并且造就了前所未有的五彩斑斓的现代文明，但同时也把世界抛进了一个涵盖全球所有物质要素和非物质要素、人与社会与自然相互矛盾的冲突与对抗之中。世界如何发展、向何处发展，成为全球性的最为急迫的问题。同样，在中国，经过纠正错误的社会主义理论指导及其盲目实践带来的巨大危害后迎来的 1/4 多世纪从未有过的高速发展，我们面临的发展条件，乃至生存条件，甚至发展机体本身，也都暴露出了许多未曾有过或者我们从未想到过的问题。中国如何发展、向何处发展，同样成为一个全国性的最为急迫的问题。正是居于国内外发展条件的这些重大变化，党中央作出了科学发展的重大决策，提出了科学发展观，即必须实行以人为本、全面协调可持续的发展，并用以指导构建社会主义和谐社会。正是由于条件的变化和对变化中条件的正确认识，形成了科学发展观及其构建社会主义和谐社会的新理论。

因此，我们的任务之一，就是要学会从条件变化中去认识党在目前条件下形成的新的理论，阐发新的理论，丰富新的理论。当然，正确认识和看待条件的变化，包括了对原有发展进程中出现的某些失误的恰当分析。事实上，成功和失误都必然地要成为现存条件本身的一个或大或小的因素，构成科学理论形成和发展的认识源泉。在这里，关键是要有全面的观点。只有全面分析，才能使我们对所处条件变化的认识以及由它引起的诸多事物发展的认识，建立在科学的基础之上，形成新的理论思考和新的理论创造。科学社会主义理论工作者的基本功之一，就是要善于捕捉我们所处条件的每一个变化，正确分析认识这一变化，并从中得出必要的结论。在这方面，我们应当争取做得更好。

二、拓宽科学社会主义理论研究的新视野

科学发展观和构建社会主义和谐社会理论的提出，本身就展现了科学社会主义理论研究的宽广视野。科学社会主义理论按照马克思、恩格斯的概括，就是关于无产阶级解放，从而全人类解放的理论，即它是研究无产阶级解放条件和实现无产阶级伟大历史使命的学说。正是在这个根本意义上，列宁曾把科学社会主义同马克思主义等同起来使用。他这样指出："社会民主党的整个世界观是以科学社会主义即马克思主义为基础的。"[①] 邓小平也曾指出："科学社会主义是在实际斗争中发展着，马克思列宁主义、毛泽东思想是在实际斗争中发展着。"他们都非常重视科学社会主义在马克思主义理论体系中的地位，有时甚至把科学社会主义作为马克思主义的同义语来使用："科学社会主义即马克思主义。"因此，对于科学社会主义理论的研究范围，不应过于狭窄或有过多的限制。当然，这样说，绝不是要用科学社会主义理论研究来代替马克思主义理论研究，而是要按照它自身内在的完整架构和科学体系，依据一个半世纪以来社会主义运动实践的要求，尤其是中国特色社会主义实践的要求，来拓宽科学社会主义理论的研究领域。多年来，在科学社会主义理论的研究范围上，我们比较多地接受科学社会主义是马克思主义三个组成部分之一的认识。而事实上是，马克思主义的博大内容和科学体系，不仅主要包括了马克思主义哲学、政治经济学和科学社会主义，同时广泛涉及了法学、历史学、政治学、民族学、社会学等重要学科。因此，我们既不能把马克思主义研究局限于"三个组成部分"，也不能把这三个部分的内容同其他部分的内容机械地加以分开。这样做，不利于对马克思主义的完整理解和综合研究。特别是科学社会主义理论作为马克思主义的核心内容，其学科覆盖面是最为广阔的，只有依照其自身具有的宽厚的理论特质，才能给予这一理论以完整、科学的说明。因此，我们主张按照科学社会主义理论的完整性和科学性，拓宽其理论研究的视野。这既是坚持这一理论的需

① 《列宁选集》第2卷，人民出版社1995年版，第375页。

要，也是发展和应用这一理论的需要。

在中国，科学社会主义理论的研究具有比以往任何一个国家和任何一个时候更加宽阔的现实舞台。我们除了可以带着半个多世纪社会主义革命和建设成功经验的审视目光，来深入探究和阐发科学社会主义基本原理和国际共产主义运动，社会主义思想史、发展史等基础性学科之外，展现在我们面前更为广阔的研究领域是科学社会主义中国化之集大成——中国特色社会主义理论和实践本身，即对当代中国革命和建设实现条件、基本规律及其发展道路等一系列基本问题的研究。它为我们提供了科学社会主义研究史上从未有过的最为实际、最为壮丽的研究平台。中国特色社会主义理论与实践的研究，从理论形态上说，就是中国化的当代马克思主义的研究。可以说，在当代中国，科学社会主义理论的研究范围在马克思主义基础学科研究中，涵盖面是最广的，其研究和讲授的课程也是最多的。虽然，由于历史的和认识上的原因，在我国，严格按照传统意义上定名的科学社会主义专业的院、系、所、室和学位点并不多，但从实质上看，在当代，我国对科学社会主义理论的研究，不仅集中于专业院、系、所、室和科社学位点上，而且广泛分布于冠以马克思主义理论研究的院、系、所、室和马克思主义学位点上，广泛分存于党和政府的政策、决策研究机构，并贯注于多学科、多领域的研究和教学之中。因此，它的研究队伍和研究力量在马克思主义理论研究中，也是最为浩大的。

所以，我们应当站在大科社的角度，拓展对科学社会主义理论的研究，深入而广泛地开展科学社会主义基础理论、应用理论和跨学科内容的研究，用科学社会主义的理论、原则、方法指导我国的社会实践，不断推进中国特色社会主义理论和实践的前进，在科学社会主义中国化的过程中使其自身永葆旺盛的生命力和创造力。

三、把科学社会主义理论应用于新的经验领域

科学社会主义理论和社会主义实践经验，是相互结构、彼此依存的辩证关系。科学社会主义理论指导实践经验的累积，实践经验又推动科学社

会主义理论的前进。恩格斯在《自然辩证法》中这样写道：“每一个时代的理论思维，从而我们时代的理论思维，都是一定历史的产物，在不同时代具有非常不同的形式，并因而具有非常不同的内容。因此，关于思维的科学和其他科学一样，是一种历史的科学，关于人的思维的历史的科学，而这对于思维的实际应用于经验领域也是非常重要的。”它告诉我们，思维科学是“关于人的思维的历史的科学”，科学社会主义理论也不例外。科学社会主义的实现形式和实践内容，最终取决于对科学社会主义理论的实际运用，特别是科学社会主义思想方式的实际运用。因此，从一定意义上说，研究和掌握科学社会主义的思想方式，要比研究其理论的具体内容更为首要。因为，科学社会主义理论和实践的发展，不过是这一理论“实际运用于经验领域”的结果，即理论与实际相统一的结果。这既是马克思主义最重要、最基本的思想理论原则，也是科学社会主义所以成为科学的奥秘之所在。正是这一原则，成为解读迄今为止一切社会革命，尤其是社会主义革命，直至社会主义国家兴衰的一具密码。无论是社会主义从空想到科学的转变，从理论到实践的变革，从一国到多国的发展，还是社会主义从衰败走向兴旺，都因其斯。其斯之大，大于天哉！因此，我们每一位科学社会主义工作者，都要自觉地维护这一思想原则，更好地坚持和应用这一思想原则，用以推进中国特色社会主义理论和事业的发展。

坚持和应用这一思想原则，最重要的一个要求，就是要善于总结社会主义前进过程中的新鲜经验，包括总结和汲取工作指导中发生失误的教训。正如邓小平指出的：“关键在于不断地总结经验”，“关键是要善于总结经验”①。只有“不断地”、“善于”总结经验教训，即把科学社会主义理论应用于新的经验领域，才能真正实现理论与实际相统一、主观与客观相一致，才能把马克思主义的基本原理同中国实际结合起来，解决我们面临的各种问题，推进中国特色社会主义事业的不断前进。

（原系 2006 年 11 月 12 日在“科学发展观与云南经济社会问题研讨会”结束时的讲话）

---

① 《邓小平文选》第 3 卷，人民出版社 1993 年版，第 113、118、259 页。

把握理论创新　承担社会责任

——在同中央十七大宣讲团同志座谈时的发言

学习了党的十七大文件，听了中央十七大宣讲团同志的报告，使我们更加感到党的十七大的重要，更加感到党中央决策的正确，更加感到我们党员、干部，也包括我们退下来同志身上的责任。

十七大第一次提出高举中国特色社会主义伟大旗帜，第一次对中国特色社会主义道路作出概括，第一次界定了中国特色社会主义理论体系的内涵。我们深感坚持和发展中国特色社会主义，坚持和发展社会主义，坚持和发展马克思主义，坚持和发展改革开放，责任重大。

十七大第一次把科学发展观写入党章，第一次把构建社会主义和谐社会写入党章，第一次把民生问题写入党章。我们深感实现科学发展、社会和谐、全心全意为人民谋利益，责任重大。

十七大第一次概括了富强、民主、文明、和谐四位一体的现代化建设目标，第一次全面阐发了经济建设、政治建设、文化建设、社会建设四位一体的建设格局，第一次提出了建设生态文明并将其作为全面建设小康社会的新要求。我们感到建设社会主义、建设小康社会、建设现代化，责任重大。

我们决心认真学习、深刻把握十七大的这些理论创新与实践创新，承担起宣传、贯彻十七大精神的社会责任。记得在党的七大后不久，毛泽东在同黄炎培谈到关于中国共产党能否走出“其兴也勃焉，其亡也忽焉”的周期率时说道：“只有人人起来负责，才不会人亡政息”，走出一条“民主”的“新路”来。中国特色社会主义道路，就是民主之路、创新之路、长青之路，也是一条需要“人人起来负责”的路。我们要对这条路负责，一是决不能照搬别国，二是决不能守旧僵化。离开当代中国国情，离开中国特色的改革和发展经验，照搬西方，或者僵化倒退，都是没有前途的。中国特色社会主义道路，是一条从实际出发、在改革开放实践中形成、符合广大人民根本利益的光明之路。我们要毫不动摇地一代一代地走下去，做到十七大报告要求的“永不僵化、永不停滞，不为任何风险所惧，不被任何干扰所惑”。

在党中央领导下，我们云南也将沿着这条道路一步一个脚印地走下去。我们云南是发展相对滞后的地区，发展中国特色社会主义、全面建设小康社会、实现现代化的任务尤为艰巨。我们云南经济发展和社会发育程度不高，这是我们的劣势。但我们也有自己的优势，比如，我们的生态环境比较好，生物资源比较多，生态建设空间比较大，走中国特色的建设生态文明的发展道路有比较好的基础。2000 年以来，我们作为云南的理论工作者，曾提出和多次呼吁把建设生态文明纳入中国特色社会主义建设的总框架，并在省内外报刊发表了《生态文明与民族边疆地区的跨越式发展》等论文。现在，我们多年的心愿实现了：党的十七大作出了建设生态文明的重大决策，说出了我们的心里话，我们真是太高兴了。我们的心踏实了，心放宽了。照这样的路子走下去，以人为本，全面协调可持续发展的新要求，全面建设小康社会的新要求，云南经济社会的跨越式发展，就一定能实现。这是我们所期盼的，当然，更是需要我们人人去努力的。我们将同全省人民一道，在省委的领导下，为走好中国特色社会主义道路，建设富裕、民主、文明、开放、和谐的新云南，尽自己最大的努力。

（原系 2007 年 11 月 8 日在同中央十七大宣讲团同志座谈时的发言）

中国特色社会主义道路和理论体系的实践基础与创新性贡献

党的十七大高举中国特色社会主义旗帜，对中国特色社会主义道路和理论体系作出了新概括，对中国特色的经济建设、政治建设、文化建设、社会建设以及包括生态建设在内的各项事业，对推进全面建设小康社会和现代化建设，作出了新的全面部署。十七大报告和新通过的党章，是在新的历史阶段集党的旗帜、理论、道路、事业于一体的发展中国特色社会主义的政治宣言和纲领性文献。发展中国特色社会主义，就要毫不动摇地坚持中国特色社会主义道路，就要毫不动摇地坚持在开辟这一道路过程中形成并不断发展的中国特色社会主义理论体系，充分理解这一道路和理论体系形成、发展的认识与实践基础，充分认识这一道路和理论体系对发展社会主义和马克思主义的伟大贡献，充分懂得这一道路和理论体系对于改变当代中国命运和开辟中国未来前景的决定作用。

一、一切从实际出发和改革开放实践孕育了当代中国的新道路、新理论

在中国共产党取得政权并建立社会主义制度后，中国曾经历了前后两个不同十年的社会主义建设。前一个十年是成功建设的十年，后一个十年无论在政治上、经济上，还是思想文化上，都给中国带来了严重灾难。总结前后两个十年的正反经验，中国共产党再一次懂得了，无论是革命还是建设，都必须始终坚持从实际出发，正确认识中国国情和估量形势，以科

学的态度探索社会主义，正确回答和解决社会主义面临的新问题。中国特色社会主义的新道路、新理论，正是以正确总结中国长期建设的经验和教训为其重要认识基础的。实事求是，一切从实际出发，理论联系实际，在实践中认识真理和检验真理，成为科学认识中国特色社会主义道路的思想发端和强大武器，构成了建设和发展中国特色社会主义的正确认识路线，是中国特色社会主义道路和理论体系形成、发展的思想前提。

正是党的这一思想路线，指导和推动了中国的改革开放，在改革开放中形成了社会主义初级阶段理论，使我们党对当代中国实际的认识发生了质的飞跃。中国处于并将长期处于社会主义初级阶段的论断，成为一切从实际出发和改革开放之间的最重要的理论链环，成为中国特色社会主义道路和理论体系形成、发展及一切内外政策的基点。中国因认识到处于社会主义初级阶段而走向全面改革开放，中国也将因走改革开放之路而迈向更高发展阶段。

29 年来，在不断深化对国情认识的基础上，中国特色的改革开放势如破竹，推动着中国特色社会主义实践和理论的不断创新、不断发展。改革开放成了中国特色社会主义道路的诞生地，成了中国特色社会主义理论的试验场，是中国特色社会主义道路和理论体系最重要的实践基础。改革开放的伟大实践孕育了中国特色社会主义伟大道路和科学理论。没有改革开放，就没有中国特色社会主义的新道路、新理论。改革开放的一系列理论观点、战略思想和基本政策，构成了中国特色社会主义道路和理论的标志性内容。改革开放同解放思想、科学发展、社会和谐一道，同小康社会建设和现代化建设一道，已经成为中国特色社会主义道路和理论体系中最强大、最稳定的要素和成分。因此，坚持中国特色社会主义道路和理论体系，就必须毫不动摇地坚持改革开放，发展改革开放，完善改革开放。

二、中国特色社会主义道路和理论体系开辟了发展社会主义和马克思主义的新天地

中国特色社会主义道路和理论体系，是马克思主义基本原理同当代中

国实际和时代特征相结合的产物，是从当代中国实际出发和改革开放实践的产物。它既继承、坚持了社会主义和马克思主义的一般原理、原则和方法，又开辟了发展社会主义和马克思主义的新天地、新境界、新前景。党的十七大报告指出："改革开放以来我们取得一切成绩和进步的根本原因，归结起来就是：开辟了中国特色社会主义道路，形成了中国特色社会主义理论体系。" "坚持中国特色社会主义道路，就是真正坚持社会主义。" "坚持中国特色社会主义理论体系，就是真正坚持马克思主义。" 中国特色社会主义道路和理论体系，从总体上、从根本上把坚持和发展社会主义、坚持和发展马克思主义真正结合起来，在新的历史条件下了赋予了发展社会主义和发展马克思主义新内容、新结构和无限生机与活力。

——中国特色社会主义道路和理论体系，开拓了发展社会主义和建设社会主义道路的新内容、新结构。中国特色社会主义道路，是在中国共产党领导下，立足基本国情，坚持"一个中心、两个基本点"，解放和发展社会生产力，巩固和完善社会主义制度，建设社会主义市场经济、社会主义民主政治、社会主义先进文化、社会主义和谐社会，建设富强民主文明和谐的社会主义现代化国家的科学发展道路。它既坚持了科学社会主义的基本原则，又根据我国实际和时代特征赋予了自己鲜明的中国特色。它既不同于传统意义的社会主义建设与发展道路的内容和结构，又是对新时期逐步形成并作出过初步概括的有中国特色社会主义发展道路的新拓展。它在建设内容、建设结构、发展机制、奋斗目标上，较之以往更加科学、更加全面。建设社会主义市场经济、社会主义民主政治、社会主义先进文化、社会主义和谐社会的建设内容和结构，坚持社会主义基本制度同发展市场经济相结合的发展机制，包括和谐在内的四位一体的社会主义现代化目标，被写入十七大报告和中国共产党章程，标志着我们党对中国特色社会主义道路的认识、对社会主义的认识，提高到了一个新水平。

——中国特色社会主义道路和理论体系，拓展了马克思主义理论的新内容、新结构。中国特色社会主义理论体系，是包括邓小平理论、"三个代表"重要思想以及科学发展观等重大战略思想在内的科学理论体系。这个理论体系，坚持和发展了马克思列宁主义、毛泽东思想，凝结了几代中国共产党人带领人民不懈探索实践的智慧和心血，是马克思主义中国化的最新成果。它同马克思列宁主义、毛泽东思想既一脉相承又与时俱进。它既不同于传统意义上的社会主义建设理论的内容和结构，又是对新时期逐步形成的以基本理论观点为架构并作出过初步概括的有中国特色社会主义理论的新发展。它第一次把邓小平理论、“三个代表”重要思想、科学发展观作为一个相继发展的整体纳入中国特色社会主义理论体系，形成了中国特色社会主义理论体系的整体结构，使科学发展观具有了相对并重的、不可替代的地位。科学发展观第一次作为中国特色社会主义理论体系的一个基本构成部分，被写入十七大报告和中国共产党章程，这标志着我们党对当代中国马克思主义、对中国特色社会主义理论的认识，达到了一个新水平。同这一问题相联系，中国特色社会主义理论由此将形成两个相互关联的基本表述，即以相继发展的基本构成部分为内容的理论体系和以相互联系的主要理论观点为内容的理论架构。这二者之间既有包含关系，又相互贯通。它们使中国特色社会主义理论的内涵及其表达，更加丰富，更加完整，更加科学。中国特色社会主义理论体系作为不断发展和开放的科学体系，将不断吸纳和展示中国特色社会主义理论在基本观点上的创新成果，不断推进马克思主义理论的新发展。

——中国特色社会主义道路和理论体系，拓宽了社会主义和马克思主义实践领域的新内容、新结构，即形成了以科学发展为特征的社会主义发展领域、建设领域、文明领域和全面建设小康社会的新内容、新结构。在以人为本、全面协调可持续发展的科学发展观的指导下，我国的社会主义发展领域，已经由原来的经济、政治、文化拓展为包括社会在内的发展结构；社会主义建设领域，由原来的经济建设、政治建设、文化建设拓展为包括社会建设在内的建设结构；社会主义文明领域，由原来的物质文明、政治文明、精神文明，正在拓展为包括社会文明在内的文明结构。这三重四位一体的发展结构，既是对社会主义和马克思主义的新发展，又为在新的历史条件下发展社会主义和马克思主义，提供了新的无限广阔的实践平台。当然，对中国特色社会主义实践领域及其发展、建设、文明结构的认识，现在还在不断深化。我们曾较早地呼吁过，中国特色社会主义的实践领域及其发展、建设、文明结构，应是包括生态在内的五位一体的结构，即经济、政治、文化、社会、生态相并行、相协调，经济建设、政治建设、文化建设、社会建设、生态建设相并行、相协调，物质文明、政治文明、精神文明、社会文明、生态文明相并行、相协调。党的十七大已经作出建设生态文明的重大决策。重视生态领域、加强生态建设、建设生态文明，已经成为我们党的重要发展战略，被纳入中国特色社会主义道路和理论体系的新框架。中国特色社会主义的实践领域将比任何时候都更加宽广。

三、坚持中国特色社会主义道路和理论体系决定当代中国的发展命运

现在，摆在中国共产党和中国人民面前的任务，就是要沿着这条道路，遵循这一科学理论体系，为推进全面建设小康社会，实现富强民主文明和谐的现代化目标而奋斗。

这条道路和这个理论体系，是中国人民百年奋斗、中国共产党 86 年奋斗和作为执政党 58 年奋斗的历史结晶，是中国共产党推行改革开放、建设中国特色社会主义的经验结晶。每一个熟悉中国历史的人都懂得，坚持、发展、完善这条道路和这个理论体系，对于中国的现在和未来，都具有成败攸关的意义。这一道路和理论曾在危难时刻改变了中国命运，它也将决定着中国以后的命运。任何动摇和放弃这一道路，任何动摇和放弃这一理论的认识和行为，都是危险的。在当代，只有中国特色社会主义道路能够救中国。任何别的什么道路、什么主义，都救不了中国、发展不了中国。62 年前的春天，毛泽东曾在党的第七次代表大会上发表过“两个中国之命运”的讲话。那时是针对共产党和国民党代表的两种截然相反的历史命运讲的。在这个讲话后不到 5 年，中国共产党领导中国人民取得了全国政权，改变了中国和中国人民的命运，建设起一个欣欣向荣的社会主义新中国。现在，中国特色社会主义已经得到全党、全国各族人民的衷心拥护。但是，有一些人仍然有错误的认识，在世界形势发生深刻变化，中国发展进入关键时期，各种势力和思潮都在试图影响中国的走向、影响我们党的决策和决心。十七大报告提出坚定不移地高举中国特色社会主义旗

帜，坚持中国特色社会主义理论，走中国特色社会主义道路。这是符合当代中国实际的，代表最广大人民愿望的。中国特色社会主义，代表了正确、代表了光明、代表了未来。坚持它，就会造就一个富强民主文明和谐的中国，就会迎来一个新的中国世纪。离开它，中国就会走向黑暗，走向灾难。因此，正如党章指出的，我们要"倍加珍惜、长期坚持和不断发展党历尽艰辛开创的这条道路和这个理论体系"。坚持这条道路和这个理论体系，才能真正高举中国特色社会主义旗帜，才能救中国、发展中国、振兴中国，才有党的未来、中国的未来、人民的未来。

而要坚持、发展好这条道路和这个理论体系，当前和今后一个时期最重要的任务，就是要把我们党自身建设好，按照党的建设新的伟大工程的要求，把党关于为民、务实、清廉的要求贯彻好，把党关于民主、民生、民本（人本）的主张落实好、实践好。特别是民主、民生、民本问题，是关乎我们党未来之命运和中国未来之命运的大问题。党的十七大开辟了发展民主的新进程，开创了重视民生的新历程，拓展了主张民本的新征程，这在我们党的历史上，开启了走民主、民生、民本之路解决党和国家未来发展根本问题的新篇章。对于这个问题，我们党的认识也是很早的。在党的七大结束不久，毛泽东曾就民主（包括民生、民本在内的广泛的、真正意义上的民主）与党和国家命运的关系问题，同到延安访问的国民参政员黄炎培先生作过一次历史性的对话。黄炎培说：我生六十多年，耳闻的不说，所亲眼看到的，真所谓"其兴也勃焉，其亡也忽焉"，一人，一家，一团体，一地方，乃至一国，都没有能跳出这周期率的支配。一部历史，"政怠宦成"的也有，"人亡政息"的也有，"求荣取辱"的也有。总之没有能跳出这周期率。他希望共产党能找出一条新路，跳出这周期率的支配。面对黄炎培的忧虑，毛泽东回答说：我们已经找到新路，我们能跳出这周期率。这条新路，就是民主。只有让人民来监督政府，政府才不敢松懈。只有人人起来负责，才不会人亡政息。[①] 毛泽东是把民主作为道路问题、作为党和国家的长青之路来看待的。从这个意义上说，中国特色社会主义道路、中国共产党创新建设之路，就是民主之路。因此，我们必须高

① 《毛泽东年谱》中卷，人民出版社、中央文献出版社 1993 年版，第 610 页。

度重视民主、民生、民本问题的解决。通过建设中国特色的健全的民主机制和制度，健全的民生机制和制度，健全的民本机制和制度，真正解决好民主、民生、民本问题，使社会主义的中国在今后十几代、几十代人的交替更迭中，避免出现“人亡政息”，避免出现“政怠宦成”，避免出现“求荣取辱”，从而跳出这一历史周期率。党的十七大开辟的民主、民生、民本之路告诉我们，中国的未来一定是有希望的，中国的前途一定是光明的。

（原载于《云南日报》2007年12月18日第8版）

云南领导干部“三基本”教育轮训的历史经验

今年是党的十一届三中全会召开和中国改革开放30年，也是开展真理标准讨论30年。30年来，在党中央的正确领导下，云南同全国一道，经历了不平凡的风雨历程，在改革开放和现代化建设道路上取得了历史性的成就，也创造了具有云南个性特点的宝贵经验。其中，从20世纪90年代初到中期开展的领导干部“三基本”教育轮训，是关乎云南发展全局、有效加强党的建设和领导干部队伍培养的一条根本性、标志性经验。这一经验的集中点就是：以整风方法学习党的基本理论、基本路线和基本知识，用中国特色社会主义理论武装头脑，打牢领导干部的马克思主义基本功，集中解决思想路线、理想信念、为人民服务和民主集中制等问题，培养和造就领导云南改革开放和现代化建设的马克思主义干部队伍，不断推进云南社会主义事业的顺利发展。

一、走出执政“周期率”的新时期整风创新尝试

在改革开放和现代化建设的新时期，在中国政治风云突变的历史大动荡之后，怎样才能防止党和国家蜕变，用什么方法建设党和培养各级领导干部，使我们党和国家能够顺利走出“其兴也勃焉，其亡也忽焉”的执政周期率？

这一重大探索的直接背景是苏东剧变的发生和国内政治动乱的出现。

1989年春夏之交，在苏联和东欧社会主义国家向资本主义急剧演变的同时，国内也发生了政治动乱。从4月初开始，少数别有用心的人在全国一些城市和学校煽动闹事，制造谣言，蛊惑人心，政治风波遍及中国。云南也受到了北京等地事态的影响。在中共云南省委的坚强领导下，云南各级党委、政府和学校采取坚决措施，做好高校学生和社会各界工作，把政治社会动荡控制在最小范围内，使云南学生大规模上街游行比起全国多数省区推迟了一个多月。但由于北京和全国形势动荡，加上受新闻媒体的蛊惑，5月中旬，云南高校部分学生大规模上街游行，到东风广场静坐，少数学生绝食，学生游行、静坐发展到2万多人。社会上一些人公开喊出"打倒共产党"的口号。一些高校、党政机关、文化团体、研究机构的部分干部、教师，甚至党校的少数人也上街声援学生。事态十分严重，全党都面临着新时期执政能力的严峻考验。云南广大干部、群众坚决贯彻省委指示，经过10多天的艰苦工作，使云南局势重新恢复平静，较快地结束了昆明和各地发生的政治动荡，全省高校复课，各地、各单位迅速转入正常的经济建设工作。

一场惊风急雨过去了，但人们心里很不平静：在我们这样一个共产党执政40年的国家里，为什么会发生全国性的大规模的政治风波，问题出在哪里？我们工作中有什么重大失误？用什么办法来纠正我们党存在的问题？我国的社会主义制度发展前景究竟如何？中国共产党究竟能否走出"兴勃、亡忽"的历史周期率？早在1945年，国民参政员黄炎培先生到延安访问时，同毛泽东有过一段历史性的对话。黄炎培说：我生六十多年，耳闻的不说，所亲眼看到的，真所谓"其兴也勃焉，其亡也忽焉"，一人，一家，一团体，一地方，乃至一国，都没有能跳出这周期率的支配力。一部历史，"政怠宦成"的也有，"人亡政息"的也有，"求荣取辱"的也有。总之没有能跳出这周期率。他希望共产党能找出一条新路，跳出这周期率的支配。面对黄炎培的忧虑，毛泽东回答说：我们已经找到新路，我们能跳出这周期率。这条新路，就是民主。只有让人民来监督政府，政府才不敢松懈。只有人人起来负责，才不会人亡政息。这段历史性对话，对我们共产党人来说，是一种宝贵的警示，它让一代代执政者警钟长鸣。走好民主这条新路，也给共产党人注入了探索的动力和勇气。而采用整风方法建设党，在党内外开展批评与自我批评，正是民主道路和民主形式在党内的运用。革命时期的延安整风，曾使我们党达到了空前的团结统一和充满生机活力。在社会主义新时期，为什么就不能重开整风先河，用整风学习的方法，集中解决好我们党内干部队伍，尤其是领导干部中存在的问题，以确保我国的长治久安和更大发展？这个问题引起了当时云南省委领导的高度重视和深入思索，并从实践上率先在云南进行了大胆探索。

从1989年冬季开始，在中共云南省委书记普朝柱的直接领导下，直到次年10月，省委在省委党校举办了三期县以上主要领导干部党建理论研讨班。第一期参加的是省、地、县委书记，第二期参加的是省、地、县人大主任和政协主席，第三期参加的是省长、专员、州长、市长、县长。每期学习20～25天，集中总结苏联、东欧演变和国内动乱的教训，学习党建基本理论，联系实际研讨党的建设问题。这次研讨大大增强了领导干部的执政意识和执政危机感，并在研讨后期形成了一个十分重要的文件，即《中共云南省委关于建立健全在职干部学习制度和轮训县以上领导干部的通知》（以下简称《通知》）。文件第一次把整风方法放在新时期全面加强党的建设和干部队伍建设的核心位置上。普朝柱说："我看解决我们党的问题，还是要采用整风的方法。用整风方法建设我们的党，是延安时期形成的好传统，也是我们目前行之有效的好办法。"并明确提出："应用整风方法，学习党的基本理论、基本路线、基本知识，解决各级干部，重点是领导干部的理想信念、思想路线、为人民服务和民主集中制的问题。通过整风方法学习，开展批评与自我批评，总结经验，提高认识，打好干部、党员的马克思主义基本功底。"按照省委《通知》和普朝柱的要求，全省地厅级在职干部除按规定选送中央党校培训外，"省委党校每年开办两期轮训班，一期五个月，四年轮训一遍"；"州委常委、地委委员，县委常委、正副县长，县人大和县政协的正职，也由省委党校负责轮训，每期五个月，一年办二期，三至四年轮训一遍"。《通知》强调："在轮训中要采用整风的方法，学习马克思主义基本理论、党的基本路线、党的基本知识（或党内政治生活的基本准则），联系实际，特别要联系自己的思想和作风的实际，进行自我教育，开展批评与自我批评，改造思想，着重解决涉及世界观、人生观、理论、路线、党性、作风等方面的主要问题，切实克服非无产阶级思想，提高政治思想觉悟，真正树立马克思主义的世界观和人生观。轮训的全过程要贯彻整风的方法，但不作组织结论，检查认识材料不装档案。”

按照这一文件的规定，从1991年3月至1995年11月，省委用了五年时间在省委党校连续举办十期领导干部“三基本”教育轮训班，培养了3000多名县以上主要领导干部。全省各级各单位用整风方法开展“三基本”学习教育，参加人数达十数万。这是改革开放以来首次在一个省系统应用整风方法，全面加强党的建设和干部队伍建设的大胆尝试，其创新意义和社会影响十分重大。

总结这次应用整风方法解决领导干部存在问题的成功经验，有四条认识和做法是值得提倡和坚持的。

第一，整风方法是新形势下党的优良学风的创造性实践。应用整风方法建设党和干部队伍，这是新时期党的优良传统和学风的再实践，符合马克思主义认识论的原理。由于“文化大革命”、“左”的影响，不少人对“改造世界观”、“整风”、“批评和自我批评”心有余悸。正因为如此，更应当在马克思主义理论教育中，以新的实践为“改造世界观”、“整风”、“批评和自我批评”正名，把党的优良传统和学风恢复、发扬起来。

第二，整风方法的过程是“读原著、学根本、学体系、能结合、会应用”的过程。学习马克思主义理论，要系统地而不是零碎地学，要读原著，学根本、学体系，从它的理论体系中学会认识和解决问题的立场、观点、方法。而不是满足于一般地增长点理论知识，零碎地背几条概念、观点和结论。要结合实际去学而不是空洞地学，要善于应用马克思主义的立场、观点、方法解决工作实践中的问题，解决个人思想意识修养和党性锻炼上的问题，努力做到理论与实际的统一，认识与实践的统一，知和行的统一。

第三，应用整风方法关键是搞好思想总结，“一想、二摆、三找、四帮、五议”，严格实行“四不”。“一想”，就是以马克思主义理论为指导，回想在执行党的路线、方针、政策方面，在个人思想意识修养方面，主要的成绩优点是什么，主要的问题缺点在哪里。用“两分法”、“两点论”的观点剖析自己，对自己有一个全面的基本的认识。“二摆”，就是谈在工作上，在执行党的路线、方针、政策上，存在哪些比较重大的问题；在思想作风上存在哪些比较重大的问题，把它摆出来。“三找”，就是从若干事物的内在联系方面，从诸多矛盾中找到影响自己正确贯彻执行党的路线、方针、政策，影响自己进步的主要矛盾和主导思想，对自己世界观的改造有一个本质的认识，找到今后的努力方向。“四帮”，就是彼此看一看思想上的主要矛盾、主要不足之处、需要改造的主导思想找准了没有，通过自由结合、互相交心谈心、互相帮助、互相启发来提高认识。“五议”，就是个人思想总结写好之后，小组会上逐个议一议，评议一下主导思想找准没有，认识得深不深，开展批评与自我批评。应用整风方法的一个重大原则，就是实行四不主义：一不抓辫子，二不戴帽子，三不打棍子（不处分任何一个干部），四不装袋子（思想总结自己带走，不装档案，党校不留片纸只字）。

第四，采用整风方法学习的效果最终要由实践来检验，要看实践中党的组织和干部队伍在思想上、政治上、组织上的成熟和提高，要看是否能真正解决实践中的重大问题。对领导干部要从出校门后的实践来考察，并逐渐形成制度。

二、从根本上打牢领导干部的马克思主义基本功底

应用整风方法学习“三基本”，究竟要解决领导干部的什么问题呢?经过多次调查研究，云南省委认为，最重要的是要解决坚持党的实事求是思想路线问题；社会主义、共产主义理想信念问题；全心全意为人民服务的宗旨问题；贯彻民主集中制的组织原则问题；在轮训后期还加上了一个问题，即坚持马克思主义民族观和宗教观问题。

（一）坚持实事求是思想路线，不断解放思想

解决坚持实事求是的思想路线问题，是领导干部“三基本”教育轮训中的首要任务。实事求是的思想路线，完整的表述即“一切从实际出发，

理论联系实际，实事求是，在实践中检验真理和发展真理”。这是我们共产党人哲学世界观的集中体现。实事求是是马列主义、毛泽东思想的精髓，也是中国特色社会主义理论的精髓。它既是共产党人的世界观，又是理论，也是路线，也是党性，也是作风，也是根本的方法。离开这一条，中国革命就不可能胜利，胜利后也不可能巩固和发展。

坚持实事求是，同时也就是坚持解放思想。邓小平指出：“解放思想，就是使思想和实际相符合，使主观和客观相符合，就是实事求是。”只有坚持实事求是，才能清除“左”的和右的思想影响，打破习惯势力和主观偏见的束缚，才能克服主观主义、本本主义、形式主义、官僚主义，使工作和决策摆脱主观性、片面性和表面性。

坚持解放思想、实事求是的思想路线，同坚持党的群众路线也是一致的。坚持实事求是，就要尊重群众的实践，尊重群众的首创精神，一切从群众的利益出发，善于学习、总结群众的经验和创造。人民群众是历史的创造者。群众路线是党的根本工作路线。只有一切为了群众，一切依靠群众，坚持从群众中来，到群众中去，才能做好工作。

通过“三基本”教育轮训，领导干部系统学习了辩证唯物主义和历史唯物主义基本原理，增强了坚持实事求是思想路线和群众路线的自觉性，促进了思想解放。有的同志说，过去经常讲实事求是，但并不太了解实事求是思想路线的哲学基础。这次“三基本”教育，找到了党的实事求是思想路线的理论根据。大家深刻体会到，实事求是体现了马克思主义世界观和方法论的统一。坚持实事求是，就要自觉清除束缚思想解放的各种观念，包括“唯书”、“唯上”的观念，“左”的思想影响，狭隘的主观偏见，头脑中的私心杂念，如怕担风险、怕丢“乌纱帽”、怕丢选票等。有的同志说，私心杂念通常表现在两个字上，一个是“势”，一个是“利”。畏权势，就不可能有实事求是之胆；贪小利，就不可能走实事求是之道。如果为权势所迫，为金钱所诱，就会讲假话、办坏事。一个人只有出于公心，坚持真理，不怕失去“既得利益”，全心全意为人民服务，才可能坚持好党的思想路线和群众路线。

（二）坚持共产主义理想和社会主义信念，不断提高政治素质

解决好领导干部的理想信念问题，是“三基本”教育轮训的一项重大

政治任务。理想和信念问题的实质，是如何认识当代社会主义及其发展前景。它涉及的基本问题是，究竟什么是科学的社会主义，如何建设、巩固和发展社会主义？如果我们搞的社会主义不是发展生产力的，是一种贫穷的社会主义，就会从根本上动摇人们对社会主义的信心，也会动摇我们自己的社会主义信念，从而动摇共产主义理想，也就不可能使我们党和国家走出执政“兴勃、亡忽”的周期率。要解决这个问题，就是要在实践上把社会主义建设搞成功，发展好有中国特色的社会主义；在理论上，则要认识和回答好一系列基本问题。

正确认识和回答社会主义的本质问题。过去我们在认识社会主义时，常常是离开生产力的，认为搞了公有制、按劳分配、计划经济，就是社会主义。按这样的认识去做，结果发展总是不快，甚至导致一些人失去信心。这就不能不使人们去想，到底什么才是社会主义最本质的东西、决定社会主义发展命运的东西。“三基本”教育轮训，就是要使领导干部真正懂得社会主义的本质，就是解放生产力，发展生产力，消灭剥削，消除两极分化，最终达到共同富裕，从而自觉地把社会主义同解放和发展生产力最深刻地联系起来。一个是解放和发展生产力，一个是共同富裕。这是社会主义的两个基本原则。抓住了这两条就抓住了社会主义最核心的内容，就能大大提高人们对科学社会主义的认识，大大增强人们走社会主义道路的信心。

正确认识和回答社会主义所处发展阶段问题。我们的社会主义制度还处于初级阶段的论断说明，我国社会已经是社会主义社会，我们必须坚持而不能离开社会主义；同时必须看到，我国的社会主义社会还处在初级阶段，社会生产力低，经济文化落后，商品经济很不发达。领导干部做任何工作都必须从这个最大的实际出发，而不能超越这一实际。社会主义初级阶段理论为正确制定党的基本路线、战略和策略提供了科学的出发点。“三基本”教育轮训就是要使领导干部以这一理论为武器，把建设社会主义同中国的基本国情最深刻地联系起来，既坚定地走社会主义道路，又有长期奋斗的思想准备；既有信心和热情，又不盲从和脆弱，使理想信念建立在坚实的基础上。

正确认识和回答社会主义改革和经济体制的目标模式问题。实践证明，建设社会主义必须发展社会主义市场经济。“三基本”教育轮训就是要使领导干部从理论上懂得，资本主义与社会主义的区分不是计划、市场这样的内容。社会主义也有市场调节，资本主义也有计划控制。计划多一点还是市场多一点，不是社会主义与资本主义的本质区别。计划经济不等于社会主义，资本主义也有计划；市场经济不等于资本主义，社会主义也有市场。计划和市场都是经济手段，从而把社会主义同当代世界普遍适用的发展生产力的经济运行机制和手段最深刻地联系起来，使社会主义可以充分运用市场经济同资本主义进行较量，最终战胜资本主义。

正确认识和回答市场经济条件下的对外开放问题，正确认识和回答两个文明建设的基本关系问题，正确认识和回答发展与稳定的基本关系问题等，都是同什么是社会主义、怎样建设社会主义息息相关的重大问题。它们既是科学认识社会主义必须解决的基本问题，又是新的时代条件下牢固树立社会主义信念和共产主义理想的认识基础。

“三基本”教育轮训，使领导干部站到了科学认识社会主义的高度上，更加坚定了社会主义信念和共产主义理想，进一步提高了全面贯彻执行党的基本路线的自觉性和坚定性。有的同志说，过去对社会主义的信念不能说没有，但遇到风浪和曲折容易动摇，问题就出在对社会主义的本质认识不清；对社会主义代替资本主义的必然性、长期性缺乏足够的认识；对社会主义的理解还存在着许多僵化的和非科学的观念。因此，遇到风浪和曲折，或者对社会主义代替资本主义缺乏信心，或者把改革中的社会主义看成是资本主义。通过学习，大家解决了这两个方面的问题，理想信念更加坚定。许多同志说，这样的理想信念是我们共产党人的政治方向，是共产党人生命的源泉，一定要终生矢志不移。

（三）坚持全心全意为人民服务的宗旨，不断增强公仆意识

领导干部要全心全意为人民服务，当好人民公仆。这是“三基本”教育轮训要解决的根本问题。为人民服务是我们党的根本宗旨，是马克思主义人生观、价值观的核心，也是集中体现我们党的性质的主要标志之一。在实践这一思想的过程中，我们党继承和发展了马克思主义关于“做社会公仆”的思想，把全心全意为人民服务作为党的宗旨和一切活动的出发点。作为共产党员和党的领导干部，在党性锻炼上就是要在这个根本的出发点上下功夫，在这个人生观、价值观的核心问题上下功夫，在这个与其他政党完全不同的区别点上下功夫。在新的形势下，坚持全心全意为人民服务，最重要的是要努力实现党的政治任务，大力发展社会生产力，为人民干大事，谋大利，做到"为政一场，富民一方"。同时，要自觉地同不正之风和腐败现象作坚决的斗争，以确保我们党和国家政权性质、社会主义社会的性质。特别是在发展社会主义市场经济的条件下，要始终高度重视党的作风和社会风气问题。如果党风和社会风气败坏，不仅经济建设搞不上去，我们这个民族也不可能兴旺发达，社会主义社会也会变质。

通过"三基本"教育轮训，领导干部深化了在新的形势下坚持党的宗旨的重要性的认识，提高了全心全意为人民服务、保持廉洁的自觉性。大家联系思想、工作实际和个人的经历，回顾在坚持党的宗旨方面的经验和教训，认识到坚持全心全意为人民服务，要害的问题是要使用好手中的权力。为人民服务，核心是要把生产力发展上去，关键是要为人民掌好权、用好权，用人民的权力为人民谋利益。一些同志说，我们的权力是人民给予的，用这个权力来为人民谋利益，还是为个人谋私利，是我们共产党人与剥削阶级的根本区别，也是检验我们共产党人的试金石。在发展市场经济的条件下，领导干部绝不能搞钱权交易，把权力商品化。如果把权力当作商品，进入"流通"，搞钱权交易，我们党就没有希望了。今后几十年我们党出不出问题，也要看这个问题解决得怎么样。有的同志说，领导干部要甘当公仆，在金钱诱惑面前，"不馋"、"不钻"、"不占"、"不贪"，一身清廉，造福百姓。

（四）坚持党的民主集中制，不断增强党性原则

民主集中制是党的根本组织制度和领导制度，是党内民主和群众路线在党的生活中的运用。社会主义运动的历史经验证明，削弱和否定民主集中制，就会损害党的战斗力，以至瓦解党的组织。坚持党的民主集中制，必须做到努力发展党内民主，疏通和拓宽党内民主渠道，充分发挥全党的积极性；加强民主基础上的集中，维护中央权威，有力地执行党的路线、方针、政策；坚持和完善集体领导和个人分工负责相结合的制度，重大问题集体讨论决定；加强和健全党内监督，严肃党的纪律，保证党的机体的健康和各项任务的完成。实行民主集中制要求领导干部特别是党政一把

手，要虚怀若谷，善纳群言，团结各方面的同志包括有不同意见的同志共同工作。要切实克服自由主义，自觉摆正个人同组织的关系，模范地执行党的决议，遵守党的纪律，维护党的团结，用高度的党性原则和健全的制度促使党在组织上和行动上统一。

通过“三基本”教育轮训，领导干部联系实际总结经验教训，普遍提高了坚持民主集中制重要性的认识，增强了发展党内民主、加强领导班子民主制度建设的自觉性。大家认识到，民主集中制是我们党正确处理党内关系的基本准则，也是我们党和国家的根本领导制度。不少同志联系党的组织建设和领导班子建设中思想认识上出现的三种偏差，即认为民主集中制只适用于党内，不适用于行政；只适用于政治领域，不适用于经济领域；只适用于计划经济，不适用于市场经济。这些偏差把民主集中制与经济建设割裂开来，否定了民主集中制对政府决策、经济工作和市场运行的作用。实践说明，坚持民主集中制和市场经济并不矛盾，相反，它为社会主义市场经济体制的建立和发展提供了组织和决策保证。许多领导谈道，坚持民主集中制，素质是基础，党性是关键，制度是保证。班子的整体素质好了，民主集中制的贯彻执行才有好的基础。

（五）坚持马克思主义民族观和宗教观，不断增进民族团结

“三基本”教育轮训从第 8 期起，增设了马克思主义民族观、宗教观教育这一具有鲜明云南特点的内容。通过“三基本”教育轮训，领导干部较系统地把握了马克思主义民族、宗教理论的基本观点，了解了民族平等在马克思主义民族理论中的核心地位，民族团结在社会主义建设实践中的极端重要性，探讨了民族问题的长期性、复杂性，明确了新的历史条件下解决民族问题的根本途径、基本方针、基本制度和原则、方法。许多同志说，今后处理民族宗教问题，心里有了“一杆秤”，工作起来也放心了。

以上是云南领导干部在“三基本”教育轮训中解决得比较好的五个问题。它夯实了领导干部的马克思主义基本功底，增强了领导能力与执政能力。许多学员反映，“党校‘三基本’教育轮训，终生受益，终生受用”。

三、云南领导干部“三基本”教育轮训经验的历史评价及其在全国的影响

云南开展领导干部“三基本”教育轮训虽然已经过去10多年，但至今仍对干部教育轮训工作的思路和方法有着积极的影响。“三基本”教育轮训的基本经验是宝贵的、常青的，无论是对于过去，还是现在和将来，它都有着重要的借鉴价值。

云南开展领导干部“三基本”教育轮训的经验很丰富，但归结起来，最根本的有这样三条：

第一，省委，特别是省委主要领导的认识和重视，是领导干部“三基本”教育轮训取得成功的前提。省委书记普朝柱自荐兼任省委党校校长，形成了云南省委高度重视党的建设和干部教育培养工作的良好风尚。他亲自主持“三基本”教育轮训文件的制定，蹲点指导“三基本”班第一期的试点，审订各期教学计划，作开学典礼讲话和思想总结动员报告，参加总支、支部、小组会听取意见，充分依靠和发挥老同志的作用，深入做学员思想政治教育工作，与学员同吃、同住、同学习，对教育轮训的每一个环节都给予了精心指导，确保了教育轮训质量和工作不断完善。省委和省委主要领导的认识与决心，对云南“三基本”教育轮训的开展具有决定性的意义。

第二，有一套贯穿党性教育的科学、完整与创新、务实的教育轮训思路，这是“三基本”教育轮训取得成功的关键。这一思路的完整表述是：“为了从根本上加强党的建设，培养忠诚于马克思主义、坚持有中国特色社会主义理论和道路的领导干部，特别是跨世纪的一代领导骨干，有效地提高全党的马克思主义水平，以学习邓小平建设有中国特色的社会主义理论为主要内容，以《邓小平文选》第3卷为主要教材，紧密联系实际，学习马克思主义基本理论，党的基本路线，党的基本知识，针对县以上领导干部队伍的实际情况，采用整风方法，坚持理论联系实际的学风，运用批评与自我批评的武器，少而精，读原著，学根本，学体系，融会贯通，掌握精神实质，在能结合、会应用上下功夫，认真总结经验教训，着重解决坚持解放思想、实

事求是思想路线，共产主义理想和社会主义信念，全心全意为人民服务和民主集中制四个基本问题，打牢马克思主义的基本功底，改造世界观，增强党性，提高建设有中国特色的社会主义和贯彻执行党的基本路线的自觉性和坚定性，以加快改革开放，加速经济发展。”这一思路集中体现了省委开展“三基本”教育轮训的指导思想、目标、内容和方法，并在后来作为基本经验完整地写入了中共云南省第六次党代会报告。

第三，把用整风方法建设党和干部队伍的做法推广到面上，积极扩大“三基本”教育成果。“三基本”教育轮训的基本方法有着深厚的实践基础和普遍意义。因此，很快为云南各级党校，省直机关，高等院校，地州市、县各单位中心学习组，以及“小集中”走读班所接受，大大扩展了“三基本”教育轮训的效果，促进了“三基本”教育轮训思想成果向工作决策和现实生产力的转化。

在上述经验形成过程中，云南领导干部“三基本”教育轮训工作引起了党中央和许多省市区的重视，在全国产生了重要影响。教育轮训期间，中央政治局常委两次到云南省委党校视察，并对“三基本”教育轮训给予了高度评价。

一次是在“三基本”班第 3 期学习进入第 3 单元时，1992 年 4 月 10 日，在普朝柱陪同下，中共中央政治局常委宋平到省委党校视察工作，召开座谈会，并作重要讲话。宋平说：“朝柱同志给我谈过办党校的一些想法和做法，同时他也给乔石和我写了一封信。这封信政治局常委也很重视。所以，我这次来想看看党校。”“你们 3 期‘三基本’轮训班的经验，一期比一期发展，一期比一期进步。刚才赵绍敏提纲挈领地作了简要的汇报，讲得很好。你们对党校的重视，办学的指导思想和你们采取的方法，我觉得都是很好的。好就好在有效果，有真实的效果，会在云南的工作中起真实的作用。为什么能起到这样一种好的效果？就是办学指导思想是对的，真正抓住了马克思主义的一些基本观点，进行基本的教育。你们讲‘三基本’，就是马克思主义基本理论，党的基本路线，党的基本知识。党校抓基本的东西，抓基本的教育，这个问题解决得好。”又说：“你们用整风的方法来学习，你们提得非常好。学习的目的还在于用，在于改造思想。一个人有了理论指导以后可以有正确的思维，但这还不够，还要大家通过批评与自我批评互相讨论，使思想更加全面。一个人看问题总有片面性，经过大家批评与自我批评，自己想不到自己的缺点，大家一起讨论就通了，听不到批评并不是好现象。经过学习，过去怕批评，现在能欢迎批评。从怕批评到欢迎批评，说明思想变了。这是一个世界观的变化。有了这种变化，那他接触干部、接触群众就不一样了。群众对他就敢提意见，他在工作方法上，就会走群众路线了，就会较少地犯错误，当然犯错误有时是难免的。我觉得你们的这个学习方法很好，我很赞成。”宋平的讲话给了在“三基本”班工作的同志、全体学员和全校教职员工以及全省各级党校以极大的鼓舞。这一讲话后来于5月13日全文转发在《滇情通报》（12期）上，成为指导和推进全省开展“三基本”教育轮训的重要文献。

另一次中央领导到党校视察是在1993年12月23日。当时，中央政治局常委兼中央党校校长胡锦涛到云南视察工作，省委在省委党校举办的首期县以上主要领导干部学习《邓小平文选》第3卷读书班刚刚结束。经过前6期县以上领导干部“三基本”班学习，一大批学员已分别回到了各自的领导岗位上。胡锦涛在德宏、玉溪、昆明接触了各地州市委主要负责同志和“三基本”班的学员，考察了边贸、企业、农户、少数民族村寨，最后到了省委党校。23日上午，在朝柱同志陪同下，胡锦涛来到省委党校礼堂，会见了参加过“三基本”班第1~6期学习的部分学员、“三基本”班总支的同志、县以上主要领导干部《邓小平文选》第3卷读书班部分学员、党校负责人和全省地厅以上党员领导干部，作了重要讲话。胡锦涛说：“云南省委对贯彻中央关于学习《邓小平文选》第3卷的决定很重视，根据本省情况采取的措施是得力的，省委常委和省政府领导带了好头，首期县以上主要领导干部读书班办得也是好的。”胡锦涛特别强调了“三基本”教育轮训取得的成绩，说：“云南省委抓党的建设，特别是干部教育，抓得紧，抓得认真，而且是常抓不懈。特别是近3年，通过党校系统轮训县以上领导干部，大有成效。抓基层建设，也有些值得重视的经验。这次所到之处，我们还看到干部、群众的精神面貌比较好，思想观念发生了很大变化，表现出一种迫切希望加快改革和发展的强烈愿望，一种面向未来、积极进取的精神。总之，我们为云南发生的巨大变化和进步，感到高兴，也受到了很大鼓舞。”胡锦涛还对云南的全面工作作了重要指示。这次讲话，无论是对“三基本”教育轮训和《邓小平文选》第3卷的学习，还是对云南全省工作，都具有十分重要的指导和推动作用。

除上述两次重要会见外，1994年3月7日，省委副书记梁金泉和我还出席了在中南海召开的全国党校工作会议代表的座谈会，由金泉原原本本向江泽民总书记汇报了在新形势下开展“三基本”教育轮训的指导思想和基本经验，受到了中央领导的肯定，在全国党校系统产生了强烈反响。

中央领导对云南开展领导干部“三基本”教育轮训的多次肯定和历史性评价，推动了云南教育轮训工作的更大发展。云南成为改革开放新时期率先应用整风方法解决问题的省份，影响所及，长城内外、大江南北。北京、上海、辽宁、广东、山东、四川、河北、贵州、江西等省（市）委党校的同志也来云南省委党校“三基本”班考察，有的还跟班学习。一些省外同志十分重视阅读“三基本”班的材料，如南京市溧水县金桥乡工业公司的洪波在给我们的来信中说，读了1992年第6期《学习·研究·参考》上刊登的第2期县以上领导干部轮训班的总结后，内心感到敬佩。还说：“我虽与贵校相隔千山万水，但完全赞同这种教育培训方法和形式，完全支持用整风的方法学习马列这种做法”，“用整风方法学习马列，在建设有中国特色社会主义形势下显得格外重要，这是一种面对现实，结合实际，运用实事求是原则的可贵学习方法，值得大力提倡。希望在各级党校、各级领导干部队伍中都认真地这样做”。“三基本”教育轮训经验传播、影响到了省外基层单位，这也是我们始料未及的。

从20世纪初到现在的10多年间，云南“三基本”教育轮训经验，经过时间的洗礼，被证明是完全正确的。“三基本”教育轮训的基本经验已为中央、地方和基层广泛吸收。在社会主义新时期，应用整风方法解决领导干部中存在的问题，也取得了实实在在的效果。这是我们十分欣慰的。云南作为新时期首开整风先河的省份，将同全国一道，继续发扬延安整风的光荣传统和党的优良作风，在切实加强党的建设和干部队伍建设中，不断促进思想解放、改革开放、科学发展和社会和谐，努力推进中国特色社会主义事业又好又快发展。

（原载于《云南改革开放30年历史经验》，云南人民出版社2008年版）

科学发展是检验思想解放的根本标准

今年是党的十一届三中全会召开和中国改革开放30年，也是真理标准讨论30年。30年来，我们党坚持解放思想，形成了以中国特色社会主义道路和理论体系为主要内容的一系列真理性认识，实现了当代中国社会主义建设、改革、发展的历史性跨越。科学发展观是中国特色社会主义理论体系的重要组成部分，它既在实践中形成，又经受住了实践的检验，必然指导和推动科学发展实践不断前进。科学发展是在科学发展观指导下的发展的实践过程和实践结果，是新世纪新阶段中国社会正在展开的基本实践形态。作为一种客观实在和实践过程及实践结果，它具有检测思想的强大功能，是检验思想解放的根本尺度。它既是思想解放的根本目标，也是实事求是的实践标志，更是改革开放的度量标准。

科学发展是思想解放的根本目标

我们解放思想的目的是什么？观念的东西不能成为观念的目的。我们解放思想的目的，从根本上说，就是要实现人在实践意义上的自由而全面的发展，包括人与社会与自然的和谐发展，即以人为本的、全面协调可持续的发展。这是现代社会追求的发展目标，也是我们解放思想的根本目标。

人类社会的历史就是一部不断追求科学发展的历史，也是一部科学发展与非科学发展交替更迭的历史。无论是农业社会，还是工业社会，包括它们创造的丰富的文明形态，都交织着科学与非科学。工业文明创造了人类前所未有的社会生产力，同时也带来了全球性的空前的工业污染、资源耗损和生态破坏。可以说，人类社会就是一个科学与非科学发展的聚合体。我们解放思想的重大任务，就是要区分科学与非科学，摈弃非科学的发展观念、发展方式、发展道路，树立并自觉践行科学发展观，开拓科学的发展方式和发展道路。

长期以来，我们的发展方式在一定程度上是以经济增长为主要考量指标的传统发展方式。这种发展方式，容易忽视人的发展、社会发展和社会公平，忽视能源、资源节约和生态环境保护，因而不能不受到来自发展实践本身的质疑和挑战。不改变这种发展方式，不但违背发展的本质，而且尤其违背社会主义发展的本质。社会主义发展的本质是一切为了人，为了人与社会与自然的全面协调可持续发展。这是真正符合人类本性的发展，是真正符合社会规律和自然规律的发展。解放思想，就要以科学的态度重新认识发展的本质，赋予发展以科学内涵，使我们的各项发展真正符合社会主义发展本质的要求。

现在，我们从事的各项发展事业，大多是以科学和非科学双重发展历史积淀为其基础的，因而不可能所有的事业、所有的工作都符合科学发展的要求。有些是符合科学发展的，有些是部分符合的，有些则是完全不符合的。我们在对待人、人的利益、人的发展问题上，在处理经济增长速度与质量、经济效益与社会效益、经济发展与社会发展问题上，在认识自然生态系统、保护生存和发展环境、处理当代发展与后代发展关系问题上，直至我们习以为常的涉及每个人的千差万别的生活方式，都有违背，甚至严重违背科学发展的，有许多经验教训值得总结。解放思想，就是要通过总结经验教训，使我们的思想和行为从传统的发展观念、发展方式、发展道路中解放出来。按照科学发展的标准，该破的破，该立的立，大胆地破，大胆地立，用科学发展的实践尺度重新衡量、评价我们已经做的和正在做的事情。做到凡是符合科学发展的，就坚决实行；凡是不符合科学发展的，就坚决纠正。用科学发展这一实践标准来检验我们的思想、方针和政策是否正确，真正把解放思想同科学发展结合起来、统一起来。

科学发展是实事求是的实践标志

邓小平在谈到什么是解放思想时指出："解放思想，就是使思想和实际相符合，使主观和客观相符合，就是实事求是。"① 科学发展是"两个符合"的认识成果和实践标志，是实事求是的认识成果和实践标志。

"一切从实际出发，理论联系实际，实事求是，在实践中检验真理和发展真理。"② 这是我们党的思想路线。实事求是是党的思想路线的核心，是共产党人的世界观，既是理论，又是路线，也是方法，同时也是我们最可宝贵的品格。离开实事求是，就会失去科学精神，就不可能有科学发展。因此，我们从事一切工作，都必须始终坚持实事求是的思想原则，尊重客观实际，重视调查研究，善于从不断变化的纷繁复杂的现象中抽象出事物发展的规律性，形成科学发展的正确判断和正确决策。大量事实说明，实事求是是实现和推进科学发展的思想法宝。

多年来，由于马克思主义哲学认识论的普及，许多干部，尤其是领导干部，都十分重视实事求是的思想原则。当然，其中也有一些人口头上讲实事求是，实际上则严重脱离实际，违背实事求是，违背群众路线。有的人甚至在实事求是的名义下，为了一己、一方、一时的利益，违反科学发展规律，不顾大局、不谋长远、不计代价，热衷于政绩工程，大兴重复建设，大上污染项目。有的搞了污染，让他停他不停，让他改他不改，其理由就是所谓"实情"所致，要求照顾企业利益，照顾地方利益。实事求是成了拒绝科学发展的"口实"。因此，必须从根本上廓清实事求是与科学发展的一致性，彻底破除违背科学发展的利益观、权力观，坚决纠正借口县情、市情、省情不同而违背科学发展的思想和行为。

必须明确，实事求是本身就是科学观念，就是科学发展的思想，是科学观念和科学发展思想之集大成，集中体现了辩证唯物主义和历史唯物主

① 《邓小平文选》第2卷，人民出版社1994年版，第364页。

② 《中国共产党党章》，《中国共产党第十七次全国代表大会文件汇编》，人民出版社2007年版，第66页。

义的要求。实事求是从本质上说，就是按照客观事物发展规律办事，按照科学发展规律办事。它主张科学、进步，反对愚昧、落后，主张发展、变革，反对停滞、僵化，主张务实、创新，反对空谈、守旧。它重大局、重长远、重实绩，不搞花架子，不干劳民伤财的事，视人民的利益为最高利益，用手中的权力为当代人和后代人谋利益。它不唯书，不唯上，只唯实。要求实践向前一步，认识就前进一步，行动就跟进一步，永远站在时代前列，站在科学发展前列。它把认识与实践、思想和行为作为统一的过程，凡是认识到的，就坚决去做、去干、去实践。不做、不干、不实践，半点马列主义都没有，更无法实现科学发展。尤其是领导干部，要带头大兴务实之风，在不断发展的实践中，始终保持主观与客观相符合，理论与实际相符合，自觉防止和克服主观主义、形式主义、官僚主义和个人主义，为科学发展敢行示范，为人民幸福愿舍己利，以唯实、为民的实际行动投身于科学发展大潮。

实践证明，实事求是与科学发展是一个辩证的有机统一体。实事求是是科学发展的指导原则；科学发展是实事求是的实践产物。实事求是坚持得越好，科学发展就越充分；科学发展越展开，贯彻实事求是就越彻底。我们只要观察科学发展实践的情况，包括它的程度、质量和水平，就可以知道我们坚持实事求是的情况。科学发展是实事求是的实践标志，也是实事求是的客观写照。我们只有在认识上、行动上把二者紧紧联系起来，做到解放思想、实事求是、科学发展相一致、相统一，才能把科学发展实践大大推向前进。

科学发展是改革开放的度量标准

改革开放是思想解放的最重大的社会成果。没有思想的大解放，就没有改革开放的伟大成就。中国30年改革开放的实践证明，解放思想是发展中国特色社会主义的一大法宝，是推进改革开放的强大思想武器。

当前，我们正面临着新一轮的思想解放，也面临着新一轮的改革开放。在新的发展条件下，衡量新一轮思想解放和改革开放的根本标准是什么呢？就是科学发展。科学发展体现了改革开放的实践本质，最集中地反映了“三个有利于”的实践要求，代表了人民、社会、国家的现实利益、长远利益和根本利益，是对中国特色社会主义发展实践的重大突破。

30 年来的改革开放，使我国发生了翻天覆地的变化，为中国未来的发展奠定了坚实基础。新一轮的改革开放将在这一历史基础上沿着科学发展的轨道前进。科学发展作为正在展开的社会主义的基本实践形态，将把我国今后的改革开放同前 30 年改革开放的历史基础连接起来。如果说，前 30 年我国的改革开放和建设、发展，是处于科学发展的全面探索与巨大成功的时期，那么 30 年后我国的改革开放和建设、发展，将迈入一个科学发展得更加成熟的时期。这前后两个时期，其科学发展的含量和程度将会有所不同。在后一个时期，科学发展将成为衡量改革开放和建设、发展的最重要的度量标准；前一时期难以避免或无法避免的问题，以及必然要遗留下来的问题，将在科学发展的过程中得到有效防止和妥善解决。科学发展必将成为新一轮改革开放的更加显著的特点。

因此，在新一轮改革开放中，我们思想解放的重要任务，就是要用科学发展统领改革开放，检测改革开放，完善改革开放。凡是符合科学发展的，在改革开放中就要大胆推行；凡是不符合科学发展的，在改革开放中就要及时矫正。现在有一种认识，认为要深化改革开放，就难实现科学发展。少数人甚至借改革之名，行阻碍科学发展之实。特别是推进科学发展触及某些人的利益时，更是阻力重重。因此，必须深化对改革开放本质和目的的认识，坚决纠正把改革开放同科学发展分离开来、对立起来的思想和行为。必须明确，在发展中国特色社会主义的伟大实践中，改革开放是动力、是手段，没有改革开放就不能实现科学发展；科学发展是目的、是主旨，离开科学发展，改革开放就失去方向、失去灵魂。今天我们强调科学发展，丝毫不意味着贬低，也不会否定改革开放的伟大成就和成功经验。相反，30 年的改革开放，从相对意义上说，正是走了一条科学发展的道路；30 年改革开放追求的目标，也在于实现中国的科学发展；没有 30 年的改革开放，我们对科学发展的认识也不会达到今天这样一个高度。解放思想，就是要站在新的时代高度，把深化改革开放同科学发展统一起来，敢于用科学发展的尺度衡量改革开放的各项事业，用改革开放推动科学发展。

要善于利用在改革开放历史进程中积累的宝贵经验，敢于在改革开放实践中创造新的发展经验，全面推进社会主义市场经济、社会主义民主政治、社会主义先进文化、社会主义和谐社会的各项建设和各项改革。特别是要通过改革开放，加快转变经济发展方式、完善社会主义市场经济体制，在推进经济结构战略性调整、提高自主创新能力、提高节能环保水平、提高经济整体素质、提高国际竞争力、推进农村改革发展、建设社会主义新农村等方面，取得重大进展。要按照发展社会主义市场经济的整体要求，从制度上更好地发挥市场在资源配置中的基础性作用，形成有利于科学发展的体制和机制，确保我国各项事业沿着科学发展的轨道前进。

30 年前，我们党领导全国人民进行了波澜壮阔的思想解放运动，提出了实践是检验真理的唯一标准；30 年后的今天，在新的历史条件下，我们党领导全国人民正在开展以科学发展观为指导、以科学发展实践为基本内容的新的思想大解放，科学发展正在成为度量思想解放的根本尺度。科学发展作为检验思想解放的根本标准，将以前所未有的实践深度和广度，荡涤一切非科学的发展观念，重塑经济社会发展的实践结构，迅速改变着当代中国的面貌，推动着全面建设小康社会和现代化建设的发展步伐。解放思想、改革开放、科学发展作为一个整体，在新的历史征程中，必将创造出中国特色社会主义的又一轮伟大、辉煌事业。

（原载于《科学社会主义》2009 年第 1 期）

理论创新拯救和发展了社会主义

20 世纪晚期，随着苏东剧变，社会主义运动陷入空前低潮，世界社会主义制度出现了严重危机。一些西方政治家预测，20 世纪将是社会主义在全世界终结的世纪，社会主义将成为 20 世纪最重要的遗产。在这场大危机中，究竟靠什么才能挽救社会主义？中国共产党人的回答是：靠社会主义的理论创新与实践创新。在这场危机中，与其说是中国拯救了社会主义，不如说是中国共产党的理论创新拯救了社会主义。

理论创新的轨迹

这一理论创新的巨大浪潮是从 20 世纪 70 年代后期开始的。那时，中国主要面临的是自己国家潜在的制度危机："文化大革命"把中国社会主义推向了制度存亡的底线。是党的十一届三中全会及其前后开展的真理标准讨论，高举理论创新旗帜，进行了思想上、理论上、政治上和组织上的拨乱反正，在正确总结社会主义历史经验的基础上，实现了马克思主义中国化与社会主义制度创新相结合，以极大的努力还社会主义以本来面目。

从十一届三中全会到现在的 30 年间，中国人第一次对社会主义有了真正科学意义上的全新认识：懂得了社会主义是在马克思主义一般原理指导下从自己国家和所处时代实际出发的社会主义，是集中力量发展生产力的社会主义，是处于初级阶段的社会主义，是改革开放的社会主义，是坚持四项基本原则的社会主义，是搞市场经济的社会主义，是一国两制的社会主义，是推进科学发展的社会主义，是构建和谐社会的社会主义，是和平发展的社会主义，是以人为本、共同富裕的社会主义。正是由这些基本认识构成的科学理论拯救了中国、发展了中国，拯救了社会主义、发展了社会主义。正是这一马克思主义中国化的理论创新实践，不仅使19世纪中叶以来百年奋斗的中华民族解放与独立的伟大事业得到空前巩固，而且使20世纪中叶以来开创的中国百年现代化建设伟业蓬勃发展。

社会主义在中国、在世界没有被消灭。社会主义不仅在占世界人口1/5的中国蒸蒸日上，而且以前所未有的制度力量影响着、感染着全世界。面对“文化大革命”曾经引起的中国社会主义制度危机和苏东剧变引发的世界社会主义制度危机，在西方资本主义大国推行的“颜色革命”面前，中国特色社会主义理论以其强大的科学魅力，破解了社会主义制度发展史上的两大危局，坚定了中国和世界人民对社会主义的信仰和信赖，为社会主义注入了永葆青春的动力与活力，实现了中国社会主义制度实践形态的新发展。

理论创新连接“两个解放”

改革开放30年来，我国社会主义发展取得了前所未有的伟大成就。这一成就集中起来就是实现了“两个解放”，人的思想解放和社会生产力的解放，即精神世界和物质世界发生了前所未有的变化。而连接这两个伟大成果的链环是什么呢？即实现精神向物质转换的条件是什么呢？正是党的理论创新。

思想解放本身既是理论创新的成果，也是理论创新的前提。但思想解放不等于理论创新，也不等于生产力的发展。从思想解放到社会生产力的发展，其间必须以理论创新作为根本支撑。有的同志说，改革开放30年社会生产力的发展，是靠“摸着石头过河”干出来的，据此贬低甚至否认理论创新的指导作用。这是不全面、不正确的。因为，“摸着石头过河”思想本身就是发端于实事求是、一切从实际出发的理论原则。它是在一定条件下由科学理论派生出来的一种应用层面上的探索性要求。在僵化的理论原则下，“摸着石头过河”是不能允许的。同时，“摸着石头过河”的认识与实践背景，正是中国特色社会主义理论框架的提出与逐渐形成。没有这个理论条件，“摸着石头过河”就失去方向和意义。

今天，我们已经形成了中国特色社会主义道路和理论体系，科学发展以基本的社会实践形态正在中国全面展开。科学发展作为科学发展观指导下的发展的实践过程和实践结果，具有检测我们思想、观念正确与否的强大功能，是衡量我们思想解放的根本尺度。在这种情况下，无论是解放思想，还是改革开放，各项工作都应纳入科学发展的轨道。只有这样，才能提高自觉性，减少盲目性，又好又快地推进社会主义的各项事业。

新的实践呼唤新的理论创造

中国特色社会主义理论体系大大提高了我们的实践与创造水平，但这并不意味着理论创新可以告一段落，或者放慢步伐。新的实践呼唤新的理论创造，迫切需要我们回答、解决社会主义实践中的新问题。

这些新问题既包括规律层面的，也包括价值层面的，还包括应用层面的。从当前和今后一个时期看，至少有以下几个方面的重大问题需要引起高度重视和开展认真研究：

第一，中国特色社会主义理论体系基本观点内在逻辑架构和基本内容问题研究。党的十七大对中国特色社会主义理论体系的历史架构和组成部分作了明确概括，这为我们从逻辑上进一步研究这一理论体系的基本观点及其内容，提供了充分的条件。我们的任务是要按照历史与逻辑相统一的要求，对中国特色社会主义理论基本观点进行系统性概括。以发展为中心，以科学发展为目标，以人的全面发展为目的，将是贯穿这一逻辑架构的主线。

第二，关于社会主义社会发展领域结构问题研究。经过30年的探索，我们突破了马克思主义关于经济、政治、文化三领域发展结构的认识，到党的十七大，提出了经济、政治、文化、社会四领域的并行性结构及建设生态文明的新要求。随着中国特色社会主义实践的深入，有可能也应当形成经济、政治、文化、社会、生态五大建设及其相对应的物质文明、政治文明、精神文明、社会文明和生态文明。这也给我们探索马克思主义社会发展领域留出了巨大空间。

第三，关于社会主义市场经济与应对、驾驭经济全球化风险问题研究。这是我们多年来研究社会主义，首先是研究社会主义市场经济有所忽视的一个重大问题。在全球化经济到来的今天，社会主义市场经济已经是全球市场经济的一部分。资本主义市场经济和社会主义市场经济在全球化经济中是相互交融和牵制的。这就使我们不能不把社会主义市场经济自觉地纳入全球化经济框架内。事实上，全球经济的变动，包括发展与危机，都深深牵动着我国经济社会发展。所以，我们要把中国社会主义市场经济规律和当代世界经济全球化规律结合起来一起研究。

第四，关于社会主义政治体制改革问题研究。我们党提出，党内民主是党的生命，人民民主是社会主义的生命。这为推进社会主义民主政治建设提供了理论支撑。如何加快党内民主和社会主义民主进程，加强权力制衡，防止腐败，是全党全社会最关心的问题之一。在权力制衡上，如何处理党委、政府、人大、政协的关系，能不能实现依法治党，能不能给政协以人大议案的表决权，都需要作深入研究和探索。

第五，经济社会发展不平衡、国民收入分配不合理和社会分配不公问题研究。这“三不”问题首先集中反映在“三农”问题上。“三农”问题、农村改革发展问题，是关系中国特色社会主义发展全局的重大战略问题，也是我国应对国际金融风险、扩大消费需求、增强社会主义经济活力的长远战略问题。同这一问题相关联的，是国民收入分配结构不合理和社会分配不公问题。十七大报告提出了“两个提高”，即“逐步提高居民收入在国民收入分配中的比例，提高劳动报酬在初次分配中的比重”。这是解决分配结构不合理和收入分配不公的根本性措施。

总之，中国特色社会主义理论创新的空间很大。社会主义新时代的出现是理论创新的结果，社会主义新时代的发展更需要理论的创造。我们应始终抓住中国特色社会主义理论与实践创新这个主题，努力取得新进展，做出新贡献。

[原载于《人民论坛》2009 年 3 月（中）]

中国60年科学社会主义理论发展的历史经验

2009年是新中国建立60周年，也是中国共产党执政60年。60年来，中国社会发生了翻天覆地的变化。以马克思主义为指导的中国共产党领导中国人民改变了一个东方大国的命运，并且影响着亚洲和世界的发展与未来。科学社会主义作为马克思主义的“核心”① 和“结论”②，既指导着新中国的发展，又在中国大地上发展壮大。马克思主义经典作家曾多次论述过科学社会主义的理论地位。恩格斯指出：“无产阶级运动的理论表现即科学社会主义。”③ 科学社会主义“是关于无产阶级解放的条件的学说”④，“共产主义现在已不再意味着凭空设想一种尽可能完善的社会理想，而是意味着深入理解无产阶级所进行的斗争的性质、条件以及由此产生的一般目的”⑤。列宁甚至说：“社会民主党的整个世界观是以科学社会主义即马克思主义为基础的。”⑥ 因此，可以说，“广义上的科学社会主义和马克思主义是同义语”⑦。新中国60年的历史，既是马克思主义指导中国并在中国蓬勃发展的历史，也是科学社会主义指导中国并在中国蓬勃发展的历史。

那么，在这60年中，科学社会主义究竟怎样影响和改变了中国？这

---

① 《马克思恩格斯选集》第3卷，人民出版社1995年版，第50页。
② 《马克思恩格斯全集》第20卷，人民出版社1971年版，第673页。
③ 《马克思恩格斯选集》第3卷，人民出版社1972年版，第323页。
④ 《马克思恩格斯选集》第1卷，人民出版社1972年版，第210页。
⑤ 《马克思恩格斯选集》第4卷，人民出版社1972年版，第193页。
⑥ 《列宁选集》第2卷，人民出版社1995年版，第375页。
⑦ 范若愚、江流：《科学社会主义概论》，中央党校出版社1985年版，第1页。

60年间科学社会主义在中国的实践积累了哪些宝贵经验？科学社会主义在中国未来发展中的决定因素是什么呢？本文将对这些问题进行探讨和回答。

一、东方社会主义中国当代发展基本目标的追求与实现

马克思、恩格斯在19世纪40年代中后期全面创立科学社会主义学说后，从70年代中期起，把对社会主义关注和研究的视线渐向东移①，经过对俄国、中国等东方国家的深入研究，提出东方国家有可能跨越资本主义制度的“卡夫丁峡谷”直接过渡到社会主义的理论。在《共产党宣言》发表100年后，新中国的诞生继俄国革命成功后再次实现了马克思、恩格斯关于东方社会主义的预言。中国作为东方社会主义国家，因其条件的特殊性而自然地从一般社会主义模式中区分出来；但它不是社会主义的特例，而是社会主义发展形态中的一个重要部分，即不发达的社会主义。中国特色社会主义是马克思主义关于东方社会主义社会的典型形态。它是在新中国建立后经过长时间探索逐步确立和发展起来的。中国这一东方形态的不发达的社会主义，由于时代条件、历史背景、社会矛盾、现实国情不同，其追求和实现的目标同西方形态的社会主义是不完全一样的，有的是完全不一样的；同俄国社会主义革命和建设中追求与实现的目标也是有很大区别的。科学社会主义在中国实践中追求与实现的目标，首先是独立和统一，同时是民主与富强。今天，独立、统一、民主、富强、文明、和谐，已经构成东方社会主义中国追求的完整目标。这些目标有的已经实现，有的正在实现。

新中国的建立，标志着中国人民重新站立起来，中国获得了独立。但这绝非独立过程的完结。由此上溯一百多年，泱泱中国被沦为帝国主义的半殖民地。国家和民族的独立，不仅成为中国新民主主义革命的首要任

① 赵曜：《赵曜讲学录》，红旗出版社2002年版，第28、215页。

务，而且也是中国社会主义革命必须继续完成的历史任务。1949 年中华人民共和国成立，摆脱了帝国主义的压迫、剥削和控制。新中国建立后，中国共产党和中国人民运用强大的政权力量，成功地维护了自己的国家独立、主权完整和民族尊严，挫败了外国侵略势力对我国进行的孤立、封锁、干涉和挑衅，在同帝国主义和霸权主义的斗争中赢得了胜利，以足够的国防力量保卫了自己的安全。近代以来，中国第一次以一个具有完整主权的独立国家，重新跻身于世界大国行列，实现了科学社会主义在东方国家必须完成的重大历史使命。

新中国的建立，结束了近代中国长期战乱、列强分食、军阀割据、四分五裂的状态，一百多年来第一次实现大陆的真正统一。新中国的法律、政令真正贯彻到了全国每一个地方，国内各民族团结一心，真心热爱和共同建设新中国。这种以全体人民和各民族大团结为基础的统一局面，也是中国近代历史上从未有过的。现在，中国已经实现包括香港、澳门在内的统一，还将实现包括台湾在内的统一大业。完成科学社会主义东方形态要求的国家统一的历史任务，已经为期不远。

新中国的建立，结束了几千年剥削阶级的专制统治，彻底打碎了帝国主义扶持下的国民党国家机器，建立了人民当家作主的人民民主政治制度。中国人民第一次成为国家的主人。60 年来，中国进行了民主政治改革，建设民主制度，推进民主进程，建立和不断完善人民代表大会制度、中国共产党领导的多党合作和政治协商制度、民族区域自治制度、基层群众自治制度。确立了以人为本、执政为民的执政理念和治国方略，并进行了成功实践。中国成为当今世界最具人民性的国家。这是科学社会主义在东方大国实践中的重大胜利。

新中国的建立，为中国彻底摆脱极贫极弱，走向富裕强盛，铺设了康庄大道。旧中国不仅国内工农业经济极端落后，而且完全丧失对外经济自卫能力。新中国的建立，为中国经济腾飞创造了前所未有的条件。经过 60 年的奋斗，现在中国开始跨入世界经济大国行列。国内生产总值位居世界第三位，仅次于美国和日本。外汇储备、钢铁等 5 项工业品产量、谷物肉类等 7 项农产品产量，位居世界第一；人均国民收入从 1949 年的 27 美元

（不足亚洲平均44美元的2/3，不足印度57美元的1/2）①，增加到2008年的3315美元，开始步入“中等偏下收入国家行列”②。中国60年的经济平均增速，亦处于世界前列。中国正在走向富强，特别是后30年的高速发展，为经济落后的东方社会主义国家赶上西方发达国家展示了光明前景。

新中国的建立，同时也为中华民族新文明的发展奠定了坚实基础。社会主义中国的物质文明、政治文明、精神文明，其历史起点至少应追溯到20世纪50年代。尽管上述文明概念是在改革开放30年间创造和普遍使用的，但作为文明内容本身，事实上是同中国社会主义制度的创立、发展过程同步的。60年来，尽管我们在对社会主义，当然也包括对上述文明的认识和工作指导上犯过重大错误，但在汲取历史教训后，社会主义文明的系统思想、全面架构依然建立了起来，并且正在形成包括社会文明、生态文明在内的社会主义的新文明结构。这是东方形态的中国特色社会主义的一大理论贡献，它既继承和发扬了中华民族的优良传统，又大大丰富、发展了科学社会主义理论。

新中国的建立，为全体人民和谐相处，为中国经济、社会的和谐发展，提供了必备的社会历史和政治制度条件。没有新中国的政权与制度的力量，就不可能有中国不同时期社会和谐的局面。当然，和谐作为中国现代化建设的总目标之一，是在改革开放30年后期提出来的。如同文明的提出一样，是对东方社会主义中国独立、统一、民主、富强目标的充实和完善，其理论与历史意义都是不能低估的。尤其是党中央“以人为本、全面协调可持续发展”科学发展观的提出，对于中国的现在和未来，都具有根本性、全局性意义。从总体上说，和谐作为一种政治与社会目标，始终是中国共产党和中国人民不懈追求的。

中国作为实践科学社会主义的东方大国，60年来所追求和实现的，是包括独立、统一、民主、富强、文明、和谐六位一体的发展目标。这既是中国社会主义发展过程中显现出来的基本特色，也是科学社会主义理论指引下的中国60年来对本国人民和世界人民做出的最重大的历史贡献。

① 胡绳：《中国共产党的七十年》，中央党校出版社1991年版，第289页。
② 《大改革　大开放　大发展》，国家统计局网站。

二、科学社会主义理论与中国实践结合和发展的宝贵经验

如同马克思主义与中国革命实践结合并指导中国革命发展一样，科学社会主义也是在与中国建设实践相结合过程中指导着中国发展的。科学社会主义同新中国一道，在风雨中成长壮大，并指引中国社会主义建设取得胜利。这是科学社会主义理论的创始人不曾完全想到的。科学社会主义没有在它的故乡，也没有在发达资本主义国家开花、结果，而是在中国找到了它绽放的土壤。这究竟是什么原因呢？中国共产党人究竟有什么特别的本事，让马克思、恩格斯仅有一些原则预见的东方社会主义，在中国变得如此实在、辉煌，并且具有如此巨大的理论魅力、强大生命力和全球影响力？归结起来，我认为，其原因、其经验至少有如下九条：

（一）敢于和善于从当代以及中国实际出发，把科学社会主义理论同中国国情结合起来

科学社会主义从创立到现在的160多年间，它作为人类社会一种全新的思想、运动和制度，为人类社会发展指出了前所未有的光明前景，并为实现这一前景准备了理论条件。但要把这一理论条件运用于解决近现代中国问题，还必须实现这一理论与中国实际的结合。在这个问题上，中国共产党人坚持实事求是，一切从实际出发，理论联系实际，在实践中检验真理和发展真理的思想路线，找到了一条适合时代变化和中国特殊国情的革命与建设发展道路。中国共产党在探索中国特色社会主义建设与发展道路上，没有照搬书本、照搬外国。新中国进行的社会主义改造是这样，党的八大作出的政治决议是这样，改革开放30年的实践也是这样。前后两个30年，凡是成功的，都是坚持实事求是、从中国实际出发的。坚持实事求是、一切从实际出发，要求我们党必须尊重群众实践，实行相信群众、依靠群众，从群众中来、到群众中去，集中起来、坚持下去的群众路线。实事求是、群众路线，是中国革命和建设成功的两大法宝，也是中国共产党

人思想解放的两个标志。坚持实事求是、群众路线，是中国共产党人的最大本事，也是科学社会主义理论与中国实际成功结合之谜，是中国特色社会主义事业不断走向辉煌之谜。

（二）坚持实践基础上的理论创新，用发展着的马克思主义指导当代中国社会主义实践

理论来源于实践，又指导实践前进。列宁指出："没有革命的理论，就不会有革命的运动。"① 实践是不断向前的，理论也必须不断前进。科学理论是以实践为基础的、不断发展着的。正如恩格斯指出的："我们的理论是发展着的理论。"② "社会主义自从成为科学以来，就要求人们把它当做科学看待，就是说，要求人们去研究它。"③ 研究，就是继承、剔除、创新、发展，这是科学发展的规律，也是马克思主义发展的规律。中国共产党人的理论创新是在中国民主革命中开始并得到充分发展的。党的七大形成了"马克思列宁主义的理论与中国革命的实践之统一的思想"④，即我们这个民族的特有的、完整的关于中国人民革命建国的正确理论——毛泽东思想。在社会主义建设时期，毛泽东《论十大关系》、《关于正确处理人民内部矛盾的问题》等也都是党的理论创新的重要部分。改革开放30多年来，我们党形成了中国特色社会主义理论体系，在新的实践条件下创造性地回答了"什么是社会主义、怎样建设社会主义"，"建设什么样的党、怎样建设党"，"实现什么样的发展、怎样发展"的问题。这一理论体系以邓小平理论为标志，解决了中国前30年不曾解决的一系列重大问题，回答了新时期中国特色社会主义的理论、路线、道路、阶段、动力、条件、战略等一系列基本问题，第一次提出了社会主义本质理论、社会主义初级阶段理论、社会主义市场经济理论、社会主义社会全面改革开放理论，以及"科学技术是第一生产力"理论，作出了"和平与发展是当代世界主题"的判断，完整提出了"一国两制"的思想和战略，大大丰富和发展了科学

① 《列宁选集》第1卷，人民出版社1972年版，第241页。
② 《马克思恩格斯选集》第4卷，人民出版社1995年第2版，第681页。
③ 《马克思恩格斯选集》第2卷，人民出版社1995年版，第301页。
④ 《刘少奇选集》上卷，人民出版社1981年版，第333页。

社会主义理论。实践证明，理论创新是中国制度创立、经济发展、战胜困难、走出危局的强大思想武器。坚持科学实践基础上的理论创新，理论就会成为长青之树，实践也才会蓬勃向前发展。

（三）始终把加快发展社会生产力、“增加生产力的总量”作为解决经济落后的中国发展的根本任务

马克思、恩格斯即使在预见发达资本主义国家革命胜利后的任务时，也把“尽可能快地增加生产力的总量”① 作为发展社会主义的直接任务。在经济落后的社会主义中国，这一任务必然会更为长期、复杂和艰巨。新中国建立时，国民党留给共产党人的是一个处于空前通货膨胀的经济危机中的中国，一个“一穷二白”的“烂摊子”。中国共产党必须集中全力“为争取国家财政经济状况的基本好转而斗争”，并且要在抗美援朝这样一场同世界头号帝国主义的战争中“边打、边稳、边建”。发展经济历史地成为中国共产党领导新中国建设的首要任务。社会主义制度确立之后，党的八大在分析我国国内主要矛盾“是先进的社会主义制度同落后的社会生产力之间的矛盾”的基础上，明确提出了党的主要任务是“集中力量”发展社会生产力。这一思想，经过总结“文化大革命”的历史教训，更加为全党所接受，并在理论认识上有了新的飞跃。十一届三中全会后，中国共产党确立了“以经济建设为中心，坚持四项基本原则，坚持改革开放”（“一个中心、两个基本点”）的基本路线，使新中国建立的后30年，成为坚定不移坚持以经济建设为中心的30年，千方百计加快发展生产力的30年。在这一时期，在任何时候，包括发生1989年国内政治动乱和面对国际敌对势力公开挑衅时，都没有动摇过。中国共产党在解决“落后的社会生产”这一社会主义社会主要矛盾的矛盾主要方面历史进程中，形成了丰富的中国特色社会主义生产力理论，包括判断是非得失的“三个有利于”标准，积累了处理改革、发展、稳定的宝贵经验，取得了举世瞩目的建设成就。中国共产党人成功实践了科学社会主义关于“利用自己的政治统治”加快生产力发展的要求，巩固了社会主义经济基础和政治制度，加快

① 《马克思恩格斯选集》第1卷，人民出版社1995年版，第272页。

了社会主义现代化建设的步伐。

（四）实行改革开放，激发社会主义社会的创造活力，充分发挥社会主义制度的优越性

科学社会主义认为，社会主义是改革中的社会，是开放中的社会。恩格斯指出："所谓'社会主义社会'不是一种一成不变的东西，而应当和任何其他社会制度一样，把它看成是经常变化和改革的社会。"① 实行改革开放，是社会主义的本质要求，也是克服东方国家历史局限的需要。东方国家历史传统中的一大弊端，就是它的保守性和封闭性。新中国建立后，由于对社会主义认识的片面性，加上帝国主义的孤立、封锁和旧中国闭关锁国的历史传统，使中国失去了及时推行改革开放的历史机遇。中国的前后两个 30 年，就是以改革开放为其区分标识的。改革开放是中国后 30 年最重要、最鲜明的标志，也是后 30 年我国经济、社会得以高速发展的主要因素。中国特色社会主义理论把改革、开放当作社会主义的动力和条件。社会主义也正是靠这两条才获得生机和活力的。离开这两条，社会主义就只能是"死水一潭"，就无法体现社会主义制度的优越性。中国改革开放 30 年的历史说明，社会主义制度的优越，不仅体现在它的人民性、公正性上，同时还体现在它的开放性、包容性上。社会主义是在资本主义社会（成熟的和不成熟的）基本矛盾的冲突中发展起来的，是资本主义社会形态总体上的质的飞跃与部分延长和继续。在典型的发达资本主义社会形态中实现社会主义革命后，其前一社会形态在后一社会中的部分延长与继续尚且存在，何况是东方社会主义。在东方社会主义中，这种部分的延长与继续，需要的时间更长、范围更宽。总体上是社会主义的生产关系，部分地保留资本主义生产关系，这是东方社会主义必然经历的一个很长阶段。因此，在中国，在社会主义初级阶段，实行社会主义改革开放，发挥社会主义制度的优越性，就必须借鉴、吸收资本主义先进的东西，包括它的科学技术、管理经验和法律制度；并且在社会主义制度下允许资本主义生产关系存在甚至发展，及至在一个国家中保留两种制度。从这个意义上

① 《马克思恩格斯选集》第 4 卷，人民出版社 1995 年第 2 版，第 693 页。

说，改革开放在一定程度上，就是正确处理社会主义与资本主义的关系，让其为我所用而超其所行。这样做，不会把社会主义变成资本主义，相反地，只有如此，才能巩固和发展社会主义，发挥社会主义制度的优越性。这同拒绝一切资本主义生产关系，以为不这样做就是右不同；也同全盘照搬资本主义，以为不这样做就是“左”也不同。“左”和右的帽子，对中国改革开放30年的现实生活，都是不相称的。30年的实践一再作出结论：改革开放是正确处理和回答“左”和右的空前规模的科学社会主义实践。因此，以改革开放为题说“左了”、“右了”，是不合时宜的。这种争论应该结束。因为，客观地说，争论的前提已经不存在。我们需要做的是，如何更好地推进改革开放并不断使其完善，如何在保留资本主义生产关系时不断壮大社会主义的经济政治实力，如何在向西方学习时及时清除腐朽政治思想文化的影响。如果说，科学社会主义的创立在理论上为社会主义社会实行改革开放敞开了大门，那么，中国特色社会主义则在一个东方大国的实践中成功地跨入这一大门并创造了前人未曾有过的历史业绩。中国特色社会主义的兴衰，将是与它的改革开放同在的。

（五）推进科学发展，确立“以人为本，全面协调可持续发展”的指导原则，把社会主义发展建立在科学基础上

科学社会主义理论创立时，对于社会主义社会建立后经济社会发展将遇到什么样的问题，很难作出预测。因此，社会主义社会在当代的发展，必然是一个全新的问题。由于认识的偏差和经验的缺乏，我们在很长一段时间里，对于发展的关注主要放在了经济增长速度上，同时逐步懂得并强调了经济增长的质量。进入21世纪之后，经济、社会发展速度与质量的矛盾演化，使中国共产党人更加认识到原有经济增长模式的重大缺陷，并逐步形成了经济社会发展总体层面上的新的宏观设计和发展战略，确立了科学发展观，提出社会主义社会的发展应当是以人为本，全面协调可持续的发展。这一思想正确总结了我国社会主义发展的历史经验，是对科学社会主义理论的重大发展。它构成了中国特色社会主义理论的新内容，是中国现实与未来发展的重大方针和指导原则。伴随这一方针、原则的提出，中国特色社会主义形成了新的发展领域结构，即由原来的经济、政治、文化三领域结构，发展为包括经济、政治、文化、社会和生态在内的五领域结构，大大发展了马克思主义发展领域结构理论；同时形成了新的建设结构，即由原来的经济、政治、文化建设，发展为包括经济、政治、文化、社会、生态建设在内的五位一体的建设结构，大大拓宽了社会主义建设领域；并且形成了新的文明结构，即由原来的物质文明、政治文明、精神文明，发展为包括物质文明、政治文明、精神文明、社会文明、生态文明在内的五位一体的文明结构，大大拓展了社会主义文明领域。科学社会主义创立的历史条件，使经济、政治、文化受到了高度重视并成为马克思主义发展领域理论的骨架和主轴；而当代世界变化和中国社会主义长期实践说明，社会和生态问题，也具有同经济、政治、文化问题相并行的重要地位，是相对于经济、政治、文化领域的另外两个重要发展领域、建设领域和文明领域。社会主义必须坚持经济、政治、文化、社会、生态的全面发展，才是以人为本的发展，才是对当代和后代负责任的发展，才是对本国和全球负责任的发展。正是这一新的发展观，改变了新中国建立后30年的后期现实，受到中国人民的拥护和世界人民的赞誉。科学社会主义在中国的科学发展实践中找到了新的立足点，中国特色社会主义也获得了走向未来的新天地。

（六）坚持人民民主政治制度，推进人民政权和民主法制建设，拓宽社会主义民主发展道路

科学社会主义始终把民主的实现同社会主义制度的建立最深刻地联系起来。马克思、恩格斯把民主首先看作是多数人的统治，指出："工人革命的第一步就是使无产阶级上升为统治阶级，争得民主。"① 民主是人类社会进步的动因和标尺，不是资本主义拥有的专利和特权。社会主义民主是比资本主义民主更高类型的民主，是人民当家作主的、全体人民的民主。列宁说："无产阶级民主比任何资产阶级民主要民主百万倍。"② 新中国建立后，中国人民拥有了政权民主，即人民民主专政；拥有了政体民主，即

① 《马克思恩格斯选集》第1卷，人民出版社1995年版，第272页。
② 《列宁选集》第3卷，人民出版社1995年版，第634页。

人民代表大会制度；拥有了政党民主，即多党合作和政治协商制度。在中国革命和建设的历史进程中，民主不仅作为权利，而且作为道路，被中国共产党所认识。早在民主革命时期，毛泽东回答国民参政员黄炎培提出的共产党能否走出“其兴也勃焉，其亡也忽焉”的周期率时说，我们已经找到新路，我们能跳出这周期率。这条新路，就是民主。只有让人民来监督政府，政府才不敢松懈。只有人人起来负责，才不会人亡政息。① 以走民主道路这一思想为基点，中国共产党创造性地在中国建立了与西方不同的全新政治制度，从民主本质和中国国情出发，没有搞轮流执政和三权分立。各民主党派不是在野党，而是参政党；人民选出自己的代表，民主讨论和选举产生各级政权的领导人；人大、政府、政协按其职能既分又合，相互监督、相互制约、相互支持、相互配合。同时，尊重各少数民族和广大基层的民主自治权利，实行区域自治和基层自治制度。实践证明，实行这样的政治制度，有利于充分实现人民民主，有利于各党派团结，有利于各民族团结，有利于调动广大基层的积极性。这既是中国社会主义的政治特色，也是科学社会主义理论和实践在中国的新发展。

（七）坚持独立自主，维护国家主权，实行“一国两制”，促进祖国和平统一大业

坚持独立自主，维护国家主权，是社会主义革命和建设中的长期历史任务。独立自主是中国共产党建国治国的一大法宝，是我国处理对外关系的立足点。新中国成立前夕，毛泽东就指出：“中国的事情必须由中国人民自己作主张，自己来处理，不容许任何帝国主义国家再有一丝一毫的干涉。”② 独立自主不只在于政治和军事，同时还在于经济和文化。抵制和防止某些西方大国的政治的、军事的、经济的、文化的侵略和分裂中国的图谋，是社会主义中国必须高度重视和长期坚持的。60 年来，中国共产党坚持独立自主的和平外交政策，受到了全世界的称赞。在改革开放新时期，中国共产党正确处理了西藏、新疆等重大问题，粉碎了境外敌对势力和国

① 《毛泽东年谱》中卷，人民出版社、中央文献出版社 1993 年版，第 610 页。
② 《毛泽东选集》第 4 卷，人民出版社 1991 年版，第 1465 页。

内少数人的分裂图谋。新中国始终坚持“一个中国”，促进祖国和平统一的立场，赢得了世界绝大多数国家的支持。实践证明，以20世纪五六十年代为起点，经过中国共产党几代人的探索努力，于80年代完全形成的和平统一祖国的“一国两制”构想，即在祖国统一的前提下，国家的主体坚持社会主义制度，同时在台湾、香港、澳门保持原有资本主义制度和生活方式长期不变，是完全正确的。在这一方针和政策指引下，中国在顺利实现香港、澳门回归后，解决台湾问题不断取得新进展。“一国两制”理论成为中国特色社会主义理论的创新性内容，是对科学社会主义国家学说的重大发展。它的提出和成功实践，不仅对中国，而且对世界和平发展事业，具有重大现实意义。

（八）坚持执政为民宗旨，正确总结历史经验，不断加强中国共产党的自身建设

科学社会主义无论作为思想，还是运动，抑或是制度，都是以全体人民的解放和幸福为出发点的。马克思、恩格斯在《共产党宣言》中写道：“过去的一切运动都是少数人的或者为少数人谋利益的运动。无产阶级的运动是绝大多数人的、为绝大多数人谋利益的独立的运动。”在1888年英文版中还加上了“自觉的”[①]，即强调了“自觉的独立的运动”。就是说，共产党人必须“自觉地”为实现全人类的解放而斗争，在一个国家内“自觉地”为全体人民服务。马克思、恩格斯在总结巴黎公社经验时特别强调了公社公职人员必须成为“社会公仆”[②]，决不允许公社国家机器“凌驾”于人民之上。社会主义社会中的执政党和它的成员，都是“社会公仆”，其国家机器只能用于为人民服务，而不能为少数人服务。这是执政的共产党和共产党人先进性的集中体现。中国共产党坚持为人民服务，坚持执政为民，这是党领导中国社会主义各项事业拥有的最可宝贵的政治资格，也是中国共产党在中国执政的“通行证”。有了这一条，党可以少犯错误，即使犯了错误也能够纠正过来。世界上没有不犯错误的党，更没有不犯错

① 《马克思恩格斯选集》第1卷，人民出版社1995年版，第262页。
② 《马克思恩格斯选集》第2卷，人民出版社1995年版，第335页。

误的执政党。问题是犯了错误能不能及时纠正，有没有能力纠正。中国共产党是为人民服务、对人民负责的党，因而也是能够及时纠正错误，并且有靠自身能力纠正错误的党。中国共产党在执政60年中，犯过像“大跃进”和“文化大革命”那样的全局性错误，但都在总结汲取教训之后，重新获得了生机并发展壮大起来。中国共产党是善于向自己所犯错误提供的历史经验学习的党，是善于和勇于改正错误的党。正因为如此，党才能不断强大。这是中国共产党建设的一条基本经验。党的建设就是总结过去、躬身自省、改正错误、面向未来的过程，就是用正确的理论、路线、方针教育武装全党的过程，就是解决党员世界观、理想、信念的过程，就是不断提高党的执政能力的过程。中国共产党在执政中和自身建设中的成功经验，是中国特色社会主义事业发展的思想源泉，也是科学社会主义执政党建设理论发展的重要源泉。

（九）坚持马克思主义的指导地位，重视科学社会主义学科发展，为社会科学和自然科学繁荣发展创造条件

马克思主义是指导中国共产党的思想理论基础。坚持中国共产党的领导，坚持中国特色社会主义，就要坚持马克思主义的指导地位，不断加强以马克思主义为核心的思想理论建设。这是60年来中国共产党领导中国人民成功建设社会主义的一条根本经验。马克思主义作为一个整体，即“一整块钢板”及其三个基本组成部分，在新中国建立后的60年间都获得了充分发展。科学社会主义理论由于它在马克思主义中的特殊位置，正如恩格斯指出的，“现代唯物主义，它和过去相比，是以科学社会主义为其理论终结的”[①]，因而受到了特别的重视；其重视程度也因发生过“文化大革命”这样一种曲解社会主义原则并有亿万人参加的错误的运动而与日俱增。中国共产党和它的主要领导人，有鉴于这一理论的极其重要和历史上的严重教训，在进入新时期后，都用很大的精力重新学习科学社会主义理论，并致力于科学社会主义理论的研究和创新。邓小平是新时期科学社会主义理论研究与创新的集大成者，如同毛泽东是革命时期科学社会主义理

① 《马克思恩格斯全集》第10卷，人民出版社1971年版，第673页。

论研究、创新的集大成者一样，把科学社会主义原理用于正确指导中国实践，大大丰富和发展了科学社会主义理论。邓小平理论，亦即当代中国的科学社会主义理论，正是它使中国走出“文化大革命”造成的政治危局，也避免了后来国内发生动乱引起的政治危局，使中国顺利推进社会主义现代化进程，开创了中国特色社会主义事业的崭新局面。

重视科学社会主义理论研究、创新和对于实践的指导，同重视科学社会主义学科建设和发展是统一的。新时期我们党的主要领导人之一胡耀邦，曾率先提出加强科学社会主义理论学科建设的要求。科学社会主义理论学科建设在20世纪50年代，曾体现为对“马列主义基础”的研究。直到60年代，北京一些著名高校还保留有马列主义基础教研室。从1957年到1977年的20年间，全国曾大大削弱了科学社会主义学科研究。1977年，在胡耀邦亲自主持和倡议下，中央党校率先设立了科学社会主义课程。全国各级党校和一些高校也相继开设这门课程。科学社会主义理论学科建设和研究受到空前重视并取得前所未有的成效。中国60年的发展历史说明，坚持科学社会主义原理同中国实际相结合，重视科学社会主义理论对实践的正确指导，加强科学社会主义理论学科建设，中国社会主义事业就进步、就发展。反之，则不然。在重视科学社会主义理论学科建设的同时，还必须重视对于哲学、政治经济学和各人文学科的研究，重视对自然科学的研究，真正落实“科学技术是第一生产力”的要求。科学包括自然科学和社会科学，只有这两类科学都充分发展起来，中国特色社会主义大业才能兴旺发达。

在这里，我们特别强调科学社会主义理论的学习、研究、创新，强调用这一发展着的理论指导当代中国实践，是因为中国特色社会主义的理论和事业，其源头都是作为马克思主义同义语的科学社会主义，包括以上九条经验，全都贯穿着、实现着科学社会主义理论的要求。中国60年科学社会主义理论的发展，是中国建设、改革、发展成就的思想理论条件。没有科学社会主义理论与中国实践的结合并在中国的蓬勃发展，也就没有60年中国特色社会主义理论和事业的辉煌成就。

（原载于《中国特色社会主义：历史·理论·实践》，四川人民出版社2009年版）

坚持和发展马克思主义的生态文明理论

生态文明理论是马克思主义的重要内容，是科学社会主义的重要组成部分，也是中国特色社会主义理论的创新性内容。怎样正确界定生态文明，科学把握马克思主义生态文明理论的基本观点、发展过程及其表现形态，自觉坚持和发展这一理论，用它指导当代经济社会发展，是理论界需要认真研究和阐发的重大问题。

一、马克思主义生态文明理论的早期形态

首先，我们必须回答什么是马克思主义生态文明。生态文明是指人们正确认识和处理人类社会与自然生态环境系统相互关系的理念、态度及生存和发展方式。它是当代条件下对应于物质文明、政治文明、精神文明、社会文明的新的又一重要发展领域、建设领域和文明领域。从广义上说，它亦是对应于农业文明、工业文明并以其为实践基础的时代扬弃的产物，是人类社会在新世纪自觉追求和正在建立的人与自然和谐共处的新的文明形态。

马克思主义生态文明理论，科学揭示了人与自然的关系及其对经济和社会发展的决定作用，是指导我们建设生态文明的强大思想武器。这一理论的早期形态，至少包括以下相互联系的四个方面：

第一，马克思主义认为，人是自然界的产物，是自然界的组成部分。

正如马克思、恩格斯指出的："人直接地是自然存在物。"① "我们连同我们的肉、血和头脑都是属于自然界和存在于自然之中的。"② 自然是人生存发展的前提条件。人必须以自然为其生命、生存和发展的源泉。没有自然界就没有人，毁坏自然就是毁坏人类自身。

第二，马克思、恩格斯把人对自然的关系纳入历史范畴，看作是社会历史的现实基础。马克思说："历史的每一阶段都遇到一定的物质结果，一定的生产力总和，人对自然以及个人之间历史地形成的关系。"但"迄今为止的一切历史观不是完全忽视了历史的这一现实基础，就是把它仅仅看成与历史过程没有任何联系的附带因素"。"这样，就把人对自然界的关系从历史中排除出去了，因而造成了自然界和历史之间的对立。"③ 马克思、恩格斯把自然界同社会发展历史过程连接起来，认为人对自然的关系影响乃至决定着社会历史的进程。历史唯物主义是社会历史观与自然历史观的统一。人与自然的历史，是社会历史不可或缺的重要部分，是社会历史进步的前提条件。社会历史的前进和发展，有赖于甚至取决于正确的人与自然关系的形成，这一关系形成愈是自觉、维持愈持久，社会就愈是向前。

第三，同这一历史观相联系，他们十分强调，社会实践是人与自然联系的中介，是人与自然关系的实现形式。在实践活动中，人对自然的关系并不是征服与被征服的关系，人不能一味地向自然索取。正如马克思所说："劳动首先是人和自然之间的过程，是人以自身的活动来引起、调整和控制人和自然之间的物质变换过程。"④ 而且"人在生产中只能像自然本身那样发挥作用，就是说只能改变物质的形态"⑤。在人与自然的物质变换过程中，人不能让自然无条件地服从，而只能根据人和自然都必须遵循的规律来"引起、调整和控制"这个物质变换过程。社会实践及其生产劳动，既是人与自然关系实现的纽带和桥梁，又受到"人和自然之间的物质

① 马克思：《1844 年经济学哲学手稿》，人民出版社 2000 年版，第 105 页。
② 《马克思恩格斯选集》第 4 卷，人民出版社 1995 年第 2 版，第 384 页。
③ 《马克思恩格斯选集》第 1 卷，人民出版社 1995 年版，第 92－93 页。
④ 马克思：《资本论》第 1 卷，人民出版社 1975 年版，第 201－202 页。
⑤ 同上书，第 56 页。

变换”规律即自然规律的制约。任何时候人都不能改变这一规律。

第四，正是从上述意义上，马克思、恩格斯对“统治”和“支配”自然的问题提出了最深刻的见解。马克思在《资本论》中指出：“社会化的人，联合起来的生产者，将合理地调节他们和自然之间的物质变换，把它置于他们的共同控制之下，而不让它作为盲目的力量来统治自己；靠消耗最小的力量，在最无愧于和最适合于他们的人类本性的条件下来进行这种物质变换。”① 马克思这里说的“最无愧”、“最适合”的物质变换，就是一种人与自然间的和谐变换。因此，必须对“统治”自然的观点进行重新解释。在马克思看来，“统治”自然的任务应当是“控制”人的欲望的非理性和破坏性，不让人与自然的物质变换“作为盲目的力量”来统治人类本身。同样，恩格斯也对“支配”自然作出了全面的解释。他说：“动物仅仅利用外部自然界，简单地通过自身的存在在自然界中引起变化；而人则通过他所作出的改变来使自然界为自己的目的服务，来支配自然界。”恩格斯接着说：“但是我们不要过分陶醉于我们人类对自然界的胜利。对于每一次这样的胜利，自然界都对我们进行报复。每一次胜利，起初确实取得了我们预期的结果，但往后和再往后却发生完全不同的、出乎预料的影响，常常把最初的结果又取消了。”② 也就是说，人对自然的“支配”只是意味着人类对自身与自然关系的有意识的控制，是以对自然的尊重、爱护为前提的利用，而且人对自然的改变应该控制在长期良性效应的范畴内。只有这样，才能消除自然对于人的“每一次胜利”的报复的可能性。全面理解马克思、恩格斯关于“统治”、“支配”的本意，对于澄清国内外长期存在的人与自然相互关系上的思想理论混乱，具有重大的理论与现实意义。

我们必须坚持马克思、恩格斯在系统创立马克思主义学说时所形成的上述基本观点。这些基本观点构成了马克思主义生态文明理论的基本框架，初步形成马克思主义生态文明理论的严实系统。实践证明，这些观点没有过时。马克思主义没有过时，马克思主义生态文明理论没有过时。马

① 马克思：《资本论》第1卷，人民出版社1975年版，第926－927页。

② 《马克思恩格斯选集》第4卷，人民出版社1995年第2版，第383页。

克思主义连同它的生态文明理论，是指导中国经济社会全面发展的科学思想和基本原则，对保护全球生态环境系统、推进人类社会事业全面进步具有根本的和长远的指导作用。

二、马克思主义生态文明理论的创新性发展

我们知道，在马克思、恩格斯逝世后的一百多年间，随着世界工业化进程的加快，引发了至今还在发生着的人与自然关系的空前对立和全球性大规模的生态危机。20 世纪是人与自然关系扭曲和全球环境遭到严重破坏的世纪，也是人类遭到大自然严厉“报复”的世纪。蓬勃发展的工业实践、人口爆炸、资本血腥扩张，加剧了人与自然的冲突。以征服自然为目的、以科学技术为手段、以经济增长欲望为动力的普遍的工业化运动，在一定程度上使人类改造自然的力量转化为毁害人类自身的力量。人们在试图征服自然的同时，往往不知不觉地变成了自然的被征服对象。面对工业文明实践活动条件下人与自然的对立和世界范围内的空前环境危机，人类被迫地不得不重新思考如何回归到与自然和谐相处的关系中来。正是在这一历史的演进中，马克思主义关于人与自然相互关系及其对经济和社会发展决定作用的理论，显现出了普遍与长远的意义。也正是这一理论，部分地影响到了当代全球生态理论的发展及其实践。在当代一批先进生态社会学者发表的论著如《寂静的春天》（1962 年）、《增长的极限》（1972 年）阐明的科学认识基础上，联合国于 1980 年向世界各国提出：“必须研究自然的、社会的、生态的、经济的以及利用自然资源过程中的基本关系，确保全球的可持续发展。”[①] 并且指出，可持续发展是“既满足当代人的需要，又不对后代人满足其需要的能力构成危害的发展”[②]。这些研究成果和实际步骤，是对当代全球生态理论与实践的创造性贡献。

马克思主义的生态文明理论，正是在汲取上述全球生态理论研究成果

① 许耀桐：《中国基本国情与发展战略》，人民出版社 2001 年版，第 161 页。

② 同上。

的过程中，不断丰富和发展自己的。从20世纪80年代以来，中国共产党第二、三代中央领导集体，认真总结社会主义建设中发生的破坏生态环境的严重教训，吸收全球生态环境保护和建设的新理念、新经验，逐步形成中国特色社会主义的可持续发展的思想、战略、方针和政策，发展了马克思主义的生态文明理论。

1989年，邓小平根据我国经济快速发展同资源、环境、人口等方面构成的矛盾，提出社会主义的发展必须“能够持续、有后劲”[①]。在这一思想指导下，我国政府签署了两个环境问题国际公约，在世界上率先制定了国家级的《二十一世纪议程》。党的第三代中央领导集体，高度重视解决我国的可持续发展问题。江泽民在党的十四届五中全会首次提出：“在现代化建设中，必须把实现可持续发展作为一个重大战略。”[②] 第一次把可持续发展确定为我国经济和社会发展的重要指导方针。随后，又对可持续发展作出科学界定，指出：“所谓可持续发展，就是既要考虑当前发展的需要，又要考虑未来发展的需要，不要以牺牲后代人的利益为代价来满足当代人的利益。”[③] 党的十五大第一次把可持续发展写入代表大会报告。随着新世纪的到来，我们党从生产力理论和社会主义发展道路的高度，进一步提升了对生态文明理论的认识，多次强调走以“生产发展、生活富裕和生态良好”为三大目标的“文明发展道路”[④]。这一“文明发展道路”被写入党的十六大报告，并确定为我国全面建设小康社会的基本目标之一。

党的十七大报告科学总结当代世界发展和我国改革开放的新经验，站在理论创新和实践创新的高度，首次鲜明地提出了“建设生态文明”的新概念和新战略，第一次把建设生态文明作为与中国特色社会主义的经济建设、政治建设、文化建设、社会建设相并行的五大目标之一加以科学阐发，提出：“建设生态文明，基本形成节约能源资源和保护生态环境的产业结构、增长方式、消费模式。循环经济形成较大规模，可再生能源比重

① 《邓小平文选》第3卷，人民出版社1993年版，第312页。

② 《江泽民论有中国特色社会主义》（专题摘编），中央文献出版社2002年版，第279页。

③ 同上。

④ 同上书，第282－283页。

显著上升。主要污染物排放得到有效控制，生态环境质量明显改善。生态文明观念在全社会牢固树立。”① 同时，再次提出了“建设资源节约型、环境友好型社会”的历史任务。我们党关于建设生态文明新概念和新战略的提出，把马克思主义生态文明理论与实践推进到了一个新的阶段。马克思主义生态文明理论由早期形态发展进入了一个相对成熟的时期。

这一创新性发展和相对成熟的主要标志是：

第一，它第一次创造性地提出了“生态文明”的新的理论范畴，并将其纳入中国特色社会主义的理论系统，使马克思主义关于人与自然和社会的关系有了更为集中的新的理论表达，极大地丰富、完善和发展了马克思主义。

第二，它影响和改变了马克思主义和社会主义的发展领域结构、建设领域结构和文明领域结构。首先改变了传统的马克思主义发展领域结构，即由原来的经济、政治、文化三领域结构，发展为包括经济、政治、文化、社会和生态在内的五领域结构；同时改变了传统的社会主义建设结构，即由原来的经济建设、政治建设、文化建设三种建设结构，发展为包括经济建设、政治建设、文化建设、社会建设和生态建设在内的五种建设结构；并且改变了传统的文明结构，即由原来的物质文明、政治文明、精神文明三个结构，发展为包括物质文明、政治文明、精神文明、社会文明、生态文明在内的五个文明结构。

第三，它在战略和实践层面上构成了马克思主义执政党和社会主义国家的建设指导方针，使这一理论更具有直接实践的性质，并将长久地影响到中国和全球生态环境的状况及其发展前景。

总之，把生态文明作为马克思主义、科学社会主义和中国特色社会主义的新范畴，具有极大的理论和实践价值。它的提出实现了当代马克思主义理论与实践发展中的一个重大突破。这是中国共产党人对社会主义、对人类发展事业做出的又一重要贡献。

---

① 胡锦涛：《高举中国特色社会主义伟大旗帜，为夺取全面建设小康社会新胜利而奋斗》(2007 年 10 月 15 日)，《在中国共产党第十七次全国代表大会上的报告》单行本，第 20 页。

三、用马克思主义生态文明理论指导我国建设

运用马克思主义生态文明理论研究我国和全球生态环境现状，当前必须从宏观上继续解决好建设与发展的指导原则、国家规划制定问题，同时要在转变发展方式、加强法制及全民教育等问题上，采取更加有力的措施，以确保我国在生态文明建设上取得更大的突破性成效。

第一，必须确立环境优先，生态、经济、政治、文化、社会“五位一体”的发展战略。在这一总目标下，加强推进环境保护的历史性转变，大力构建资源节约型、环境友好型社会。要使生态文明意识在全社会牢固树立，成为影响政府决策、企业生产和社会生活的主导观念；实现经济社会发展与人口、资源、环境相协调，确立符合可持续发展要求的生态产业体系、生态安全保障体系、生态环境监督体系、生态制约法律体系；建立与生态文明相适应的经济、社会发展科学规范及配套制度，形成和谐健康的人居环境。

第二，制定生态、经济、政治、文化、社会“五位一体”的国家和地方发展规划。实现包括生态在内的这“五位一体”的全面协调可持续发展，是我国改革开放实践和中国特色社会主义发展道路的成功经验。生态问题是与经济、政治、文化、社会相统一又相并行的具有全局性的重大问题。它既是一切经济社会发展问题的基础和前提，又具有其相对独立性。从20世纪70年代以来，国外许多国家及地方性规划的内容，已经鲜明地包括顺序为生态、经济、社会（含政治、文化）相对独立的三个部分。鉴于我国实际，我们的经济社会发展规划，应由生态、经济、政治、文化、社会五个部分顺序构成，各部分既相统一、相连贯，又相对独立、相互并行。这样做，既是我国经济社会发展的客观要求，也是全球人类生存和发展的迫切需要。

第三，转变发展方式，大力推进产业结构优化升级。调整产业结构、促进产业升级，是推进生态文明建设的现代物质条件。要用市场经济手段优化资源配置，从观念更新、机制转换、结构调整入手，加快发展低消

耗、低能耗、低污染、高效益的企业和产业，淘汰和限制高能耗、高投入、低产出、重污染的企业和产业。要对产品环境行为作“从摇篮到坟墓”即生命周期全过程的控制，建立普遍、严格的环境标志系统。开展“生态经济区”建设试点，优化产业结构和生产力布局。加快发展生态旅游、生态文化建设步伐。注重发展特色生物产业。加快发展低碳经济，推进城乡低碳化进程，形成低碳化生产经营、消费格局。重视建设环保企业，引导环保服务业发展，建立良好的环保产业投融资环境。

第四，注重生态文明法制建设，加强立法，严格执法，强化监督。建立健全一整套保护生态环境和建设生态文明的法律法规，严格查处违反《环境保护法》、《环评法》、《水法》、《土地法》、《水土保持法》、《森林法》、《矿产资源法》等法律法规的行为。畅通内外监督渠道，建立行政执法监督管理体制、群众举报监督制度和舆论监督制度。同时，要制定出台有利于生态文明建设的财税制度，建立健全资源有偿使用制度和生态环境补偿机制。

第五，开展全民生态环境教育，营造生态文明建设社会条件。要以牢固树立生态文明观念为主线，开展保护绿色生态环境全民教育活动。制订生态文明建设教育培训计划，扩大宣传教育覆盖面。切实保障公民对环境保护的知情权、参与权、表达权和监督权，鼓励社会公众积极参与生态文明建设。提倡每个公民、每个家庭、每个社区从自我做起，从力所能及的事情做起，身体力行地参与生态文明建设。鼓励非政府组织开展教育、宣传公益活动。结合世界环境日、地球日、国际湿地日、生物多样性日、世界水日、世界防治荒漠化和干旱日等纪念活动，开展形式多样的主题教育。按照分类指导、区别对待、循序渐进的要求，构建覆盖全社会的生态文明教育体系，实现生态文明教育个性化、大众化和普及化。

马克思主义生态文明理论有一个从创立到发展、逐步成熟和完备的过程。我们的任务，就是要在中国特色社会主义实践中，推进这一理论不断前进，从相对成熟走向比较完备，用不断发展着的生态文明理论指导中国特色社会主义的伟大事业。

（原载于《科学社会主义》2010 年第 6 期）

把握规律是共产党人的崇高品格和制胜法宝

建设学习型政党，要贯彻和体现善于把握规律的要求。善于把握规律，既是共产党人的崇高品格，又是共产党人的制胜法宝。中国共产党正是靠着善于把握规律而完成民主革命任务，夺取政权，成为执政党并成功执政60余年的。中国共产党成立、奋斗、执政的历史说明，能否善于把握规律，是对党的各级组织和全体党员党性觉悟、认识水平、领导能力的全面检验。

一、把握规律首先要认识规律

什么叫规律？规律是事物之间内在的必然联系，它决定着事物发展的必然趋向。

规律具有客观性、唯一性和可重复性。它不以人的意志为转移。既不能创造，也不能消灭；不管你承认不承认，它都以铁的必然性在起作用。只要具备必要的条件，合乎规律的现象就必然重复出现。对于规律，人们只能认识它、掌握它、应用它。谁违背和践踏规律，谁就要遭到惩罚。

世界上的事物、现象是千差万别的，它们都有各自的不同规律。但从大类上来划分，可以分为自然规律、社会规律和思维规律。社会规律又可分为人类社会发展规律，各种不同形态社会的发展规律，如资本主义社会发展规律、社会主义社会发展规律等。人类社会发展规律、社会主义建设规律、共产党执政规律，是我们建设学习型政党要重点认识和研究的。自觉认识和研究这些规律，才能运用它来指导、变革、完善我们的实际生活，发展中国特色社会主义的伟大事业。

有人说，认识、研究、应用规律，是领导干部和专家学者的事。这种认识是不全面的。规律是具有普遍品格的事物内在的稳定的必然联系，人们处处都可以碰到；规律同时又是分层次的，有许多具体规律是我们时刻必须遵循的。有一位农民朋友对我说，他不懂得规律。我告诉他，他懂得规律。比如种植烤烟，他遵循着高埂、低墒、营养钵育苗移栽、封顶打杈、适时采摘一套做法；就是采摘，也是按照烟筋发白、绒毛脱落、烟叶下垂三原则进行的。这就是烤烟种植的规律。农民、工人和广大普通党员天天都在同规律打交道，都需懂得和应用规律。规律并不神秘，它就在我们身边。建设学习型政党就是要让广大党员和干部群众学会把握规律的看家本领，用它来指导我们的工作、生产和生活。

二、把握规律是共产党人追求真理党性觉悟的集中体现

规律和真理是相近的两个概念；规律本身亦即客观真理。发现真理、坚持真理，尊重规律、按规律办事，必须有高度的党性觉悟。

把握规律首先要求具有实事求是的精神。尊重客观、尊重事实，并从中看到事物的本质和同类现象间的本质关系，找出本质之间的稳定联系，即规律，并照规律办事，这是我们共产党人一贯的思想品格和工作任务。一切从实际出发，理论联系实际，实事求是，在实践中检验真理和发展真理，是我们党的思想路线，也是共产党人的党性和作风。有了这一条，才能真正获得一切关于自然、社会和思维的真理性认识，才能把握规律并用于指导实践。

把握规律同时要求具有为大众服务和牺牲的精神。认识、把握、应用规律的过程也是党的组织和党员人格完善和提升的过程，是实现品格与本领、操守与事业相统一的过程。全心全意为人民服务，是我们共产党人的宗旨，也是把握规律的必备条件。规律与真理是平等的和公平的。把握规

律，坚持真理，要求任何时候都要出以公心，客观公正，不为一己私利而放弃原则，不为一方小利而牺牲大局。把握规律，坚持真理，往往是一个同错误思想、错误决策作斗争的过程，没有牺牲个人利益的决心和准备，是难以做到的。

把握规律还要求具有修正错误的批判精神。在历史上，我们党曾多次出现过违背客观规律，包括党的建设规律、军事规律、生产规律、经济规律、人口规律、生态规律和贯穿其中的认识规律的问题，如果不敢于修正错误，及时开展批评与自我批评，党就无法总结经验，也就不能继续前进。中国共产党是善于纠正自己错误的党，因而也必然成为善于把握规律的党。

现在，在建设学习型政党的过程中，同样存在着并继续发生着违背客观规律，伤及国家和百姓的事情。一些政绩工程，不少是违反经济和生态规律的。有些地方和单位为了拉动 GDP，甚至为了一己私利，不惜浪费资源，造成严重的经济损失，引起群众强烈不满。我们党内现在有两种现象值得警惕：一是短期行为，只顾眼前，不计长远，破坏生态环境，违背了可持续发展规律；二是单边突进，只重 GDP 增长，不管综合效应，损害了经济发展环境，违背了客观经济规律。这些问题都需要认真反思，总结教训，及时加以纠正。

三、把握规律是成就共产党人一切事业的最大本事

把握规律是对做人的考验，同时也是对做事的检验。无数事实告诉我们，把握规律同成就事业互为因果。有人说，共产党有什么本事？怎么就得了天下、坐了天下？一批从台湾来滇的老军人也向我提出这个问题。我回答说，共产党人最大的本事就是懂得规律、掌握规律、会用规律。马克思、恩格斯的两个最大贡献，一是揭示了剩余价值，创立了剩余价值学说，发现了资本主义社会的基本矛盾及其发展规律；二是揭示了人民的价值，创立了历史唯物主义，发现了人类社会的基本矛盾及其历史规律。马

克思、恩格斯的《共产党宣言》，列宁的《国家与革命》，毛泽东的《新民主主义论》、《实践论》、《矛盾论》、《关于正确处理人民内部矛盾的问题》和邓小平等人的许多著作，都是遵循、阐发、应用这两大发现、两大规律，来解决革命、建设和改革、发展中的重大现实问题的。中国共产党就是靠着这两大发现、两大规律和诸多关于自然的、社会的、思维的规律，完成和正在完成自己的历史使命的。善于把握规律，成为中国共产党成就一切事业的最大本领，也是中国共产党取得一切成功的最深刻的源泉。

中国共产党严格遵循客观规律，服从客观真理。这是中国共产党区别于其他政党的显著不同点。中国共产党是以马克思主义为指导的党，是用辩证唯物主义和历史唯物主义武装起来的党。因而，中国共产党也是最善于把握规律的政党。当然，善于把握规律不等于不需要向其他政党学习。例如，我国的民主党派在把握自然规律、经济规律、人口规律等方面，往往就走在前面。事实上，在规律面前，不同政党都是处于完全平等地位的。谁把握了规律，谁就掌握了真理。世界上一切进步的政党都是以把握规律见长的，因而它们都在不同程度上取得了自己的成功。规律与成功是一对双生子，古今中外，概莫能外。我们建设学习型政党，除了要从规律的掌握和应用上认真总结我们党的成功经验外，还要注意学习和总结历史上和国内外其他进步政党建设的成功经验，以不断提高我们党的执政能力，加快推进我国的改革发展和现代化建设。

在实际生活中，我们常常听到一些人总爱把事业的成功归结于某个人和某项政策。这显然是不够的，有时甚至是浅薄的。他们没有看到，在个人和政策的背后，是那些起支配作用的规律及其合乎规律要求的因素在起作用。从层次学上看，前者是成功的浅层因素，后者才是成功的深层因素。这样来认识和分析问题，有利于提高我们总结经验和科学决策的水平。

四、把握规律要自觉加强理论学习

现象只能说明问题，理论才能解决问题。理论是关于事物本质和规律的概括。从马克思列宁主义、毛泽东思想发展而来的中国特色社会主义理论，是关于当代中国社会主义建设、改革、发展规律的学说。建设学习型政党，必须把学习中国特色社会主义理论作为第一位的任务。要认真学习马克思主义哲学，树立正确的世界观，掌握科学的方法论，形成科学的认识规律；要认真学习科学社会主义，认识社会革命的发展规律、发展道路和实现形式，总结社会主义建设、改革、发展的现实经验和成功模式，全面推进经济、政治、文化、社会和生态建设；要认真学习政治经济学，确立对资本主义社会的正确认识，增强发展、完善社会主义市场经济的自觉意识，全面把握社会主义经济建设的各种规律；还要学习自然科学知识、文化历史知识，把对规律的认识建立在知识体系的基础之上。同时，要在坚持理论学习的同时，重视向实践学习、向群众学习，实现理论与实际的结合，主观与客观的统一。

总结理论学习的经验，我们可以看到，任何成功的理论学习都是一个自觉坚持的过程。现在有的人感到学习理论难，而且枯燥，还有的人说是“炒冷饭”。这都反映了在理论学习上缺乏自觉性。理论学习贵在自觉，贵在坚持。学习理论应有不怕难的决心，只要下决心学，难字就关不了理论的门。其实，科学理论从来都具有大众需求的品质，你一旦跨进理论的门槛，理论就会为你打开一片新天地，“冷饭”就会变成“热饭”，枯燥就会变得有味。我们中国共产党和中华民族，是靠科学理论养育和发展起来的。今天，我们也要在学习和发展科学理论的海洋中，把我们党、国家和民族兴旺壮大起来。

（原载于《云南日报》2010年10月20日第8版）

科学发展是我国新时代社会生活的主题

以科学发展为主题，是时代的新要求，符合我国社会主义初级阶段现实国情。坚持以科学发展为主题，涉及我国思想领域、建设领域、发展领域、文明领域的一系列变革，将深刻影响我国现实与未来的发展和整个社会生活，必须进行全面、深入研究和采取各种重大措施。

一、坚持以科学发展为主题，要求人们思想观念进行新的深刻变革

科学发展是在总结我国改革开放和现代化建设经验基础上形成和展开的一种新的实践形态，是科学发展观指导下的发展的实践过程和实践结果，具有检测思想观念和工作决策的强大功能，是检验思想解放、改革成效、建设水准和政绩效应的根本尺度。我们必须以科学发展作为检验思想观念和工作得失的根本标准。用科学发展的尺度衡量我们的思想和各项工作，该立的立，该破的破，大胆地立，大胆地破。做到凡是符合科学发展的，就大胆坚持；凡是不符合科学发展的，就坚决纠正。从而把观念变革与实现科学发展结合起来、统一起来，使科学发展建立在牢固的正确思想的基础上。

坚持以科学发展为主题，会触及我国经济社会发展的许多深层问题，会触及地方利益、企业利益和个人利益，引起建设、发展和利益格局的新变动。因此，也必然会遇到来自各方面的阻力。有人认为，以科学发展为主题、为根本标准，会否定改革开放的巨大成就，会减慢我国的建设和发

展速度。还有人觉得这样一来，一些政绩工程会受到责难，企业利润和地方税收也会下降。一些人口头上讲科学发展，但行动上却我行我素。这些认识和行为，从根本上说还是没有真正接受科学发展的思想，或者不懂得发展的真谛，或者缺乏公心和大局意识。必须明确，我国实行改革开放的根本目的，就是要实现科学发展，使全国人民和我们的子孙后代都过上幸福安康的生活。事实上，我国 30 多年的改革开放，本身就是一个围绕科学发展不断变革与自我扬弃的过程。改革开放一方面形成了我国全面推进科学发展的物质基础和政策基础，另一方面积累了实现从传统发展模式向科学发展模式转变的经验和理论条件。改革开放的伟大之处，不仅在于它本身的历史和现态，而且在于它揭示的问题和解决问题及造就未来的力量。科学发展不会否定改革开放，只会深化改革开放；不会影响建设和发展速度，只会提高建设和发展质量。按照科学发展的要求，一些政绩工程不仅应受到责难，而且对于这种广泛存在的现象必须作为从政陋习加以彻底改变。大量事实证明，一个企业的领导人有没有科学发展的思想、愿不愿意实行科学发展，事关企业的命运。违背科学发展要求，企业不但要降低利润，甚至会完全丧失生存和发展的条件。只有坚持科学发展，国家、民族、企业、个人才有希望。

二、坚持以科学发展为主题，要求加快经济发展方式的根本转变

加快经济发展方式转变，是实现科学发展的根本途径。要按照科学发展的要求，把经济结构调整作为主攻方向，把科技进步和创新作为重要支撑，把保障和改善民生作为出发点和落脚点，把建设资源节约型、环境友好型社会作为重要着力点，把改革开放作为强大动力，提高发展的全面性、协调性、可持续性，实现经济社会又好又快发展。科学发展与转变经济发展方式是主题和主线、目标和手段的关系，谁也离不开谁。以科学发展为主题不是一句口号，而是包含经济发展方式转变在内的实实在在的战略选择，涉及经济社会发展全局，需要全党全国人民付出长期巨大努力才

能实现。

以科学发展为主题，转变经济发展方式，不能“慢慢来”。有人认为，我国经济发展方式积累的问题太多、太深，只能“慢慢来”，在“稳中求进”。这种思想貌似有理，实为误事之论、误国之论。正因为我们在发展方式上积弊多且深，才应痛下决心、早下决心，早行动、快行动。在速度与方式的问题上，我们宁肯放慢一点速度，也不能影响方式转变。转变经济发展方式必须在“加快”上见成效。早转变、早主动，迟转变、更被动。转变经济发展方式，还要“忍痛割爱”。有人说，刚建几年的厂子又要关了“真心疼”。客观事物的发展是不以主观感受的“疼痛”为转移的。我们必须学会按经济规律办事，学会放弃一些利益，尤其是眼前利益和地方利益、企业利益。没有割爱之举，则万难成就事业。转变经济发展方式，更要持之以恒。有人认为，转变经济发展方式干了有些年头了，“差不多就行了”。这是事行半途之论。经济发展方式是一个涉及经济、政治、文化、社会、生态诸领域的全面系统工程，必须不断推进、全面推进。它不是一蹴而就之事，也不是一两个领域之事，必然会碰到各种困难。只有持之以恒、锲而不舍，才能见到大的成效。

三、坚持以科学发展为主题，要求把保障和改善民生作为根本保证

保障和改善民生，是中国特色社会主义建设的基本目标，也是加快转变经济发展方式的根本出发点和落脚点。它一是要求公共服务体系要更加完善，特别是教育、医疗、文化等要逐步实现公共服务的均等化；二是要求健全社会保障制度，如养老保障、医疗保障、社会救助、城乡低保等要覆盖全国；三是要求就业要更加充分，劳动者的就业能力进一步提高；四是收入分配要更加合理，收入差距明显减少；五是地区发展之间的差距要进一步缩小。这些都是一件件大事、实事，没有决心、恒心是办不到的。

以科学发展为主题，就是要把这些大事、实事一件件落实下去，使群众看得见、摸得着。必须认识到，社会主义具有实现公平正义的思想与物

质条件，但社会主义的公平正义更需要我们去建立和创造。社会主义不等于公平正义，社会主义也等不来公平正义。在发展市场经济的条件下，如果不清醒，公平正义就会从我们手中滑落下去。因此，必须采取一系列措施，让公平正义如阳光，永久地普照社会主义的大地。

坚持以科学发展为主题，要求把深化改革开放作为根本动力。改革开放是我国社会生活的主旋律，是社会主义不断进步发展的永恒源泉。坚持科学发展不是不要改革，而是更需要改革。

第一，要继续坚持改革。改革开放是过去也是现在和未来中国大踏步发展的法宝，什么时候都不能丢。

第二，要继续全面改革。中国改革是一个由经济改革、行政改革、社会体制改革和政治体制改革等共同构成的庞大系统，它们之间相互联系、影响、依赖、制约和促进，离开哪一个方面都不行。

第三，要继续深入改革。改革的难点在于它的深入性。在当代条件下全面解决中国问题，有赖于改革的深入。当代共产党人不畏难、不怕邪的精神，也集中体现在深入改革上。任何一项改革，都有它的顺时、停时和逆时。顺时进不算大本事，变停时、逆时为顺时才是大本事。改革不进有时是整个链条上的一个环节跟不上，比如政治体制改革滞后就可能使整个改革难以深入。改变这一环节的状况，改革就能向纵深发展。这是改革的规律，也是发展的规律。认识、把握、运用这一规律，中国特色社会主义改革事业就会不断前进。

四、坚持以科学发展为主题，根本的问题在于加强和改善党的领导

党的领导是实现科学发展的根本条件。推动科学发展，关键在党、关键在各级领导干部。各级领导干部的认识到位，是实现科学发展的第一条件。如果还是坚持单一、畸形、短期发展的思想和决策，科学发展则一定不可能成。现在有的领导干部还没有完全从片面追求 GDP、搞重复建设、追求政绩工程等旧的错的思维和工作定式中走出来，有的甚至认为没有走

出来的必要。所以，一方面讲科学发展，另一方面又搞恶性“发展”。这一顽症的根子之一，就是从政者私心、私欲在作怪，认为没有这样的“政绩”，就可能耽误自己的仕途、损伤自己的利益。所以，坚持科学发展，必须深化对领导干部世界观、人生观、价值观的教育。只有勇于献身、敢为人先、不惧挫折的人才有希望站到科学发展的前沿。为中国现在和未来全面实现科学发展的人，一切有志、有为的共产党员和党的领导干部，都应以新的价值标准重新审视自己，作出新判断，作出新选择。

时代在前进。新的时代呼唤新的主题。科学发展是中国现时代的主题，是中国经济发展的主题，是中国整个社会生活的主题。坚持这一主题，就能造福当代、福泽后人。

（原载于《云南日报》2010 年 11 月 8 日第 7 版）

以科学发展为主题加快云南生态文明建设

党的十七届五中全会提出“以科学发展为主题，以加快转变经济发展方式为主线”，强调“加快建设资源节约型、环境友好型社会，提高生态文明水平”。这为云南实现科学发展，建设生态云南，争当生态文明建设排头兵，提供了强有力的思想指导和决策保障。加快云南生态文明建设，争当生态文明建设排头兵，是省委、省政府的重要战略决策，也是云南各族人民的期盼，对于云南实现全面建设小康社会目标，加快推进社会主义现代化事业，具有重要的现实意义和深远的战略意义。

科学发展是在总结我国改革开放和现代化建设经验基础上形成和展开的一种新的实践形态，是科学发展观指导下的发展的实践过程和实践结果。它作为发展的科学实践形态，一方面具有引领、改造现实经济社会发展的强大功能，另一方面具有检测思想观念和工作决策的强大功能，是检验我国发展质量水平高低和人们思想观念正确与否的根本尺度。党的十七届五中全会鲜明地提出以科学发展为主题，是我们党对当代发展问题和人类经济社会发展模式认识的又一次升华。它体现了时代的新要求，符合人类社会发展规律，符合我国社会主义初级阶段的现实特征，标志着我国在发展模式上已经开始和正在展开的全新变革。

生态文明是指人们正确认识和处理人类社会与自然生态环境系统相互关系的理念、态度及生存和发展方式。从狭义，也是通常意义上讲，它是当代条件下对应于物质文明、政治文明、精神文明的新的又一重要发展领域、建设领域和文明领域。从广义，即从社会文明形态上讲，它又是对应于农业文明、工业文明并以其为实践基础的时代扬弃的产物，是人类社会在新世纪自觉追求和正在建立的人与自然和谐共处的新的文明形态。

在云南，以科学发展为主题，加快生态文明建设步伐，争当生态文明建设排头兵，至少应做到以下五条，也可以说是“五个必须”。

一、必须坚持以马克思主义生态文明理论为指导

马克思主义生态文明理论，是科学揭示人与自然相互关系并给予人们科学生态理念、态度和生存与发展方式的理论系统，是指导我们建设生态文明的强大思想武器。这一理论的早期形态，包括以下相互联系的四个方面：第一，认为人是自然界的产物，是自然界的组成部分。我们连同我们的肉、血和头脑都是属于自然界和存在于自然之中的。自然是人生存发展的前提条件。人必须以自然为其生命、生存和发展的源泉。没有自然界就没有人，毁坏自然就是毁坏人类自身。第二，认为人与自然的关系是社会历史的现实基础和人与人、人与社会关系的首要前提。它影响乃至决定着社会历史的进程。历史唯物主义是社会历史观与自然历史观的统一。人与自然的历史，是社会历史不可或缺的重要部分，是社会历史进步的基本条件。社会历史的前进和发展，有赖于甚至取决于正确的人与自然关系的形成，这一关系形成愈是自觉、维持愈持久，社会就愈是向前。第三，认为社会实践是人与自然联系的中介，是人与自然关系的实现形式。社会实践及其生产劳动，既是人与自然关系实现的纽带和桥梁，又受到“人和自然之间的物质变换”规律即自然规律的制约，任何时候都不能改变这一规律。第四，正是从上述意义上，人与自然的关系不是统治与被统治、支配与被支配的关系。必须对“统治”和“支配”自然的问题重新作出解释。在经典作家马克思、恩格斯看来，“统治”自然的任务应当是“控制”人的欲望的非理性和破坏性，不让人与自然的物质变换“作为盲目的力量”来统治人类本身；人对自然的“支配”只是意味着人类对自身与自然关系的有意识的控制，是以对自然的尊重、爱护为前提的利用，而且人对自然的改变应该控制在长期良性效应的范畴内。

在建设中国特色社会主义过程中，我们党继承和发展了马克思主义的生态文明理论，把生态文明看作是社会主义的重要实践形式、全面发展的

基本目标和新的文明形态，特别是党的十七大关于建设生态文明理论概念及其实践战略的提出，把马克思主义生态文明理论与实践推进到了一个新的阶段。马克思主义生态文明理论由早期形态进入了一个相对成熟的时期。这也是我们党对人类社会做出的一个重大贡献。我们要自觉学习这一理论，应用这一理论。只有以这一理论为指导，才能加快生态文明建设，促进人与自然、人与人、人与社会全面协调和谐发展。

二、必须确立和实施生态、经济、政治、文化、社会五位一体发展战略

马克思主义生态文明理论视生态领域为第一领域、人与自然的关系为第一关系，这就要求我们必须把生态问题提到发展的首要位置来加以认识。事实上，经济、政治、文化、社会领域，都是以生态领域为其前提和基础的；同样，人与自然的关系也必然构成人与人、人与社会关系的前提和基础。没有这两个“一”，就不存在人类本身，亦不存在人类社会。因此，我们必须牢固树立生态第一、人与自然关系第一的思想。云南提出环境优先、生态立省的思想是完全正确的。在这一总目标下，云南应加快推进环境保护的历史性转变，构建资源节约型、环境友好型社会，大力发展循环经济，努力培育和发展生态生产力。要使生态文明意识在全社会牢固树立，成为影响政府决策、企业生产和社会生活的主导观念；实现经济社会发展与人口、资源、环境相协调，确立符合可持续发展要求的生态产业体系、生态安全保障体系、生态环境监督体系、生态制约法律体系；建立与生态文明相适应的经济、社会发展科学规范及配套制度，形成和谐健康的人居环境。为此，必须改变传统的规划模式，制定出符合云南实际的生态、经济、政治、文化、社会“五位一体”的发展规划。生态问题是与经济、政治、文化、社会相统一且相并行的具有全局性的重大问题。它既是一切经济社会发展问题的基础和前提，又具有其相对独立性。从 20 世纪 70 年代以来，国外许多国家及地方性规划，已经鲜明地包括顺序为生态、经济、社会（含政治、文化）相对独立的三个部分。鉴于我国实际，我们

的经济社会发展规划，应由生态、经济、政治、文化、社会五个部分顺序构成，各部分既相统一、相连贯，又相对独立、相互并行。这既符合国际社会发展的新趋势，也是云南实现科学发展的新要求。

三、必须把加强生态文明建设作为加快转变经济发展方式的重要着力点

这是党的十七届五中全会对我国转变经济发展方式提出的一项基本要求。面对全国、全省日趋强化的资源环境约束，我们必须增强危机意识，树立绿色、低碳发展理念，以节能减排为重点，健全激励和约束机制，加快构建资源节约型、环境友好型社会及其生产方式和消费模式，增强可持续发展能力。要大力调整产业结构，发展循环经济，加强资源节约和管理。调整产业结构、促进产业升级。要从机制转换、结构调整入手，加快发展低消耗、低能耗、低污染、高效益的企业和产业，淘汰和限制高能耗、高投入、低产出、重污染的企业和产业。要对产品环境行为作“从摇篮到坟墓”即生命周期全过程的控制，建立普遍、严格的环境标志系统。要大力推进云南“生态经济区”建设，优化产业结构和生产力布局。加快发展生态旅游、生态文化建设步伐，注重发展特色生物产业。加快发展低碳经济，推进城乡低碳化进程，形成低碳化生产、经营、消费新格局。

四、必须加强生态环境的保护、建设和治理工作

要以维护和修复生态系统整体功能为重点，加强天然森林、天然草地、天然湿地等原生植被保护，促进生态环境的自然恢复。重视和加强重要生态功能区的保护和建设，有效遏制水土流失恶化趋势。建设生态云南，要倾全省之力抓好滇池治理。滇池被污染是云南传统发展、非科学发展的一个恶果。滇池污染是云南人的一大心病。在云南，治理滇池是得民心的第一大工程；云南要发展，也必须治好滇池。在云南，只有真正干成

这件事，才会真正受到云南人民的拥护。此外，还要加大对星云湖、杞麓湖、异龙湖、程海等湖泊水污染防治力度，保持抚仙湖、泸沽湖水体质量，巩固洱海整治成果。抚仙湖、星云湖调水工程，可以说是云南水利史上最成功的重大水体保护工程。抚仙湖水量巨大，达206.2亿立方米，且为一类水。前几年星云湖水曾倒灌入抚仙湖，造成湖水的局部污染。实施该项工程后，升高了抚仙湖水位，从2008年5月起，抚仙湖水流入星云湖，既保护了抚仙湖，又挽救了星云湖。星云湖水经新开隧道流入湿地过滤后，进入玉溪大河，大大改善了玉溪市的水环境。当然，这只是云南水体保护的一个成功范例。全省诸多水体和土地的治理及矿产资源的保护任务还非常艰巨，必须下大力长期奋斗才能有效解决问题。

五、必须开展全民生态文明和环境保护教育

要以牢固树立生态文明观念为重点，开展保护绿色生态环境全民教育活动。制订生态文明建设教育培训计划，扩大宣传教育覆盖面。重视生态文明法制建设，加强立法和执法，把生态文明建设纳入法制化轨道。要鼓励社会公众积极参与生态文明建设，提倡每个公民、每个家庭、每个社区从自我做起，从力所能及的事情做起。鼓励非政府组织开展教育、宣传公益活动。结合世界环境日、地球日、国际湿地日、生物多样性日、世界水日、世界防治荒漠化和干旱日等纪念活动，开展形式多样的主题教育。按照分类指导、区别对待、循序渐进的要求，构建覆盖全社会的生态文明教育体系，实现生态文明教育个性化、大众化和普及化。

（原载于《云南日报》2011年3月21日第7版）

科学社会主义与中国实践相结合的两大理论创造

——中国共产党90年理论创新研究

今年是中国共产党成立90周年。90年来，党领导中国人民取得了令世人震惊的民族解放和人民革命的伟大胜利与举世瞩目的社会主义建设、改革和发展的伟大成就，形成和创造了改变中国历史命运和影响世界历史进程的伟大理论。中国共产党的90年，是理论创新的90年，是实践创造的90年。在90年历史征程中，中国共产党历经新民主主义和社会主义波澜壮阔的两大变革，把“科学社会主义即马克思主义”[①]（列宁语）同中国革命和建设、改革、发展实践结合起来，形成了符合中国实际的两大理论：中国特色新民主主义理论和中国特色社会主义理论。这是富于中国个性、相互衔接又相互区别的两大理论形态。正是这两大历史与现实形态的理论，引领和改变了中国，使一个半封建半殖民地的任人宰割、积贫积弱的中国，变成了一个欣欣向荣的富强、民主、文明、和谐的社会主义现代化强国。这两大变革、两大理论证明了一个真理：科学社会主义一旦和本国实践相结合，将产生巨大的无穷无尽的精神力量和物质力量；科学社会主义在中国的运用、丰富和发展，是中国永不衰竭、不断进步与发展的伟大思想源泉。

① 《列宁选集》第2卷，人民出版社1995年版，第375页。

一、科学社会主义与中国实践相结合的认识条件

90年来，科学社会主义与中国实践相结合，经历了长期、艰苦和复杂的过程，有结合得好的时期，也有结合得不好的时期。从总体上说，科学社会主义与中国实践的成功结合，主要经历了两个大的阶段，形成了两次大的飞跃。一次发生在新民主主义时期，是毛泽东领导全党完成的；一次主要发生在社会主义建设新时期，是邓小平领导全党开创的。这两大阶段上的成功“结合”，都和党的思想认识路线的确立和贯彻紧紧联系在一起。坚持实事求是，理论联系实际，一切从实际出发，在实践中检验真理和发展真理，这是科学社会主义与中国实践成功结合的思想保证，也是中国革命和建设、改革、发展成功的一条基本规律。

中国共产党的诞生，本身就是科学社会主义与中国工人阶级运动相结合的结果。20世纪初期俄国十月社会主义革命的成功，马克思主义在中国的传播，中国工人运动的兴起，为中国共产党的诞生创造了国际国内条件。中国共产党的成立是国际共产主义运动和中国革命运动的伟大事件。它一经出现，就犹如一个巨大的“幽灵”，吞噬着、摇撼着帝国主义和反动阶级在中国的统治。中国共产党的诞生为近一个世纪以来科学社会主义同中国实践的结合创造了政治条件、领导条件和组织条件。没有中国共产党的建立，就没有90年来科学社会主义与中国实践的结合。但是，中国共产党的建立不等于这一“结合”的自然实现，事实上实现这一“结合”正是党建立后最为困难、最难做到的事情。我们从国际共产主义运动中一些革命党的兴衰看到，欧美、亚洲、非洲的许多共产党，在建党初期甚至建党后很长时期内，是“其兴也勃焉”的。但为什么后来纷纷败下阵来，甚至退出了历史舞台，其根本原因就是这些党没有解决好科学理论与本国实践相结合的问题，首先是没有解决好实现这一结合的认识条件。中国共产党成立后，对“结合”这一问题及其认识条件的解决，也是经历了曲折复杂的漫长过程的。由于在“结合”上出问题，党曾经犯过右的和“左”的重大错误，几乎断送了中国共产党和中国革命。

毛泽东是我们党的伟大创造者。而他的最大创造首先就是在全党解决了把科学社会主义与中国实践相结合的认识条件。这一认识条件就是：实事求是，一切从中国实际出发，在马克思主义一般原理指导下，坚持理论与实际的统一，主观与客观的统一，即实事求是的思想路线。毛泽东这样指出："'实事'就是客观存在着的一切事物，'是'就是客观事物的内部联系，即规律性，'求'就是我们去研究。我们要从国内外、省内外、县内外、区内外的实际情况出发，从中引出其固有的而不是臆造的规律性，即找出周围事变的内部联系，作为我们行动的向导。"① 沿着这一认识路线，毛泽东深入实际，调查研究，形成了对中国社会、中国农村、中国阶级状况的深刻系统认识，尤其是形成了对中国国情和社会性质的科学认识。他认为，对中国国情和社会性质的正确认识，是实现科学社会主义与中国实践结合的首要的基本条件。他指出："中国革命的对象、中国革命的任务、中国革命的动力，这些都是由于中国社会的特殊性质，由于中国的特殊国情而发生的关于现阶段中国革命的基本问题。""只有认清中国社会的性质，才能认清中国革命的对象、中国革命的任务、中国革命的动力、中国革命的性质、中国革命的前途和转变。所以，认清中国社会的性质，就是说，认清中国的国情，乃是认清一切革命问题的基本的根据。"② 在中国民主革命中，这一国情最基本的就是：中国是一个半封建半殖民地的社会。"帝国主义列强侵略中国，在一方面促使中国封建社会解体，促使中国发生了资本主义因素，把一个封建社会变成了一个半封建的社会；但是在另一方面，它们又残酷地统治了中国，把一个独立的中国变成了一个半殖民地和殖民地的中国。"③ 毛泽东还分析了这一社会的六种特点。正是由于这一基本国情及其诸多特点，决定了中国革命必然是一种新式的特殊的民主革命，并规定着它的目标、道路、步骤和政策。总之，没有对中国国情的认识，就没有中国革命的胜利。党的七大关于修改党章的报告曾这样来概括毛泽东思想："毛泽东思想，就是马克思列宁主义的理论与中

① 《毛泽东选集》第3卷，人民出版社1991年版，第801页。
② 《毛泽东选集》第2卷，人民出版社1991年版，第646、633页。
③ 同上书，第630页。

国革命的实践之统一的思想。"[①] 毛泽东思想内含着的活的灵魂首先就是实事求是的原则和精神，正是它形成和造就了科学社会主义同中国实践相结合的认识基础、认识过程与认识结果。

在社会主义建设新时期，对科学社会主义与中国实践相结合的认识条件，是邓小平领导全党通过总结党的历史经验，尤其是"文化大革命"的严重教训重新形成的。从党的十一届三中全会起，邓小平领导全党进行思想上的拨乱反正，重新确立了实事求是的思想路线，并沿着这一正确路线重新认识中国的基本国情。社会主义制度建立后，毛泽东、刘少奇、周恩来等中央领导和全党干部对社会主义时期的中国国情进行过较多的调查研究，并有针对性地解决了社会主义时期经济建设、政治建设、文化建设的许多重大问题。但是，对中国社会主义基本国情的认识远没有完成，当时有些认识还尚属表层性的，甚至是不正确的。邓小平在中国社会主义建设时期，着重是社会主义建设新时期中，实事求是地重新认识中国的基本国情和中国的社会主义社会，把全党对于中国国情和社会主义的认识提高到了一个全新的水平。他认为，社会主义制度建立后的中国社会状况发生了很大改变。其阶级状况是：剥削阶级作为阶级已经消灭，阶级斗争已经不是主要矛盾，阶级斗争还将在一定范围内长期存在。[②] 社会主义社会的主要矛盾是"人民日益增长的物质文化需要同落后的社会生产之间的矛盾"[③]。他对社会主义所处阶段的结论是："我们的社会主义制度还是处于初级的阶段"[④]。对我国经济社会发展状况的基本判断是：一是"底子薄"，二是"人口多，耕地少"[⑤]。生产力落后，经济不发达。所有这些对我国社会主义现实国情的新认识，连同对我国所处和平与发展时代条件的新认识，构成了中国特色社会主义理论、路线、战略、方针、政策的全新认识基础。没有实事求是思想路线和对中国社会主义现实国情的正确认识，就不可能实现科学社会主义与中国社会主义新时期实践的结合，就没

---

① 《刘少奇选集》上卷，人民出版社 1981 年版，第 333 页。

② 《三中全会以来重要文献选编》下册，人民出版社 1982 年版，第 787 页。

③ 同上书，第 785－786 页。

④ 同上书，第 784 页。

⑤ 《邓小平文选》第 2 卷，人民出版社 1994 年版，第 163、164 页。

有中国特色社会主义及其一切成就。实事求是，一切从实际出发，是造就中国特色两大理论形态的伟大思想法宝。

二、中国特色新民主主义理论及其当代价值

中国特色新民主主义理论是科学社会主义与中国实践相结合的第一个理论形态。这一理论具有鲜明的中国特质，有着独特的东方特性，同时对于当代世界进行民族民主革命运动和许多条件相近的国家，具有重要的革命与社会借鉴价值。

这一伟大理论包含着三个大的方面，即新民主主义的革命论、新民主主义的社会论和新民主主义的过渡论。

（一）新民主主义的革命论

中国特色新民主主义革命论，包括以下科学论断及其理论分析：中国所处时代条件和特殊国情与社会性质，中国新式的特殊的民主革命性质和模式，新民主主义革命的阶段、步骤和前途，新民主主义革命的总路线和总政策，中国式的新民主主义革命道路，中国共产党领导的军队建设和军事战略。

中国共产党成立之前，在世界近代历史进程中，除俄国 1905 年的革命以外，主要出现过两种类型的革命：一种是由资产阶级领导的，反对封建专制主义统治，以建立资产阶级共和国为目的的资产阶级民主革命；一种是由无产阶级领导的，反对资产阶级统治，以建立社会主义共和国为目的的无产阶级社会主义革命。中国革命应是什么性质的革命？在这个问题上，毛泽东认为，中国进行的资产阶级民主革命，与 18、19 世纪欧美、日本的资产阶级民主革命性质完全不同，那种革命是资产阶级一个阶级的革命，对象是封建贵族；与中国旧式的辛亥革命的性质也不同。“现时中国的资产阶级民主主义的革命，已不是旧式的一般的资产阶级民主主义的革命，这种革命已经过时了，而是新式的特殊的资产阶级民主主义的革

命”，即“新民主主义的革命”[①]。

毛泽东指出，这一革命具有以下新的特点：第一，第一次世界大战和俄国十月革命改变了整个世界历史的发展方向，划分了整个世界历史的时代。在这之前，中国的资产阶级民主革命属于旧的世界资产阶级民主主义革命的一部分；在这之后，中国的资产阶级民主革命，则属于新的资产阶级民主革命的范畴，属于世界无产阶级社会主义革命的一部分。第二，领导权不同，不再由资产阶级领导，而是由无产阶级领导，是在无产阶级领导之下的人民大众的反帝反封建的革命。第三，革命的前途不同，它不造成资产阶级专政，而造成各革命阶级在无产阶级领导之下的统一战线的专政，并最终过渡到社会主义。这些特点也就决定着中国革命必须分“两步走”：第一步先进行新民主主义革命，第二步再进行社会主义革命。这两个革命阶段必须相互衔接，中间不容横插一个资产阶级专政的阶段。这两个革命犹如一篇文章的上篇和下篇，只有做好上篇，才能去做下篇。上篇如果不做好，下篇就没法着手去做。民主主义革命是社会主义革命的必要准备，社会主义革命是民主主义革命的必然趋势。中国资产阶级民主革命的终极前途，不是资本主义，而是社会主义和共产主义。毛泽东以科学的态度把不断革命论和革命发展阶段论有机地统一起来。

在对中国社会性质和革命性质进行科学分析的基础上，毛泽东指出：中国新民主主义革命的总路线，是进行“无产阶级领导之下的人民大众的反帝反封建的革命”[②]。1948 年 4 月，毛泽东在《在晋绥干部会议上的讲话》中进一步提出：“无产阶级领导的，人民大众的，反对帝国主义、封建主义和官僚资本主义的革命，这就是中国的新民主主义的革命，这就是中国共产党在当前历史阶段的总路线和总政策。”[③] 这一新民主主义革命的总路线、总政策，清楚地阐明了中国革命是什么样的革命，以及革命应该依靠谁、团结谁、反对谁和由谁领导革命等问题，为中国新民主主义革命提供了正确指导。

在中国新民主主义革命的全部理论中，居核心地位的、最具创造性和

① 《毛泽东选集》第 2 卷，人民出版社 1991 年版，第 647 页。

② 同上书，第 647 页。

③ 《毛泽东选集》第 4 卷，人民出版社 1991 年版，第 1316 – 1317 页。

世界影响力的是关于新民主主义革命道路的理论。以毛泽东为代表的中国共产党人，从党创立开始，就以极大的勇气全力探索在中国实现民主革命并最终向社会主义转变的革命道路。毛泽东在各种极其艰难复杂的条件下，坚持把马克思主义暴力革命的原理同中国的特殊国情结合起来，创造性地开辟出了一条“农村包围城市，武装夺取政权”的革命道路。马克思主义创立时的主要目标，是指导和发动资本主义已经充分发展、社会生产力发达、工人阶级强大的欧美等国的无产阶级革命运动，其直接经验主要来自欧洲的无产阶级革命运动，特别是巴黎公社革命，其基本主张是在这些国家进行暴力革命，武装夺取政权，打碎旧的国家机器，建立无产阶级专政。此后发生列宁领导的俄国十月社会主义革命，提供了在帝国主义和无产阶级革命时代条件下，在资本主义统治薄弱的国家，举行中心城市武装暴动夺取政权的直接经验。但在中国，既不具备欧美无产阶级革命那样的条件，也不具备俄国十月革命那样的条件。中国资本主义制度尚未完全建立，社会生产力极不发达，工人阶级人数比重小（五四运动前全国产业工人260万，手工业工人、店员、城市苦力1800万），农民占人口的绝大多数（为全国总人口的80%～90%），是一个帝国主义、封建主义、官僚资本主义统治下的半封建半殖民地国家。这一特殊社会历史条件下发生的由无产阶级领导的人民民主革命，即在世界东方跨越“卡夫丁峡谷”的特殊的人民大革命，应该选择什么样的道路，马克思、恩格斯、列宁都不曾作出过回答。因此，只能靠生活和战斗在这一土地上的中国共产党人进行独立探索。毛泽东正是进行这一独立探索并取得成功的中国共产党的主要代表。

他多次强调指出：中国革命实质是农民革命。他在《新民主主义论》中说：“中国的革命实质上是农民革命，现在的抗日，实质上是农民的抗日。新民主主义的政治，实质上就是授权给农民。新三民主义，真三民主义，实质上就是农民革命主义。大众文化，实质上就是提高农民文化。抗日战争，实质上就是农民战争。”[1] 因此，中国革命必须采取工农武装革命的全新战略，依靠和武装广大农民，坚持“枪杆子里面出政权”，以农村

① 《毛泽东选集》第2卷，人民出版社1991年版，第692页。

为中心，实行农村包围城市，最后占领城市，武装夺取全国政权。中国革命实践证明，农村包围城市，武装夺取政权，是夺取中国革命胜利的唯一正确道路。这条道路，不仅对于东方国家，而且对于世界上遭受帝国主义和国内反动阶级统治压迫，争取民族独立解放的国家，具有重要的借鉴价值。

（二）新民主主义的社会论

中国特色新民主主义社会论，则包括了新民主主义的政治、新民主主义的经济、新民主主义的文化。毛泽东这样说："新民主主义的政治、新民主主义的经济和新民主主义的文化相结合，这就是新民主主义共和国"[①]。因此，社会论也是建国论。

新民主主义的社会论首先要求在民主革命成功后，政治上要建立"人民民主主义的国家"[②]，实行"工人阶级（经过共产党）领导的以工农联盟为基础的人民民主专政"[③]，建立新民主主义国家的基本制度：民主集中制度，人民代表大会制度，中国共产党领导的多党合作和政治协商制度，民族区域自治制度。

在经济上则实行新民主主义的经济纲领。毛泽东指出：第一，没收大银行、大工业、大商业归共和国的国家所有，建立无产阶级领导下的具有社会主义性质的国营经济，作为整个国民经济的领导力量。但不没收其他资本主义的私有财产，并不禁止"不能操纵国民生计"的资本主义生产的发展。第二，采取某种必要的方法，没收地主的土地，分配给无地或少地的农民，实行中山先生"耕者有其田"的口号，扫除农村中的封建关系，把土地变为农民的私产。农村的富农经济，也容许其存在。这就是"平均地权"。

他在党的七大上，针对一些人害怕资本主义的思想，批评了民粹主义，充分论述了允许资本主义发展的问题。在《论联合政府》报告中，毛泽东明确提出了"生产力标准"。他说："中国一切政党的政策及其实践在

① 《毛泽东选集》第2卷，人民出版社1991年版，第709页。
② 《建国以来重要文献选编》第1册，中央文献出版社1992年版，第1－2页。
③ 《毛泽东选集》第4卷，人民出版社1991年版，第1480页。

中国人民中所表现的作用的好坏、大小，归根到底，看它对于中国人民的生产力的发展是否有帮助及其帮助之大小，看它是束缚生产力的，还是解放生产力的。”①

他还提出了“新民主主义的经济形态”和“新民主主义的生产关系”的概念。他说，新民主主义的经济形态，就是新式的国家经济、被解放了的农民和小生产者的经济、在新民主主义国家指导下的私人资本主义经济，这些就是新中国的社会经济形态。新中国建立初期，新民主主义的经济纲领和政策得到了全面实施，形成了具有中国特色的新民主主义的经济形态。

毛泽东对新民主主义的文化也作过系统阐述。他指出：“一定的文化（当作观念形态的文化）是一定社会的政治和经济的反映，又给予伟大影响和作用于一定社会的政治和经济；而经济是基础，政治则是经济的集中的表现。这是我们对于文化和政治、经济的关系及政治和经济的关系的基本观点。”② 他说：“所谓新民主主义的文化，就是人民大众反帝反封建的文化；在今日，就是抗日统一战线的文化。这种文化，只能由无产阶级的文化思想即共产主义思想去领导，任何别的阶级的文化思想都是不能领导了的。所谓新民主主义的文化，一句话，就是无产阶级领导的人民大众的反帝反封建的文化。”即“民族的科学的大众的文化”③。

（三）新民主主义的过渡论

中国特色新民主主义的过渡论，具有十分丰富的内容。它是在建立全国政权和新民主主义社会后的历史条件下，指导由新民主主义社会向社会主义社会过渡的理论，也是对新民主主义社会实行社会主义改造的理论。其内容主要有：由新民主主义社会向社会主义社会过渡的构想，党在社会主义过渡时期的总路线，对生产资料私有制的社会主义改造，即对个体农业和手工业实行合作化，对民族资产阶级实行和平赎买。

1949 年 3 月，新中国建立前夕，毛泽东在党的七届二中全会上指出：

① 《毛泽东选集》第 3 卷，人民出版社 1991 年版，第 1079 页。
② 《毛泽东选集》第 2 卷，人民出版社 1991 年版，第 663－664 页。
③ 同上书，第 698、706 页。

"由于中国经济现在还处在落后状态，在革命胜利以后一个相当长的时期内，还需要尽可能地利用城乡私人资本主义的积极性，以利于国民经济的向前发展。在这个时期内，一切不是于国民经济有害而是于国民经济有利的城乡资本主义成分，都应当容许其存在和发展。这不但是不可避免的，而且是经济上必要的。"[①] 之后，他多次讲到由新民主主义向社会主义过渡的时间问题，即要经过 15 年，20 年或二三十年完成这一过渡。1950 年 6 月，他在党的七届三中全会上批评提出过早消灭资本主义实行社会主义的主张，指出"这种思想是错误的，是不适合我们国家的情况的"[②]。

1953 年 6 月，他在中央政治局会议上明确提出：党在过渡时期的总路线和总任务，是要在 10 年到 15 年或者更多一些时间内，基本上完成国家工业化和对农业、手工业、资本主义工商业的社会主义改造。这条总路线成为这一时期照耀党和国家各项工作的灯塔。1954 年 2 月，党的七届四中全会正式批准了这条总路线。这条过渡时期总路线与原先向社会主义过渡的设想相比，在向社会主义过渡的方向上是一致的，但在过渡的步骤、方式、方法等方面作了相当大的改变：一是改变了民主革命胜利后需要经过一个相当长的新民主主义建设阶段，然后再开始向社会主义过渡的设想，而提出在新民主主义建设的过程中就向社会主义过渡。二是改变了民主革命胜利后集中力量实现国家工业化，再进行社会主义改造的设想，而提出社会主义工业化和社会主义改造同步进行。三是改变了对资本主义工商业先利用、限制，发挥其有利于国计民生的作用，在条件成熟时通过国有化法令将其收归国有的设想，而提出对资本主义经济实行利用、限制和改造的方针，通过各种形式的国家资本主义将其逐步引上社会主义轨道。四是改变了必须先有工业化，在工业能为农业提供大量农业机械的情况下才可以实现农业集体化的设想，而提出在很少甚至没有农业机械的情况下，经过具有社会主义萌芽的互助组、半社会主义性质的初级合作社、完全社会主义性质的高级社等形式，也可以实现农业集体化，即可以先集体化，后机械化。

① 《毛泽东选集》第 4 卷，人民出版社 1991 年版，第 1431 页。
② 《毛泽东文集》第 6 卷，人民出版社 1999 年版，第 71 页。

根据毛泽东和党中央关于社会主义改造的理论和政策，国家对个体农业、手工业和资本主义工商业进行了社会主义改造。总的来说，在1955年夏天以前，社会主义改造是进行得比较稳妥的，新建立起来的农业、手工业合作社和公私合营企业，显示出了优越性，促进了生产力的发展。但是，1955年夏季党内高层发生了关于农业合作化速度问题的争论，在批判“右倾机会主义”的压力下，1955年冬天农村出现了农业合作化的高潮，接着对资本主义工商业和手工业的改造也掀起高潮。到1956年底，基本完成了对农业、手工业和资本主义工商业的社会主义改造。这样，原来预计用3个五年计划即15年左右时间完成向社会主义的转变，仅用4年时间就完成了，提前了11年之多。这就不可避免地遗留下一些问题。这些问题是：在生产关系的变革方面盲目求纯，忽视以至否认了在公有制经济占主体地位的条件下应继续保留并发展私营经济和个体经济，基本上建立了单一的公有制；误以为社会主义经济就是计划经济，而计划经济就是由国家下达指令计划，因此，随着社会主义改造的完成，建立起了高度集中统一的计划经济体制，限制以至取消了商品经济和市场调节；在农村集体经济的经营管理方面，照搬苏联集体农庄经验，盲目追求集中和统一经营，忽视了把所有权和经营权分开，发挥社员个人和家庭经营的积极性，致使过分集中和平均主义问题突出，妨碍了农业生产的发展。从总体上说，这些问题的出现是与当时党对社会主义的认识水平不高，仍然受着传统社会主义模式的束缚和限制分不开的。

正确认识和在实际上纠正上述这些失误，是在22年后开始的社会主义建设新时期中逐步完成的。新民主主义过渡论的系统的正确理论，由于后来实际做法上的改变而没有得到充分实行和贯彻，但它的理论光辉却长久地照射在整个中国特色社会主义理论和实践形成与展开的过程之中。一方面，新民主主义过渡论所揭示的由新民主主义向社会主义转变的正确理论和路线，构成了后来社会主义新时期进行正确决策的重要理论与实践来源。社会主义新时期同社会主义过渡时期保持着天然的历史联系，其理论与实践也必然内蕴着质的连接与质的跨越的深厚基础。由新民主主义社会向社会主义社会过渡的许多构想，在社会主义新时期中得到前所未有的展开，是历史的必然。另一方面，我国向社会主义过渡这一时期发生的过急过快过粗的错误做法，也给社会主义新时期进行正确决策提供了一种历史教训。它告诉人们：中国新民主主义社会的那些经济特质，不会因为出现新的政治制度的跨越而消失，而只有在新的制度下依靠生产力的发展和改革的深度进行加以解决。可以这样说，新民主主义的过渡论不仅可以，而且实际上成了中国特色社会主义理论形成及实践展开的最初，甚至是最重要的历史生长点，它对于我们今天正确认识、推动、发展中国特色社会主义，无疑有着重大的历史价值和认识价值。

三、中国特色社会主义理论及其世界意义

中国特色社会主义理论是科学社会主义与中国实践相结合的第二个理论形态。中国共产党建党90年间，前35年创造并实践了新民主主义理论，其中，用28年时间夺得全国政权，用7年时间巩固政权并完成由新民主主义向社会主义的过渡；后55年探索、创立和发展了中国特色社会主义理论，其中，有22年（1956年至1978年）是这一理论的艰苦探索及发生重大失误的时期，有近20年（1978年至1997年）是这一理论的全面创立时期，有14年（1997年至今）是这一理论的蓬勃发展时期。一个22年，一个33年（其中又可以分出两个阶段），历经整整55年，直到今天，我们才拥有了比较系统和完善的指导全党的新的科学理论——中国特色社会主义理论。这一理论同中国特色新民主主义理论一道，共同展现了中国共产党90年的心路历程，构成了中国共产党历史与现实的辉煌和骄傲。其间，尽管发生过民主革命时期的两次全局性重大错误（以陈独秀为代表的右倾机会主义和王明的“左”倾教条主义）和社会主义时期的两次全局性重大错误（1958年的“大跃进”、“人民公社化”运动和十年“文化大革命”动乱），但最终都没有影响这两大理论的形成及其真理光芒。相反，它们正好佐证了这两大理论确立、发展的艰巨性和对于中国革命与建设、改革、发展指导的正确性。

在这90年间，由于历史前进和实践发展的连续性，这两大理论的形成、构成和相互关系也是紧紧相连的。在这两大理论之间，没有任何另外

一个理论横插于它们中间；中国特色新民主主义理论对于实践指导的完成，同时也就是中国特色社会主义理论与实践探索的开始。从时间概念上看，1956年正是这一终点和始点的交汇处。它历史地成为了中国特色社会主义理论和实践的起始标志。我们不能想象，如果把这一起始时空移向他处，将会构成多大的历史悖论与逻辑悖论。因此，我们也就必须承认，中国特色社会主义理论的形成，历史地存在着社会主义前期这样一个探索的阶段，这一阶段中形成的正确理论应属中国特色社会主义理论的一个部分，亦即应把毛泽东关于中国社会主义建设的正确观点，纳入中国特色社会主义理论的范畴。从这一认识出发，中国特色社会主义理论的历史内涵和理论内涵，也就应扩展为中国社会主义制度建立以来55年间全党把科学社会主义同中国实践结合起来形成的全部理论创造，包括探索阶段、创立阶段和发展阶段的全党的理论创新成就。

纵观55年来中国共产党在上述三个阶段上形成并经过实践检验证明是正确的基本理论观点，我认为中国特色社会主义理论应全面包含以下十二项内容：

（一）关于社会主义社会矛盾的理论

历史告诉我们：由于马克思、恩格斯没有经历过社会主义社会的直接实践，列宁历经的时间又很短，因此他们不可能全面解决这一理论问题。对于社会主义社会矛盾的全面、科学认识，是在社会主义建设时期毛泽东领导全党进行创造性探索过程中基本形成和在后来逐步完善的。1956年，毛泽东借鉴苏联社会主义建设的经验教训，对社会主义社会的基本矛盾、两类不同性质的矛盾和社会主义社会的主要矛盾等一系列问题进行深入思考，在《关于正确处理人民内部矛盾的问题》等著作中，系统地提出了关于社会主义社会矛盾问题的学说。他指出：“在社会主义社会中，基本的矛盾仍然是生产关系和生产力之间的矛盾，上层建筑和经济基础之间的矛盾。不过社会主义社会的这些矛盾，同旧社会的生产关系和生产力的矛盾、上层建筑和经济基础的矛盾，具有根本不同的性质和情况。”① 又说：

① 《毛泽东文集》第7卷，人民出版社1999年版，第214页。

"在我们的面前有两类社会矛盾，这就是敌我之间的矛盾和人民内部的矛盾。这是性质完全不同的两类矛盾。""敌我之间的矛盾是对抗性的矛盾。人民内部的矛盾，在劳动人民之间说来，是非对抗性的。"[①] 同时认为："我们国内的主要矛盾，已经是人民对于建立先进的工业国的要求同落后的农业国的现实之间的矛盾，已经是人民对于经济文化迅速发展的需要同当前经济文化不能满足人民需要的状况之间的矛盾。"[②] 1981 年通过的《关于建国以来党的若干历史问题的决议》，把社会主义社会的主要矛盾概括为"人民日益增长的物质文化需要同落后的社会生产之间的矛盾"[③]。社会主义社会矛盾的理论，是中国共产党解决社会主义基本问题的重大理论创造，它丰富和发展了马克思主义的矛盾学说，把科学社会主义理论与实践提高到了一个新的水平。

（二）关于社会主义本质理论

马克思、恩格斯、列宁都没有用过"本质"这个词来概括社会主义。马克思、恩格斯认为，共产主义是物质极大丰富和实行按需分配的社会，作为共产主义第一阶段的社会主义社会，最主要的任务就是为实现共产主义这一要求而创造物质基础。他们在《哥达纲领批判》等著作中，对未来社会的生产关系等作出过描述，但他们同时指出，未来社会究竟是什么样的，要根据今后的实践来决定。邓小平根据马克思主义的基本原理，总结 70 多年国际社会主义运动的实践经验，第一次对社会主义本质作出科学概括，指出："社会主义的本质，是解放生产力，发展生产力，消灭剥削，消除两极分化，最终达到共同富裕。"[④] 社会主义本质理论不仅是对科学社会主义理论的重大贡献，而且对于中国特色社会主义的基本实践具有重大和长远的指导作用。

---

① 《毛泽东文集》第 7 卷，人民出版社 1999 年版，第 204－205 页。

② 《中国共产党第八次全国代表大会文献》，人民出版社 1957 年版，第 810 页。

③ 《三中全会以来重要文献选编》下册，人民出版社 1982 年版，第 785－786 页。

④ 《邓小平文选》第 3 卷，人民出版社 1993 年版，第 373 页。

（三）关于社会主义初级阶段理论

马克思把资本主义以后的未来社会统称为共产主义社会，分为第一阶段和高级阶段。他没有论述过共产主义第一阶段还有一个较低级的发展阶段。列宁在苏联社会主义实践中看到社会主义发展的艰巨性，提出每一个大的阶段包括若干个小的阶段的思想。1959 年毛泽东在读苏联《政治经济学教科书（社会主义部分）》时，把社会主义社会分为两个阶段：第一阶段是不发达的社会主义，第二阶段是比较发达的社会主义。邓小平和我们党在改革开放的新时期，在前人提供的理论认识基础上，完整地提出了社会主义初级阶段理论。党的十三大对此作了系统深刻的阐述，指出："我国正处在社会主义的初级阶段。这个论断，包括两层含义。第一，我国社会已经是社会主义社会。我们必须坚持而不能离开社会主义。第二，我国的社会主义社会还处在初级阶段。我们必须从这个实际出发，而不能超越这个阶段。"① 党的十五大把社会主义初级阶段的科学概念写入党章，这在马克思主义发展史上是第一次。它对于中国特色社会主义理论的形成和实践的展开，起着奠基性的作用。

（四）关于社会主义基本政治原则理论

坚持社会主义的基本政治原则，是马克思主义的一贯立场。以毛泽东为代表的中国共产党人，对社会主义的基本政治原则作过多次概括和阐发。邓小平根据新的历史时期完成党的政治任务和进行现代化建设的需要，提出社会主义社会必须以四项基本原则作为政治保证。邓小平说："实现四个现代化，必须在思想政治上坚持四项基本原则。""第一，必须坚持社会主义道路；第二，必须坚持无产阶级专政；第三，必须坚持共产党的领导；第四，必须坚持马列主义、毛泽东思想。"② 四项基本原则成为指引中国特色社会主义事业前进的根本政治准则，把中国特色社会主义建立在了牢固的政治基础之上。

① 《十三大以来重要文献选编》，人民出版社 1991 年版，第 9 页。

② 《邓小平文选》第 2 卷，人民出版社 1994 年版，第 164－165 页。

（五）关于社会主义市场经济理论

在总结我国新民主主义和社会主义时期历史经验，借鉴国外经济社会发展宝贵经验的基础上，邓小平根据社会主义和资本主义发展变化的新情况，突破了把计划和市场同社会制度联系起来的理论，改变了把计划经济和市场经济作为划分社会主义和资本主义根本标志的传统观念，指出："计划多一点还是市场多一点，不是社会主义与资本主义的本质区别。计划经济不等于社会主义，资本主义也有计划；市场经济不等于资本主义，社会主义也有市场。计划和市场都是经济手段。"① 从而把市场经济同社会主义结合起来。社会主义市场经济理论的提出，为建立中国特色社会主义市场经济体制提供了正确的理论指导。社会主义市场经济理论的形成是社会主义发展史上的一个创举，它为中国特色社会主义理论的创立奠定了重要基石。

（六）关于社会主义国家改革开放理论

在社会主义国家实行全面改革开放，这是科学社会主义的一个新课题。邓小平认为，"革命是解放生产力，改革也是解放生产力"②，"改革是中国的第二次革命"③。改革和革命是两个不同的概念，但是对于解放和发展生产力来说，它们的作用是相同的。就引起社会变革的深度和广度来说，改革不亚于一场革命。在开放问题上，列宁曾经认识到，"社会主义共和国不同世界发生联系是不能生存下去的，在目前情况下应当把自己的生存同资本主义的关系联系起来"④。但是，第二次世界大战以后，由于两个阵营形成，两个平行市场理论的提出，把社会主义世界同资本主义世界隔绝了。邓小平总结社会主义国家发展的严重教训，在和平与发展成为时代主题的条件下，提出一整套社会主义国家对外开放理论。改革开放成为贯穿中国特色社会主义的一条主线，它极大地丰富和发展了科学社会主义

① 《邓小平文选》第3卷，人民出版社1993年版，第373页。
② 同上书，第370页。
③ 同上书，第113页。
④ 《列宁全集》第41卷，人民出版社1986年版，第167页。

的理论与实践。

（七）关于科学技术是第一生产力的理论

马克思在《资本论》、《政治经济学批判（1857—1858年草稿）》等著作中提出，在任何社会，科学都是一般社会生产力，而在大工业生产条件下，由于科学并入了生产，因而它也就成了“直接的生产力”。列宁继承了马克思的这一思想。但是，把科学技术从生产力诸要素中突出出来并提到第一位的是邓小平。从“一般生产力”到“直接生产力”，再到“第一生产力”，历史地揭示了科学技术对经济社会实践的巨大作用，从而把中国特色社会主义的发展建立在了依靠科学技术的基础之上。

（八）关于和平与发展是当代世界主题的理论

马克思在自由资本主义发展时期，曾分析了世界主要是欧洲的形势，提出社会主义革命可能在英、法等先进的资本主义国家同时发生。他在晚年预计到，在上述国家带动下，落后的俄国也可能发生革命。列宁根据资本主义发展到帝国主义阶段，提出帝国主义和无产阶级革命的时代观，首先在俄国成功地实现了社会主义革命。毛泽东根据列宁主义时代观，认为中国新民主主义革命是世界无产阶级革命的一部分，并在20世纪70年代提出三个世界划分和战争与革命的理论。邓小平根据20世纪70年代以后国际形势的新变化，提出世界主题已经不是战争与革命，和平与发展是当代世界主题的理论。从而发展了列宁主义时代观，为中国特色社会主义理论的形成提供了所处时代和外部条件的科学认识。

（九）关于“一国两制”理论

社会主义国家应该怎样用和平方式解决一个国家分成两种社会制度及其统一的问题，这是马克思、恩格斯、列宁都没有经历过的。20世纪50年代，毛泽东、周恩来提出过和平解决中国大陆与台湾统一的设想。邓小平充分尊重各方面的实际情况，提出以大陆社会主义制度为主体，台湾、香港、澳门保持资本主义制度长期不变，用和平方式实现祖国统一的构想。在解决香港问题的实践中，完整地提出了“一国两制”理论。香港、澳门回归祖国的成功实践表明，“一国两制”理论是完全正确的，是对马克思主义国家学说的创造性发展。

（十）关于社会主义国家党的先进性建设理论

在国际共产主义运动史上，马克思、恩格斯、列宁对无产阶级政党的先进性建设作过系统论述。毛泽东、邓小平对党的思想路线、理想信念、服务宗旨、群众基础等作过深刻阐发。随着社会主义改革开放实践的深入和党的执政地位面临的新挑战，以江泽民为核心的党中央高度重视新时期党的先进性建设和执政能力建设，提出：中国共产党是中国工人阶级的先锋队，同时是中国人民和中华民族的先锋队，是中国特色社会主义事业的领导核心，代表中国先进生产力的发展要求，代表中国先进文化的前进方向，代表中国最广大人民的根本利益。党的先进性建设理论回答了社会主义新时期提高党的领导水平和执政能力、提高拒腐防变和抵御风险能力这两大历史课题，从而进一步解决了新的历史条件下建设一个什么样的党和怎样建设党的问题，继承、丰富和发展了马克思主义的建党学说。

（十一）关于社会主义实现科学发展的理论

马克思主义认为，社会主义比资本主义能够极大地解放生产力，更快地增加社会生产力的总量。邓小平多次指出：“社会主义首先要发展生产力”①、“发展才是硬道理”②。在这一认识基础上，以胡锦涛为总书记的党中央针对社会主义实践的新情况，提出社会主义社会必须贯彻“以人为本，全面协调可持续”的科学发展观。科学发展观的第一要义是发展，核心是以人为本，基本要求是全面协调可持续，根本方法是统筹兼顾。只有全面贯彻落实科学发展观，才能把全社会的积极性引导到科学发展上来，实现中国特色社会主义建设领域、发展领域和文明领域结构的新变化，即由经济、政治、文化的“三领域”结构发展为经济、政治、文化、社会、生态“五领域”结构。科学发展观及其社会民生建设理论、可持续发展理

---

① 《邓小平文选》第2卷，人民出版社1994年版，第311页。

② 《邓小平文选》第3卷，人民出版社1993年版，第377页。

论、生态文明建设理论，都大大丰富和发展了马克思主义关于社会主义建设与发展的理论。

（十二）关于建设社会主义和谐社会理论

马克思、恩格斯预见的社会主义和共产主义是人与人、人与社会、人与自然和谐的社会。建设和谐社会是科学社会主义的实践要求。针对社会主义建设和发展新的实践，我们党提出了建设社会主义和谐社会的要求。指出：和谐社会建设“要按照民主法治、公平正义、诚信友爱、充满活力、安定有序、人与自然和谐相处的总要求和共同建设、共同享有的原则”来进行，以形成社会主义社会全体人民“各尽其能、各得其所而又和谐相处”的局面。与此同时，还提出了关于和谐世界的要求。从而，把科学社会主义关于建设和谐社会的设想，变成了中国社会主义的生动实践，并推动世界朝着和平与和谐的方向发展，大大丰富和发展了马克思主义关于和谐的思想理论。

以上十二条，是科学社会主义与中国社会主义实践相结合的具有开创性的重大基本理论成果。它是中国社会主义长期成功实践经验的总结，也必将引导中国继续沿着正确的方向和道路前进。它对于当代中国和社会主义事业的发展的价值如同灵魂和生命，是整个中国特色社会主义前进的科学思想指南。离开它，中国特色社会主义事业就不能胜利。中国特色社会主义理论对于条件相近的社会主义国家，亦必将长久地散发出科学社会主义的真理芳香，影响着这些国家去争取和建设美好的现实与未来。中国特色社会主义理论与实践，为当代社会主义国家提供了成功的理论范式、建设范式、改革范式和发展范式。它再一次证明，科学社会主义的基本理论是放之四海而皆准的普遍真理。这一真理不仅对于资本主义尚未充分发展国家的革命，而且对于建立在这一基础之上的社会主义国家的建设、改革、发展，都是不可或缺的。科学社会主义与不发达国家的未来同在，也必然同发达国家的未来同在，这是正在和必将为世界历史发展所证明的。

（原载于《学术探索》2011 年专辑）

在新的实践中坚持和发展马克思主义群众观与群众路线

坚持和发展马克思主义群众观和群众路线，是新形势下巩固党的执政地位、坚持和完善社会主义制度、发展社会主义民主政治的需要，是当前正确处理社会矛盾、做好群众工作、确保社会稳定、推进改革发展的需要。马克思主义群众观与群众路线，是马列主义、毛泽东思想、邓小平理论的基本问题，也是中国特色社会主义的基本问题，更是我们党长久执政的基本问题。我们要从理论上深刻认识，在实践中自觉坚持和贯彻，并促进其不断丰富和发展。

一、真假马克思主义的分水岭和执政为民的试金石

马克思主义群众观和群众路线在马克思主义思想体系中，处于精髓、灵魂、核心的位置。它反映的是马克思主义和共产党人奋斗与执政的实质和目的。没有它，无论是马克思主义，还是共产党，都不再是它本身。

大家知道，我们党历来把实事求是、群众路线、独立自主看作是毛泽东思想活的灵魂。同时认为，马克思主义的辩证唯物论和历史唯物论有两大精髓：辩证唯物论的精髓是实事求是，而历史唯物论的精髓就是马克思主义的群众观，即群众观点、群众路线。实事求是、群众观点和群众路线，既是马克思主义的理论、思想和路线，又是根本的品格、作风和方法。坚持马克思主义的精髓，就必须始终坚持这两条。

我们还知道，马克思在创立自己学说时有两个重大发现，也是两个最重要的历史贡献：一个是历史唯物论，一个是剩余价值学说。而历史唯物论的核心，就是马克思主义的群众观，即认为历史是人民群众创造的，大众“合力”构成历史发展的方向，形成历史发展的动力，达成历史发展的目标。人民是历史的主体、社会的主宰、国家的主人，是推动社会发展的决定力量。因此，怎样看待群众、对待群众，是相信群众、依靠群众、服务群众，还是害怕群众、脱离群众、伤害群众，历来成为马克思主义与非马克思主义、假马克思主义的分水岭。你是真马克思主义，就会如中央充分肯定的云南孟连经验说的，你的“屁股就会坐在群众一边”，你就会一心一意对群众好，就会把群众利益放在至高无上的地位，就会自觉自愿地维护群众的利益，就会全心全意为群众去呐喊、去奋斗、去牺牲；你是假马克思主义，你的“屁股就会坐歪”，“就不能站稳群众立场”，就会不顾群众的利益，损害群众的利益，千方百计为个人谋取私利。

利益问题是党同人民群众关系的根本问题。马克思主义的群众观、马克思主义的立场和品格，要求我们把人民群众根本利益、长远利益、现实利益的实现作为一切工作的出发点，并以此当作评判思想、决策、工作是非得失的最终标准。这是因为，人民对利益问题、利益关系处理的满意度，是巩固社会制度、实行民主政治、实现社会稳定、确保经济持续发展的基本条件。它关乎党的性质、国家的性质和社会的性质。马克思有一句名言，说：“‘思想’一旦离开‘利益’，就一定会使自己出丑。”① 因此，我们必须始终坚持以马克思主义为指导与人民利益至上相统一、政党利益与群众利益相统一、国家利益与群众利益相统一、社会利益与群众利益相统一的要求，坚持利益的人民性即是科学性的要求，把群众至上、群众利益至上作为真正坚持社会主义、真正坚持马克思主义的根本标志。

坚持马克思主义的群众观，必然地要求实行正确的群众路线，并依靠这一路线来实现自己的理论主张和政治主张。没有正确的群众路线，关于群众的任何主张就会“像葫芦瓢一样漂在水面上”，无法落到实处。我们党的一个重要理论创造，就是把践行马克思主义群众观与实行“相信群众、依靠群

① 《马克思恩格斯全集》第2卷，人民出版社1957年版，第103页。

众，从群众中来、到群众中去”的群众路线统一起来、融合起来。群众路线是马克思主义的生命线，是我们党的根本工作路线。马克思主义之所以充满生机活力和不可战胜，就在于它植根于人民群众的土壤之中。它是人民群众社会实践的科学总结，又是人民群众社会实践的向导。中国共产党之所以伟大正确，也在于它始终保持同人民群众的血肉联系。20世纪以来社会主义运动的实践说明：坚持马克思主义群众观和群众路线，则党兴国兴；背弃马克思主义群众观和群众路线，则党亡国亡。这一社会主义运动的历史经验，也是社会主义运动的最大的历史教训，我们必须永远铭记。

这里我要提到160多年前，马克思、恩格斯在创立世界上第一个共产党时，在其纲领中对社会主义运动的本质，也是对马克思主义群众观与群众路线相统一的经典论述，他们这样指出：“过去的一切运动都是少数人的或者为少数人谋利益的运动。无产阶级的运动是绝大多数人的、为绝大多数人谋利益的独立的运动。”① 在1888年英文版中又加上了“自觉的”三个字，即“自觉的独立的运动”。这是共产党、共产主义运动包括现今的社会主义运动和一切执政的共产党人必须遵循的两大原则，即一是为绝大多数人谋利益；二是绝大多数人参加。而且必须是“自觉”的，即有科学理论指导和自愿为之奋斗的。这是衡量共产党和共产主义运动，衡量一切社会主义运动，更是衡量中国共产党，尤其是执政后的中国共产党的试金石。

作为执政为民的中国共产党，首先必须自觉地为绝大多数人谋利益。这是党的宗旨，也是共产党人的理想。它是区别一切资本主义运动和资产阶级革命家的最根本的标志。共产党和共产党人所追求的是在全世界，首先是在自己的国家建立社会主义的社会制度，并逐步向社会主义的高级阶段迈进。而这一制度的核心就是确保绝大多数人的利益，即不是少数人的，一个阶级、阶层的，更不是一个政党的利益，而是整个民族的、国家的、社会的，即人民的利益，包括政治利益、经济利益、文化利益。在这里，“谋利益”和谋解放是一致的，为绝大多数人谋利益，就是为绝大多数人谋解放。同制度理想相比较，利益理想即最终实现人的解放，是更深层次的。共产党人创立的一切制度，包括根本制度和具体制度，目的都是

① 《马克思恩格斯选集》第1卷，人民出版社1995年版，第283页。

为了绝大多数人、绝大多数人的利益、绝大多数人的解放。一切为了人，这就是我们共产党人奋斗、执政的最终目的。执政为民正是最深刻、最集中地体现了这一根本要求。从这个意义上说，执政为民，凝聚了共产党人的全部理想、全部追求。而执政为民实施的好坏，也就必然成为对共产党人的最大考验。

作为执政的中国共产党，同时必须自觉实现绝大多数人参加的社会运动。任何个人和政党都不是救世主。人民的解放必须靠人民。群众的事业必须靠群众。为绝大多数人谋利益的运动，必须靠绝大多数人参加才能实现。这既是马克思主义的群众观，也是我们党的群众路线。社会主义运动与资本主义运动最重要的区别，就在于它越过了一个阶级的阵线，成为先进阶级带领下的各个阶级和各个阶层的运动。资本主义运动的局限性不仅在于它的目的，而且在于它的方式的狭隘性。社会主义运动的目的决定了它的方式的广泛性。没有这种广泛性就不会有社会主义本身，包括它的发生、发展和壮大，更不用说其制度的形成、巩固和完善。从这个意义上说，人民性才真正是社会主义的本性。执政的中国共产党致力于社会主义本性的充分释放，在不断推进民主政治的同时，提出了问政于民。正是问政于民，深刻体现了“绝大多数人参加”的要求。问政于民贯彻的好坏，也必然成为对共产党人的又一大考验。

执政为民、问政于民，是马克思主义历史观、政治观、群众观在当代中国的集中体现，也是我们党执政经验的核心和灵魂。历史经验与执政实践告诫我们：“民为重，社稷次之，君为轻。”“水可载舟，亦可覆舟。”我们只有始终坚持人民至上、群众至上，以民为本、以人为本，尊重群众、相信群众、依靠群众、服务群众，才能受到人民的真心拥护，使党的事业不断兴旺发达，社会主义制度不断巩固发展。

二、必须时刻警惕党执政后的“最大危险”

但是，必须指出，不是所有地方、所有时段上，我们的干部、党员都会真心地去执政为民、问政于民，去总结、创造和自觉坚持密切联系群众、真心服务群众的好经验。现在我们看到的、听到的更多的是脱离群众、伤害群众的种种问题和现象。脱离群众的问题已经成为危及我们党执政的最大问题。胡锦涛在党的十七届五中全会上指出："我们党最大的政治优势是密切联系群众，党执政后的最大危险是脱离群众。"邓小平在我国社会主义制度刚刚建立的时候就强调说："由于我们党现在已经是在全国执政的党，脱离群众的危险，比以前大大地增加了，而脱离群众对于人民可能产生的危害，也比以前大大地增加了。"① 我们必须牢记这"两个最大"、"两个增加"，始终保持党同人民群众的血肉联系，经受住历史和实践对党执政地位和执政能力的根本考验。

现在，我们各级党委、政府和各级领导干部、广大共产党员，都在为解决脱离群众这一"最大危险"而努力工作，并且取得了一些成效。但是，必须看到，脱离群众的问题还远未解决，有些问题仍然十分突出，脱离群众的危险、危害现在甚至还在"增加"。

作为执政党，脱离群众的首害就是一些领导干部利用人民给予的权力为自己谋取私利。以权谋私，贪污腐败，鱼肉百姓，这是人民群众最深恶痛绝的。它极为严重地损害了党的机体、党的形象、党的地位。这个问题解决不好，就无法确保党的先进性，就会改变党执政的目的和本质，甚至重蹈丧失政权的覆辙。

脱离群众的危险，还在于一些领导干部利用人民给予的权力凌驾于人民之上，狐假虎威，横行乡里，欺压百姓。这里，关于"凌驾"问题我多说几句。马克思在总结巴黎公社经验时形成的《法兰西内战》等著作中，有一个著名的观点：不能让权力凌驾于人民之上；掌握权力的人必须是人民的公仆；公仆受人民即主人的委托行使权力；权力必须为主人即人民大众服务。前几天我接触到普洱市的一位县委书记，他讲得好，说：人民是我们的衣食父母；党和政府要感恩人民；是人民让我们党执政；我们党必须始终为人民、靠人民。现在，有一些领导干部把巴黎公社确定的、我们党坚持的这一原则颠倒过来，用群众的话来说就是：不做公仆做"主人"，只把群众当"仆人"。我们一些公务员对群众颐指气使，经常端出一副

① 《邓小平文选》第1卷，人民出版社1994年版，第221页。

“官老爷”的架子，有的甚至认为自己才是“水”，群众只是“鱼”，利用手中的权力给群众“穿小鞋”、“出难题”、“设关卡”，视百姓的要求、安危甚至生死于不顾。

脱离群众的危险，同时还来自严重的官僚主义。一些领导干部不问民情、不知实情、欺瞒百姓。有的人把下基层当作走过场，搞调查变成出风头、上镜头，作报告、谈工作总讲一些套话、空话、大话、假话。群众说他们是“糊涂官”、“害民官”，其危害不仅限于一方，而且危及上下各方，危及决策，危及政策，危及基层，危及百姓。

脱离群众的危险，还在于广泛存在的形式主义。一些地方搞花拳绣腿、不讲实效、忽悠百姓。不少地方“文山会海”愈演愈烈。现在，不少领导干部基本上不写自己的讲话稿。一般都是别人写来，电脑传来，秘书递来，稍改或不改就照念照讲。单就这一点而言，其积弊之深，危害之大，改正之难，就可以想见要革除形式主义、官僚主义，有多么困难。

正是由于这些严重的不良品行与作风，造成了一些党委、政府同群众之间的隔阂和对立，也引发了一起又一起性质严重的群体性事件。如果不从根本上解决好干部、党员上述这些涉及立场与作风的严重问题，党的工作、政府工作就不会受到人民的真心拥护和支持，党委和政府工作就会失去根基和动力。

三、在贯彻群众路线中推进民主政治建设

怎样解决上述问题？用毛泽东曾经说过的话来说，就是走“民主新路”。党的七大结束后不久，毛泽东在回答黄炎培关于中国共产党能否走出“其兴也勃焉，其亡也忽焉”的周期率支配时说：我们已经找到新路，我们能跳出这周期率。这条新路，就是民主。只有让人民来监督政府，政府才不敢松懈。只有人人起来负责，才不会人亡政息。这就是说，民主问题、群众路线问题，是中国共产党生死攸关的大问题。充分实行群众路线，推进民主政治建设，让群众作为主人真正监督我们的各级党委和政府，我们党才可能解决好为民执政、长久执政的问题。

在这个问题上，我们需要站在新高度重新认识和审视坚持群众路线与

推进民主政治建设的关系，把群众路线与政治建设统一于创建“民主新路”的社会实践中。

我们必须首先看到，群众路线本质上是一条民主政治路线。中国特色社会主义民主政治建设是党的群众路线在社会主义实践中的运用和发展。党的群众路线和民主政治建设的轴心或根本的连接点，是人民当家作主。坚持党的领导、人民当家作主、依法治国，是中国特色社会主义民主政治建设的根本原则。党的领导最根本的目的是依法领导人民实现当家作主；人民当家作主是在党的领导下和法律基础上的当家作主；依法治国是党领导下和人民群众监督下的依法治国。离开人民当家作主，离开群众路线，就没有中国特色社会主义的民主政治，就没有中国特色社会主义。

群众路线同时又是民主与集中相统一的路线。中国特色社会主义民主政治道路是民主思想与民主制度相统一的道路。坚持和完善人民代表大会制度、中国共产党领导的多党合作和政治协商制度、民族区域自治制度以及基层群众自治制度，就是坚持民主与集中相统一、民主思想与民主制度相统一，就是坚持群众路线与中国特色社会主义民主政治建设相统一。这四大制度的形成，本身就是党的政治路线、思想路线、群众路线的产物，是人民群众实践的产物，其贯彻和完善也需要依靠和坚持党的群众路线，把制度约束不断变为群众的自觉实践。

群众路线还是激发公民意识与实行群众自我教育的路线。中国特色社会主义民主政治是以公民意识为支撑的政治。坚持群众路线，是实行公民政治、激发公民意识的内在要求。公民意识包括民主法制、自由平等、公平正义等现代民主意识。激发和培育公民意识既要提供良好的民主政治环境，又要依托群众的自我教育和自我约束。坚持党的群众路线，是培育和形成社会主义公民政治、公民意识的基本条件，是深化政治体制改革，推进由选拔政治到选举政治，全面建设法制社会的思想条件。

总之，坚持党的群众路线和建设中国特色社会主义民主政治是有机的统一体。坚持二者的统一，对于发挥我们党的政治优势，推进政治体制改革，促进民主政治建设，走中国特色社会主义民主新路，具有重大意义。

（原载于《创造》2012 年第 8 期）

坚持科学社会主义的群众主体地位

我想讲一个科学社会主义的前沿问题，也是科学社会主义的研究主体问题，讲点真话，讲点来自现实和基层的话。现在的前沿问题，从现实角度看，最重要、最突出的一个，就是我们这个以科学社会主义为指导的党，作为执政党怎样才能不脱离群众。党同人民群众的关系问题是当前我们面临的最重大问题，也是科学社会主义的一个世纪难题。与此相连的，科学社会主义的学科建设是否也有一个以人民群众为研究主体的问题。历史和科学的发展往往是这样：现实提出的最重大问题，也是学科发展的最重大问题。二者是统一的。这是不是也是一种规律？

人民群众是社会历史的实践主体、创造主体、检验主体，能不能也是我们科学社会主义学科研究的主体、研究的中心问题？这涉及科学社会主义学科的定位与本质。同恩格斯的定义相衔接，可不可以把科学社会主义也看作是当代条件下人民群众解放与发展及其规律的学说。至少本质上也是当代条件下人民群众解放与发展和规律的学说、学问。如果这个定位有一定道理，则科学社会主义研究主体就不难成立。从现实情况看，需要且必须把人民群众作为科学社会主义研究的主体，作为研究的中心问题。

我们都知道，科学社会主义，包括它的理论、运动和制度，历经《共产党宣言》发表以来160多年的实践，现在已经发展成为影响人类命运和世界政治格局的庞大的科学体系。而以人民群众为社会历史主体的马克思主义群众观正是这一科学体系的核心与基础部分。我们阅读马克思主义的著作，考察科学社会主义的发展历史，总结共产党执政的历史经验，集中起来，可以说一切的成功与成就、一切的精彩与辉煌，都出自于我们所熟悉并生活其间的伟大社会实践主体：这就是人民群众。它是科学社会主义整个理论体系、现实运动、制度构建发生与发展的根由、基点和归宿。科学社会主义因它而诞生、而兴旺，并历经人民群众烈火的锻炼和检验。人民群众是社会历史的主角，更是科学社会主义实践与创造的主角。因此，研究科学社会主义、发展科学社会主义，必须始终把人民群众作为主体，作为中心，作为前沿问题，作为最急迫的问题，毫不动摇地确立其在科学社会主义体系中的主体地位，并加以前所未有的重视。

怎样看待、对待人民群众，是真假马克思主义的分水岭，是检验我们是否真正践行执政为民的试金石。用《共产党宣言》中的话来说，我们在对待人民群众的问题上，必须遵循“绝大多数人的、为绝大多数人谋利益的”[①] 这两大原则，即一是为绝大多数人谋利益；二是绝大多数人参加。作为执政的中国共产党，首先必须自觉地为绝大多数人谋利益。这是党的宗旨，也是共产党人的理想。同时必须自觉实现绝大多数人参加的社会运动。这既是科学社会主义的基本原则，也是我们党的群众路线的根本要求。我们党提出的执政为民、问政于民，集中体现了这两大原则的要求。

但是，现在我们一些共产党员、领导干部，已经忘掉或抛弃了这两个原则，甚至践踏了这些神圣原则，造成了一些地方党委和政府同人民群众之间的隔阂，削弱了我们党的执政基础，引发了一些地方的执政危机。国内外社会主义运动的实践告诉我们：巩固执政基础和削减执政危机是科学社会主义胜利国家共产党面临的世纪难题。它构成了科学社会主义理论、运动、制度在当代发展的结点、难点和重点。回答和解决这一问题集中到了一个问题上，就是党如何才能不脱离群众？这里我还是引用两句权力话语，当然是正确的。胡锦涛说：“我们党最大的政治优势是密切联系群众，党执政后的最大危险是脱离群众。”邓小平也说过：“由于我们党现在已经是在全国执政的党，脱离群众的危险，比以前大大地增加了，而脱离群众对于人民可能产生的危害，也比以前大大地增加了。”[②] 我们应当牢记这“两个最大”、“两个增加”。

现在，我们党包括这次党的十八大，正在为解除脱离群众这一“最大

① 《马克思恩格斯选集》第1卷，人民出版社1995年版，第283页。
② 《邓小平文选》第1卷，人民出版社1994年版，第221页。

危险”而努力，并且取得了一些成效。但是，必须看到，脱离群众的问题还远未解决，有些问题仍然十分突出，可以说，脱离群众的危险、危害现在甚至还在“增加”。这种“增加”的表现很多，其中一个表现，就是近年来不断发生、叠加的群体性事件，包括云南孟连事件、贵州瓮安事件、安徽池州事件、浙江瑞安事件、四川广安事件、四川大竹事件，还有比这些事件更为严重的事件。这些事件的核心就是党群、干群关系的冷漠和对立。这些事件严重损害了党在人民群众中的威信。

怎样解决这些问题？一条根本的途径就是发展科学社会主义要坚持我们党一贯主张的人民民“主”。民主的直意是人民作“主”，展开来说，包括维护民主权利、实行民主执政、实施民主监督、坚持民主道路等等。用毛泽东说过的话来说，就是走“民主新路”。让人民来监督政府，监督我们的党。只有充分实行民主，走群众路线，推进民主政治建设和改革，实现现代中国的民主化，我们党才可能解决好为民执政、长久执政这一历史难题。

社会主义实践中出现的世纪难题，向科学社会主义学科提出了极为艰巨的任务，也提出了极其严重的挑战。现实一再告诉我们，必须把我们研究的目光聚焦到围绕人民群众而产生的一切重大问题上。人民群众是科学社会主义的实践主体、创造主体、检验主体，是科学社会主义理论、运动、制度发生与发展的终极动因。因此，与此相连的科学社会主义学科，也必须以人民群众为研究主体，以人民群众为研究的中心问题，并改进乃至构建围绕从人民群众所处制度状况、历史使命、社会矛盾、阶级斗争、政党创建、人民革命、发展道路、执政实践，到群众利益、群众路线、全面建设（5 个建设，即生态、经济、政治、文化、社会建设，我在 2000、2001、2003 年分别提出过并发表过文章）、人的解放与自由全面发展等范畴与学科系统，使科学社会主义更加充分体现其关于当代条件下人民群众解放与发展及其规律学说这一学科本质，实现其阶级学说与人的学说的统一。

以人民群众为主体、为中心的学科发展，必然会更多地涉及马克思主义哲学，特别是历史唯物论，涉及政治经济学，尤其是剩余价值学说，涉及政治学、社会学、管理学、民族学、共运史和党的建设学说等。科学社会主义作为综合性的理论学科，必须也具有整合这些学科相关内容的功能与能力。同时，科学社会主义自身也需要进一步深度发掘和系统梳理自己的思想理论资源，把科学社会主义体系中内含的、浩瀚的关于人民群众及其社会历史主体的大量论述和丰富的现实材料，吸纳到学科构建与发展中来。通过发掘、梳理和整合，使科学社会主义学科获得进一步的深化与拓展。

这些就是我主张的学科建设的“科学社会主义人民主体论”的基本观点。

实践在发展。我们深信，科学社会主义必将在人民群众这位社会历史主人的带领下，放射出更加灿烂的真理光芒，继续和更好地引领现实和引航未来。科学社会主义学科也将因此而获得更大的繁荣与发展。

（本文为2012年10月28日在中央党校“社会主义理论前沿问题高层论坛·2012”上的发言，主要观点发表在《科学社会主义》2012年第6期）

坚持中国特色社会主义理论、道路和制度

党的十八大报告坚持实践基础上的理论创新，对中国特色社会主义发展作出了新总结，对中国特色社会主义理论、道路和制度作出了新发展，对中国特色社会主义总依据、总布局、总任务作出了新概括。它是中国共产党在当代回应现实、面向未来的理论旗帜、政治宣言和行动纲领。我们要深刻领会、认真贯彻、自觉践行。

坚持和创新中国特色社会主义理论

中国特色社会主义是科学社会主义基本原则与当代中国实际和时代特征相结合的产物，是马克思主义中国化的当代理论标志、政治标志、实践标志。中国特色社会主义源于科学社会主义，成于科学社会主义的中国化。正如十八大报告指出的："中国特色社会主义，既坚持了科学社会主义基本原则，又根据时代条件赋予其鲜明的中国特色。"这是中国特色社会主义的本源，我们任何时候都必须坚持。

中国特色社会主义是中国共产党人和中国人民的伟大理论创造与实践创造。它凝聚着中国共产党几代人的心血和智慧。毛泽东是把科学社会主义与中国革命和建设实践结合起来的伟大创造者，是中国特色社会主义的伟大探索者。十八大报告指出："在探索过程中，虽然经历了严重曲折，但党在社会主义建设中取得的独创性理论成果和巨大成就，为新的历史时期开创中国特色社会主义提供了宝贵经验、理论准备、物质基础。"任何否定毛泽东在探索中国特色社会主义中的起始地位和先行作用的行为，都

是不正确的。这也是我们要始终铭记的。

以邓小平为核心的党的第二代中央领导集体，把科学社会主义同中国实际和时代特征相结合，在前人探索的基础上，开创了中国特色社会主义。邓小平是中国特色社会主义的伟大开创者。在他的带领下，全党作出把党和国家工作中心转移到经济建设上来、实行改革开放的历史性决策，揭示了社会主义本质，确定了社会主义初级阶段理论和基本路线，创立了社会主义市场经济理论，在党的十二大明确提出走自己的路，建设中国特色社会主义，科学回答了建设中国特色社会主义的一系列基本问题，成功开创了中国特色社会主义。

以江泽民为核心的党的第三代中央领导集体，在国内外形势十分复杂、世界社会主义出现严重曲折的严峻考验面前，捍卫了中国特色社会主义，特别是确定了社会主义市场经济体制的改革目标和基本框架，开创了全面改革开放的新局面。

党的十六大以来，以胡锦涛为总书记的党中央，坚持理论创新、道路创新和制度创新，在新的历史起点上，坚持和发展了中国特色社会主义。10 年来，在新的实践基础上形成了一系列紧密相连、相互贯通的新思想、新观点、新论断，全面确立了中国特色社会主义新发展观、新社会观、新价值观和新执政观，并为当代中国社会发展和进步树立了新的衡量标准。一是新发展观：以人为本，全面协调可持续的发展观，为当代中国发展树立了根本标准；二是新社会观：以公平公正为核心的和谐社会构建，为当代中国社会进步树立了根本标准；三是新价值观：以社会主义为核心的价值体系，为当代中国思想文化发展树立了根本标准；四是新执政观：以执政为民为核心的系统执政理念，为当代中国执政党建设树立了根本标准。其中，新发展观，即以人为本，全面协调可持续的科学发展观，是首要的、根本的和起决定作用的。

党的十八大对上述一系列新理论进行了系统总结，对科学发展观进行了新概括、新定位，对科学发展提出了新要求，把科学发展观确立为全党必须长期坚持的指导思想，并写入了党章。十八大报告指出：“科学发展观是马克思主义同当代中国实际和时代特征相结合的产物，是马克思主义关于发展的世界观和方法论的集中体现，对新形势下实现什么样的发展、怎样发展等重大问题作出了新的科学回答，把我们对中国特色社会主义规律的认识提高到新的水平，开辟了当代中国马克思主义发展新境界。”科学发展观是马克思主义中国化的最新成果，是指引全党、全国夺取中国特色社会主义新胜利的强大思想武器，我们任何时候都必须坚持不动摇。要更加自觉地践行科学发展观的新要求，始终把推动经济社会发展作为第一要义，始终把以人为本作为核心立场，始终把全面协调可持续作为基本要求，始终把统筹兼顾作为根本方法，任何时候都坚持解放思想、实事求是、与时俱进、求真务实，把实现科学发展作为衡量我们思想、工作的根本标准。

科学发展观是党的指导思想和行动指南，同时也是中国特色社会主义的一项基本理论。坚持科学发展观基本理论与践行科学发展基本实践的统一，是中国特色社会主义理论与实践新的特质，也是中国政治生活、社会生活的主题和主线。科学发展是在改革开放中，尤其是近 10 年来形成和正在展开的基本实践形态。它作为科学发展观指导下的发展实践过程和实践结果，必然引起中国社会各个领域的重大而深刻变化，同时具有检测我们思想、工作的强大功能。我们要始终坚持科学发展这一根本的实践标准，推动中国社会全面实现科学发展的历史性转变，使中国社会全面走上科学发展之路。坚持科学发展观基本理论与推进科学发展基本实践形态，这就是中国特色社会主义的新理论、新实践，这就是中国特色社会主义的新发展、新创造。

坚持和发展中国特色社会主义道路

中国特色社会主义理论决定着中国特色社会主义道路。中国特色社会主义道路，其实质就是当代中国的科学发展道路。十八大报告全面揭示了这条道路的科学内涵，指出：“中国特色社会主义道路，就是在中国共产党领导下，立足基本国情，以经济建设为中心，坚持四项基本原则，坚持改革开放，解放和发展社会生产力，建设社会主义市场经济、社会主义民主政治、社会主义先进文化、社会主义和谐社会、社会主义生态文明，促进人的全面发展，逐步实现全体人民共同富裕，建设富强民主文明和谐的社会主义现代化国家。”这条道路是中国共产党60多年执政历史经验的深刻总结，是30多年改革开放和近10年科学发展的实践创造。它是坚持与发展、继承与创新、自立与借鉴的产物。它规定了党的领导，从中国国情出发，坚持“一个中心、两个基本点”，体现了社会主义本质要求，确立了“五位一体”的总布局，凸显了全面发展、共同富裕的要求，始终以建设富强民主文明和谐社会主义现代化国家为总目标，形成了一个科学完整的道路体系，是对党的十二大以来关于中国特色社会主义道路的系统总结和全面发展。

同党的十七大相比，十八大关于中国特色社会主义道路，具有三个方面创新：

第一，增写了建设“社会主义生态文明”，体现了社会主义是全面发展的社会和中国特色社会主义道路“五位一体”的总布局。社会主义制度建立以来的50多年间，我国的社会主义建设一直遵循马克思主义的传统领域结构，即保持着经济、政治、文化“三位一体”的结构和布局。党的十七大确立了包括社会建设在内的经济、政治、文化、社会“四位一体”的结构和布局。这是对“三位一体”传统结构和布局的首次突破。党的十八大报告把生态文明建设作为同经济、政治、文化、社会建设相并行的又一重大建设领域，用专章进行系统阐述，并写入党章。这在我们党的文献和我国建设史上是第一次。报告提出把生态文明建设放在突出地位，融入经济建设、政治建设、文化建设、社会建设各方面和全过程，努力建设美丽中国，实现中华民族永续发展。要求优化国土空间开放格局，全面促进资源节约，加大自然生态系统和环境保护力度，加强生态文明制度建设。从而使中国特色社会主义的发展结构、建设结构、文明结构和总体布局由“四位一体”发展为“五位一体”，形成了包括经济、政治、文化、社会、生态文明建设和物质文明、政治文明、精神文明、社会文明、生态文明一体化的中国特色社会主义完整与科学的发展系统、建设系统和文明系统。中国特色社会主义“五位一体”总布局的确立，是对马克思主义传统领域结构理论的重大发展，是对中国特色社会主义建设学说的重大发展。坚持“五位一体”的总布局，必将迎来经济、政治、文化、社会的全面发展和生态文明建设的新时代。

第二，增加了“促进人的全面发展”，体现了科学发展观以人为本的核心立场和中国特色社会主义道路的人文目标。坚持人民主体地位是中国特色社会主义的首要的基本要求，实现人的自由而全面发展是社会主义、共产主义的崇高目标。社会主义初级阶段是为实现人的自由而全面发展创造条件的阶段。实现人的自由而全面发展，是一个由社会主义初级阶段到高级阶段的历史发展过程。因此，在现阶段，必须适时提出“促进人的全面发展”的要求，为人的全面发展逐步创造一切可能的条件，包括经济的、政治的、文化的、社会的和生态的，使人们的物质生活、政治生活和精神生活日益丰富和健全，使人与人、人与社会、人与自然、人与自身关系和谐发展，从而逐步摆脱旧的剥削制度和生产力低下对人的发展桎梏及其造成的损害。把促进人的全面发展纳入中国特色社会主义道路作为基本范畴，体现了中国特色社会主义道路的人民性与科学性，体现了中国共产党人对全面建成小康社会和实现社会主义现代化人文目标的崇高追求。促进人的全面发展，必将为中国未来社会的全面进步注入巨大的永不衰竭的活力。

第三，增加了“逐步实现全体人民共同富裕”，体现了社会主义的本质要求和中国特色社会社会主义道路的利益价值目标。实现全体人民共同富裕，是解放和发展生产力的根本目的，是社会主义和国家性质的根本体现，是确保社会长期稳定和经济持续发展的根本条件，也是回应人民利益诉求的根本问题。改革开放以来，我们党鼓励一部分人先富起来，带动群众共同富裕，一度强调效率优先，兼顾公平。经过 30 多年改革开放的实践，证明允许一部分人先富和主张效率优先，起到了冲破旧的制度性制约的重要作用，激活了生产力发展的市场要素。但随着社会主义市场经济的发展和社会主义分配制度改革的深入，实现全体人民共同富裕，促进社会分配公平，越来越成为我国社会经济生活中必须着重解决的突出问题。社会分配不公、收入差距过大，已经构成社会主义发展成果由人民共享的障碍。因此，十八大报告提出：“实现发展成果由人民共享，必须深化收入分配制度改革，努力实现居民收入增长和经济发展同步、劳动报酬增长和劳动生产率提高同步，提高居民收入在国民收入分配中的比重，提高劳动报酬在初次分配中的比重。初次分配和再分配都要兼顾效率和公平，再分配更加注重公平。”“多渠道增加居民财产性收入。规范收入分配秩序，保护合法收入，增加低收入者收入，调节过高收入，取缔非法收入。”只有这样，才能使我国真正走上全体人民共同富裕的道路，实现社会主义现代化的总目标。共同富裕是道路、目标，更是人心、民心。顺应民心大潮，遵从人心所向，中国特色社会主义道路就会越走越宽广。

坚持和完善中国特色社会主义制度

中国特色社会主义理论和道路，要求坚持和不断完善中国特色社会主义制度。“中国特色社会主义制度，就是人民代表大会制度的根本政治制度，中国共产党领导的多党合作和政治协商制度、民族区域自治制度以及基层群众自治制度等基本政治制度，中国特色社会主义法律体系，公有制为主体、多种所有制经济共同发展的基本经济制度，以及建立在这些制度基础上的经济体制、政治体制、文化体制、社会体制等各项具体制度。”中国特色社会主义的政治制度、法律制度、经济制度和各项具体制度，构成了一个完整的制度体系，是新中国成立 60 多年来，主要是改革开放 30 多年来，党领导全国人民取得的制度性成果。它标志着中国特色社会主义全面走向制度化。

制度化问题是任何现代化国家面临的基本问题，更是不发达国家现代化面临的基本问题。我国社会处于社会主义初级阶段，制度化建设的任务尤为重要、尤为迫切、尤为艰巨。十八大报告首次把中国特色社会主义制度同中国特色社会主义理论、道路相并列，把制度问题提到了前所未有的高度，形成了中国特色社会主义理论、道路、制度“三位一体”的总构架，体现了中国特色社会主义的整体性、科学性和系统性。这是对中国特色社会主义发展规律的新认识，是对中国特色社会主义的总体性发展。

制度化问题也是一个历史过程，需要在实践中逐步解决并加以不断验证。中国特色社会主义的政治制度、经济制度、法律制度和各项具体制度，都需要不断完善和改革。当前，深化政治体制改革是我国制度化建设的重点和难点，也是广大人民最为关注的重大问题。实践证明，政治体制改革必须坚持党的领导、人民当家作主、依法治国相统一的原则，以保证人民当家作主为根本，以增强党和国家活力、调动人民积极性为目标，扩大社会主义民主，加快建设社会主义法治国家，发展社会主义政治文明。要充分发挥我国社会主义政治制度的优越性，积极借鉴人类政治文明有益成果，绝不照搬西方政治制度模式。必须明确，任何政治制度都取决于一定的经济基础及其相应的社会意识形态，是本国国情及其生产力发展状况和思想文化的产物。先进的政治制度必须促进生产力的发展，增进人民民主，体现先进思想文化，保护人民根本利益，为广大人民所拥护。我国的政治体制改革只有从本国国情出发，适应社会主义经济基础和上层建筑发展需要，充分体现绝大多数人的意志，满足广大人民的根本政治诉求，才能获得不断深化和发展。

坚持中国特色社会主义理论、道路和制度的统一，是十八大报告的重大历史性贡献。马克思主义历来认为，科学社会主义是理论、运动和制度的统一。中国特色社会主义理论、道路、制度相统一的总构架，是科学社会主义整体构架在当代中国的新发展。以中国特色社会主义理论为行动指南，以中国特色社会主义道路为实现途径，以中国特色社会主义制度为根本保障，构成了中国特色社会主义“三位一体”的科学整体。从而，使我们能从完整的意义上更好地把握、坚持和发展中国特色社会主义，更好地践行中国特色社会主义的总目标、总布局、总任务，更好地践行中国特色社会主义的基本要求和共同信念。中国共产党和中国人民因理论而自信、因道路而自信、因制度而自信。只有自信，才能自立，才能自强，才能攻坚克难，不可战胜，完成伟业，实现中国共产党人和中国人民的伟大社会理想。中国特色社会主义理论、道路、制度的完整构建，对于完成中国特色社会主义的宏伟事业，全面建成小康社会，实现我国的现代化和民族复兴的伟大目标，具有不可估量的重大现实意义和深远历史意义。

（原载于2012年11月23日《云南日报》第7版）

图书在版编目（CIP）数据

赵绍敏学术文选/赵绍敏著．—昆明：云南大学出版社，2014
（云南文库．学术名家文丛）
ISBN 978－7－5482－1756－5

Ⅰ．①赵… Ⅱ．①赵… Ⅲ．①社会科学—文集
Ⅳ．①C53

中国版本图书馆 CIP 数据核字（2013）第 288347 号

出 品 人：周永坤
统筹编辑：柴 伟 陈 曦
责任编辑：蒋丽杰
责任校对：段义珍
封面设计：郑 治

书 名	赵绍敏学术文选
作 者	赵绍敏 著
出 版	云南大学出版社 云南人民出版社
发 行	云南大学出版社 云南人民出版社
社 址	昆明市翠湖北路 2 号云南大学英华园内
邮 编	650091
网 址	www. ynup. com
E-mail	market@ ynup. com
开 本	787mm × 1092mm 1/16
印 张	22. 5
字 数	357 千
版 次	2014 年 11 月第 1 版第 1 次印刷
印 刷	昆明卓林包装印刷有限公司
书 号	ISBN 978－7－5482－1756－5
定 价	68. 00 元